绿色供应链的定价决策与融资策略

张艳丽　著

合肥工业大学出版社

图书在版编目(CIP)数据

绿色供应链的定价决策与融资策略/张艳丽著．--合肥：合肥工业大学出版社，2023.11

ISBN 978－7－5650－6535－4

Ⅰ.①绿…　Ⅱ.①张…　Ⅲ.①供应链管理-定价决策-研究②供应链管理-融资决策-研究　Ⅳ.①F252.1②F830.45

中国国家版本馆 CIP 数据核字(2023)第 231584 号

绿色供应链的定价决策与融资策略

张艳丽　著

责任编辑	张择瑞
出版发行	合肥工业大学出版社
地　　址	(230009)合肥市屯溪路 193 号
网　　址	press.hfut.edu.cn
电　　话	理工图书出版中心：0551－62903204
	营销与储运管理中心：0551－62903198
开　　本	710 毫米×1010 毫米　1/16
印　　张	10.25
字　　数	190 千字
版　　次	2023 年 11 月第 1 版
印　　次	2023 年 11 月第 1 次印刷
印　　刷	安徽联众印刷有限公司
书　　号	ISBN 978－7－5650－6535－4
定　　价	36.00 元

前　言

随着消费者环保意识的不断增强，以及世界各国政府对环境问题的关注，企业在生产过程中必须考虑对环境的影响，生产更加环保和绿色的产品。为了满足消费市场对绿色产品的需求，以及遵守政府对环境保护的规定，绿色供应链管理成为现代企业发展的新战略模式。企业实施绿色供应链管理，可以带来经济效益，也能够减少生产过程中对环境的影响，实现经济的可持续发展。同时，绿色生产活动会使得企业面临极大的技术成本的挑战，例如，低碳减排活动往往伴随着低碳投资，新技术、新工艺的应用等给诸多制造企业带来了资金压力，尤其是一些中小型企业，面临减排融资困难的问题。因此，在消费者环保偏好逐渐增强和政府对企业的环保行为进行干预的环境下，研究绿色供应链的定价决策与融资问题具有重要的理论意义和实际应用价值。

本书在借鉴国内外相关研究成果与实践经验的基础上，重点阐述作者在绿色供应链的定价决策与融资策略方面的研究成果。全书共分 6 章。第 1 章，介绍了本书的研究背景与意义，概述了绿色供应链的概念与绿色供应链管理体系的结构，综述了绿色供应链中消费者偏好行为和政府行为以及绿色供应链融资的研究进展；第 2 章，把消费者偏好考虑到产品的需求中，分别构建了消费者偏好依赖收入水平与产品绿色度的绿色供应链定价决策模型，研究了考虑消费者偏好的绿色供应链定价决策问题；第 3 章，把政府行为考虑到企业的管理决策中，分别构建了考虑政府监管及政府补贴的绿色供应链定价决策模型，研究了考虑政府行为的绿色供应链定价决策问题；第 4 章，同时考虑消费者偏好和政府补贴并存对绿色供应链定价决策的影响，研究了考虑消费者偏好和政府补贴的绿色供应链定价决策问题；第 5 章，在碳排放政策下，分别考虑下游企业资金约束以及上下游企业均面临资金约束的情况，研究了受资金约束低碳供应链的融资策略问题；第 6 章，在由低碳金融机构和两个竞争制造商组成的低碳投资供应链中，研究了不同权利结构下竞争制造商的融资博弈问题。

参加相关专题研究和本书撰写工作的有：合肥工业大学胡小建教授，合肥学院唐文之博士、郑姗姗博士、李晓征博士。本书得到国家自然科学基金青年项目“多种低碳融资方式下供应链减排运作与契约协调机制研究”（项目编号为71904041）、安徽省高等学校人文社会科学研究项目“考虑资金约束的供应链减排运作与协调机制研究”（项目编号为SK2021A0575）与合肥学院人才科研基金项目“需求不确定下考虑资金约束的绿色供应链融资与协调”（项目编号为20RC59）资助。在专题研究过程中参考了大量的国内外研究成果，在此一并表示衷心感谢！

绿色供应链定价决策与融资策略是一个复杂的研究领域，由于我们的水平所限，书中的疏漏甚至错误之处在所难免，恳请读者批评指正。

张艳丽

2023年6月于合肥

目　录

第 1 章　绪　论

1.1　研究背景与意义

1.1.1　研究背景

(1) 资源和环境的约束

随着科学技术的进步与社会经济的发展，地球上的资源日益紧缺，同时由于人类活动所造成的环境污染也进一步加剧。全球合作遥感科学与技术中心教授查理斯·弗罗斯马蒂表示："我们发现水危机发展到了临界点，现在已经有约十亿人所依赖的地表水无法再作为可再生水源使用。"

由中国化学会、德国化学会、日本化学会、英国皇家化学会和美国化学会共同发布的《化学给力全球可持续发展》报告指出，当前用于生产肥料的磷矿石资源有可能在未来的 30 ～ 100 年间枯竭。与此同时，人类又把生活中产生的大量废弃物投掷到自然环境中，严重破坏了生态平衡，例如 1930 年马斯河谷烟雾事件，1943 年洛杉矶光化学烟雾事件，1948 年多诺拉烟雾事件，1952 年伦敦烟雾事件等。而人类社会粗放的生产与生活方式，不仅破坏生态环境，也对人类健康造成严重的影响。1986 年，原苏联的切尔诺贝利核电站反应堆发生爆炸，大量放射性物质外泄，上万人受到辐射伤害，导致 31 人死亡，13 万居民被疏散，核污染范围波及邻国，核尘埃遍布欧洲。近年来，我国也发生过多起重大环境破坏事件，如 2004 年沱江"3·02"特大水污染事故，2011 年中海油蓬莱 19 - 3 油田漏油事故等。

(2) 消费者环保意识的不断增强

在资源日益紧缺和环境污染进一步加剧的现实情况下，人类生存环境状况已不容乐观。面临生存环境的问题，人们的生活方式和消费理念都发生了较大的改变，消费者环保意识也在逐渐增强。在购买产品时，除了考虑产品的价格和质量等因素外，产品的环保性也是消费者购买时考虑的重要因素。Xia 和 Zeng(2006) 随机抽取北京地区的超市，调查了 420 名消费者对贴有绿色标签牛奶的态度和支付意愿情况，以及影响消费者购买意愿的因素。研究发现，大多数的家庭对绿色产品都比较熟悉，且持有积极的态度，愿意支付超过普通牛奶 5% ～ 10% 的价格购买；影响消费者支付意愿的因素主要有：年龄、对绿色产品的态度以及信息的获取。Chitra(2007) 的研究发现，环保意识是影响消费者支付意愿的重要因素，消费者的环保意识越强，对绿色产品的支付意愿也越强。L. E. K. 咨询公司对 600 多位来自全国各地的消费者进行了抽样调查，研究他们对节能环保产品的偏好，以及能接受的溢价程度。在研究中，消费者是否愿意为节能环保产品支付溢价是消费态度转变的一个重要指标。L. E. K. 的调查显示，超过 80% 的被调查者表示愿意购买节能产品；那些没有意愿购买节能环保产品的消费者中，有 2/3 的人表示，一旦经济状况有所改善，他们也愿意购买节能环保产品。

由此可见，消费者对环境保护和购买节能环保产品存在普遍的关注，而且消费者购买节能环保产品的意愿和他们的社会经济地位存在明显联系。例如，价格敏感型的普通产品消费者在购买过程中会优先考虑产品的价格；与之相反的是，环境敏感型的绿色产品消费者在购买过程中会优先考虑产品的环保属性，更加倾向于购买绿色产品，而且愿意为绿色产品支付更高的价格。

(3) 法律法规的约束

除了消费者偏好行为这种外生因素对企业的决策产生影响外，政府对市场的干预作为另一个重要的外生因素同样会改变市场的属性。随着绿色管理理念的提出，政府作为市场平衡调节和控制的主体，对市场的管理，也由传统的管理模式向绿色管理模式转变。在绿色管理模式下，政府行为以生态文明和绿色经济为基本理念，建立绿色政策体系、法律制度体系和高效执行体系，全力推进发展模式转型和科学发展，主要表现为市场监管和补贴政策。

市场监管主要是指政府通过制定相关的规则，对企业的行为进行规范和约束，使其在生产过程中满足生态优化和可持续发展的要求。例如，典型的“饮料瓶案例”，1981 年，丹麦政府决定，所有啤酒和汽水都必须装在可回收再利用的瓶子中才能出售。又如，2005 年 3 月 1 日起，凡中国生产、销售、进口的家用空调和冰箱必须贴上“中国能效标识”标签，没有标识的产品一律不准上市销售；而且明确要求，能效低于等级 5 的产品不允许生产和销售。为控制碳排放，中国从 2011 年开始在北京、上海、广东、湖北等 7 个省市开展碳排放权交易试点，并在 2021 年 7 月 15 日正式启动全国统一碳排放权交易市场，利用市场化手段助推以电力为代表的高排放行业实现低碳转型，最终实现各行各业“净零排放”的目标。这些都是政府对市场实施的监管行为。

补贴政策主要是指政府为了鼓励生产企业实施绿色供应链管理而采取的一种财政补贴策略(Schwartz 和 Clements,1999)。例如,2012 年英国政府成立了绿色投资银行,该银行是世界上首家由国家设立的专门为绿色低碳项目融资的银行,作为英国政府"绿色新政(green deal)"的主要举措之一。我国政府为促进新能源汽车的销售,2016 年,中国人民银行、银监会联合印发了《关于加大对新消费领域金融支持的指导意见》,将新能源汽车贷款首付下限调整至 15%。

(4) 减排企业融资压力不断增加

从宏观角度来看,政府采取的绿色低碳政策可以达到减排目标,控制温室气体的排放总量。从微观角度来看,企业若不采用减排技术,则面临巨大的惩罚;若采用减排技术,又会面临极大的技术成本的挑战,增加了企业的资金压力。尤其是一些中小型企业,经常会出现营运资金有限的情况,而这些中小型企业由于信用评级低、违约风险大,很难从传统银行获得融资。为了缓解企业在绿色投资时面临的融资难问题,全球各国的银行推出了绿色金融服务,为从事低碳运营的企业提供资金支持。供应链成员内部融资也为中小型企业的融资开辟了新的道路,例如,京东金融为其平台上的中小微供应商提供融资服务,本田汽车为其零部件供应商提供财务支持。

综上所述,在资源耗竭和环境污染的双重压力下,各国都在寻找资源消耗低、环境污染少和可持续发展的经济模式。实施绿色供应链管理是应对环境问题和促进可持续发展的一项重要的战略性选择。消费者环保意识的增强是促进企业提升环保实践的主要动因,随着消费者环保意识的不断增强,越来越多的消费者对绿色产品的购买偏好也会不断增强,并愿意支付更高的费用购买绿色产品。政府对市场的监管和补贴在保护环境方面发挥着重要的作用:一方面促使企业在现有生产的基础上,加大绿色产品研发投资;另一方面,政府对绿色发展模式和绿色生活方式的宣传努力,也影响和改变了消费者的购买决策。最重要的是,绿色金融业务的快速发展,为企业提供了减排资金。因此,来自资源和环境的压力、消费者环保意识的不断增强以及政府法律法规的约束,使得企业在生产决策中必须考虑对环境的影响,必须生产更加环保和绿色的产品,必须将环境影响和资源效率融入供应链管理中,即实施绿色供应链管理。同时,减排企业融资压力的增加也促使企业不断积极探索融资渠道问题。

1.1.2　研究意义

本书面对现实中消费者偏好和政府行为引起的供应链外部市场环境的变化,在研究中把这些具体的影响因素考虑到供应链的管理之中,分别研究了考虑消费者偏好、政府行为的绿色供应链定价决策和融资策略。

本书在理论上丰富和扩展了已有的绿色供应链管理理论的内容;在实际应用上,为绿色供应链环境下企业的发展提出政策建议。具体如下:

在理论研究方面,丰富和扩展了已有的绿色供应链管理理论的内容。本书将博弈理论应用于绿色供应链管理中,考虑消费者偏好和政府行为等因素,构建了绿色供应链的定价决策和融资模型,探讨了不同定价策略、博弈模式、补贴策略下绿色供应链的最优定价决策和融资策略,拓展了绿色供应链的研究领域与方法,揭示了消费者偏好与政府行为对绿色供应链定价决策的影响。同时,本书分析了在消费者环保意识逐渐增强及政府对企业环保行为进行干预的背景下,企业实施绿色供应链管理的重要性,为企业提高绿色供应链管理水平提供理论思路;研究了政府监管和补贴行为,为政府制定相关法律法规提供理论依据;探讨了资金约束的低碳供应链的融资问题,为生产企业的低碳减排和融资策略提供理论依据。

在实际应用方面,主要体现在以下两个方面:一方面,受资源和环境压力的双重影响,越来越多的消费者开始关注产品的环保属性,消费理念上的改变使得消费者在购买决策过程中不仅考虑价格因素,也会将产品生产过程对环境的影响考虑在其中,在绿色经济背景下,产品的环保属性会使产品具备独特的竞争优势。因此,消费者对绿色产品的偏好,有可能使企业在环境压力和追求利润最大化的矛盾中达成统一,这也是研究考虑消费者偏好的绿色供应链定价问题的意义所在。另一方面,由于绿色供应链管理尚处在起步阶段,企业实施绿色供应链的条件还不够完善,同时对环境保护缺乏主动性和责任感,所以,政府的行为有效地规范和引导了企业在生产过程中注重资源和环境的可持续发展。再者,绿色减排活动给生产企业带来了资金压力,如何有效地解决减排融资难问题,也是生产企业急需处理的重要问题。本书基于博弈理论,构建了考虑政府行为的绿色供应链定价决策和融资模型,通过分析博弈的均衡结果,给出政府行为下生产企业的最优定价决策和融资策略,从而为绿色供应链背景下企业的发展提出政策建议。

1.2 相关概念与研究综述

1.2.1 相关概念

(1) 绿色供应链的含义

绿色供应链的概念最早由美国密歇根州立大学的制造研究协会在 1996 年进

行一项“环境负责制造(ERM)”的研究中提出，又被称为环境意识供应链(Environmentally Conscious Supply Chain，ECSC)或环境供应链(Environmentally Supply Chain，ESC)，是一种在整个供应链中综合考虑环境影响和资源效率的现代管理模式(Handfield 和 Walton，1996)。Handfield 和 Nichols(1999)在1999年对绿色供应链的概念给出了一个比较全面的定义：绿色供应链是包括从原材料到最终用户的同商品及信息的流动和转移相关的所有活动，物流和信息流贯穿于供应链的上下游。

(2) 绿色供应链管理体系结构

国外方面，Walton 等(1998)认为，绿色供应链管理的核心是把集成管理的思想应用到供应链的管理当中，并在企业的环境战略中考虑供应商的作用。Nagel(2003)认为，绿色供应链的管理应涉及产品设计、生产及使用的全过程。

国内方面，但斌和刘飞(2000)提出一种绿色供应链的体系结构，包括绿色供应链技术基础、实施对象、研究内容和目标。马祖军(2002)认为，绿色供应链管理的体系结构应是绿色供应链管理的目标、实施对象、专题技术和支撑技术等多方面的集合，应给人们研究和实施绿色供应链管理提供多方位的视图和模型。

由上述对绿色供应链的定义及管理体系结构的分析来看，绿色供应链管理的核心主要是把环境影响和资源效率考虑到传统供应链的各个节点之中，减少各个环节对环境产生的影响，增加资源的回收再利用，以实现经济可持续发展。

1.2.2　研究综述

针对本书研究所涉及的相关领域，本节主要从绿色供应链中消费者偏好行为和政府行为，以及绿色供应链融资策略的研究现状等方面进行介绍。

(1) 绿色供应链中消费者偏好行为研究

消费者偏好是指消费者对一种商品(或者商品组合)的喜好程度。消费者根据自己的意愿对可供消费的商品或商品组合进行排序，这种排序反映了消费者个人的偏好。随着消费者对环保问题的关注，越来越多的消费者在购买产品时表现出对绿色环保产品具有一定的偏好。Kim 等(2014)、Zarei 等(2014)以及 Suo 等(2016)采用实证研究的方法，对消费者的绿色行为进行了调查研究，研究表明，消费者在购买过程中，均具有一定的环保偏好，且在消费者经济水平允许的情况下，大部分消费者会选择购买绿色环保产品，而且消费者的环保意识行为促进了企业提高自身的环保水平。

在绿色供应链的定价决策模型中，消费者的偏好行为体现在对绿色产品的支付意愿不同。在 Moon 等(2002)、Conrad(2005)、Ghosh 和 Shah(2015)的研究中，假设消费者具有一定的环保意识，且愿意支付额外的费用购买绿色环保产品，由此分析了消费者绿色偏好行为对绿色供应链定价决策的影响。Debo 等(2005)、Atasu 和 Wassenhove(2008) 以及程永伟(2012) 等在消费者对新产品和再制造产品偏好异质性的基础上，探讨了闭环供应链的定价决策问题。还有部分学者考虑消费者绿色偏好的差异性，研究了歧视定价策略下绿色供应链的决策问题(Ferrer 和 Swaminathan，2008)。

综上所述，考虑消费者偏好的绿色供应链定价决策的研究，主要从消费者偏好影响市场需求方面展开。这些研究大多考虑消费者对绿色或再造产品的偏好程度较高，主要体现在消费者愿意支付更高的费用购买该类产品方面，以消费者环保意识反映消费者购买绿色产品的偏好程度。经研究发现，消费者购买绿色产品的偏好程度不仅受环保意识的影响，还和自身的收入水平有关，所以在本书的研究中，同时考虑消费者环保意识和收入水平，因而更加准确地反映了消费者的偏好行为，从而为绿色供应链的决策提供了更加可行的理论基础。

(2) 绿色供应链中政府行为研究

政府的职能决定了政府必然要在市场经济中发挥重要的作用，政府的政策导向与鼓励措施是企业开展环境管理实践的主要动机(Pantumsinchai，1992)。政企关系在绿色供应链管理中有着重要的作用，而政府和企业之间的博弈，也将对绿色供应链的管理产生很重要的影响。Damania(1996) 及王齐(2004) 的研究表明，政府的监管有效地控制了企业生产对环境的污染，减少了废弃物的排放；政府的补贴也有效地提高了企业的经济和环境效益，促进了企业实施绿色供应链管理。

在考虑政府监管行为对绿色供应链定价决策影响方面，Xie(2015)、Yang 等(2020) 以及谭建等(2021) 针对该问题展开了研究。例如，Xie 等(2015) 研究了基于政府节能水平监管的绿色供应链决策模型，结果表明，政府的节能水平监管促进了企业的节能投入，提高了生产过程中的节能水平。在考虑政府补贴行为对绿色供应链定价决策影响方面，朱庆华等(2007，2011，2014) 在该领域做了大量的研究，例如，朱庆华等(2014) 基于消费者的购买意愿建立了两阶段博弈模型。基于此博弈模型，比较了政府补贴给低碳产品制造企业和政府补贴给购买低碳产品的消费者两种情形。近年来，很多学者研究了碳排放政策对低碳供应链减排决策的影响(Ma 等，2021；张艳丽和胡小建，2022)。

综上所述，在考虑政府行为的研究方面已经取得了部分研究成果，多数研究考虑政府对绿色供应链的补贴作用，研究结果均表明政府的财政补贴对绿色供应链的发展具有一定的推动作用。也有部分研究考虑政府的监管对企业废旧产品回收的影响，研究结果也证明了政府的监管有效地提高了废旧产品的回收率，这些研究成果为研究政府行为下绿色供应链的定价决策提供了坚实的基础。但是上述文献中,考虑政府行为对提高市场中产品绿色度的影响的研究不多,本书期望在前人研究的基础上,进一步探讨政府对产品绿色度的监管及补贴政策对绿色供应链定价决策的影响,以及不同碳排放政策对生产企业减排和融资策略的影响。

(3) 绿色供应链融资问题研究

在实际生产中,企业的减排行为会导致成本和投资的增加,很多企业面临资金约束问题,难以支付减排成本,在资金约束下,低碳供应链原有的协调也有可能被打破。企业通常有两种融资渠道:内部融资和外部融资。银行信贷融资(BCF) 是最常见的外部融资渠道之一。该方面的研究主要分析破产风险、利率和信贷担保对运营融资互动的影响(Alan 和 Gau,2018;Xu 等,2020;Zhou 等,2020)。贸易信贷融资(TCF) 是另一种应用比较广泛的内部融资渠道,用于支持资金受限的供应链企业。在 TCF 融资渠道下,资金受限的合伙人被允许延迟付款,而资金宽裕的合伙人可以作为提供或销售产品的常规角色之外的投资者。Bi 等(2018)、Chen 等(2017)、Chen 和 Wang(2012) 比较了 BCF 和 TCF 两种融资渠道下供应链的决策情况,研究发现资本约束企业更愿意选择 TCF。近年来,关于绿色信贷对企业决策的影响的研究越来越多,主要集中在绿色信贷如何鼓励企业减少碳排放(Cao 和 Man,2018;Huang 等,2020) 等方面。

在关于绿色供应链融资决策的研究中,大部分学者主要考虑供应链上游企业/下游企业资金受到约束的情形,例如,Tang 和 Yang(2020)、Fang 和 Xu(2020) 研究了一个由资金约束的制造商、资金充足的零售商和银行组成的绿色供应链融资系统,制造商的融资方式为银行贷款和提前付款,还研究了低碳供应链的运作和融资问题。An 等(2021)、Xu 和 Fang(2020) 在由一个资金充足的供应商和一个资金受限的制造商组成的供应链融资系统中,分析和比较了不同融资策略下低碳供应链的运营决策。还有部分学者探讨了上下游企业均面临资金约束时低碳供应链的融资决策。例如,Zhang(2022) 在供应链上下游企业均面临减排资金约束的情况下,探讨了上下游企业的合作融资策略问题。

综上所述,多数研究主要集中在不同融资渠道对供应链企业运作管理的影响,少数学者在碳排放政策约束下分析供应链的融资问题的研究中,没有深入分析针对某一种碳排放政策,当政府收紧和放宽该碳排放政策时资金受限的企业应该如何决策。同时,较少学者在上下游企业均面临资金约束的情况下研究供应链的融资策略问题。本书探讨了不同松紧程度的碳排放政策对低碳供应链企业决策的影响,然后针对上下游企业均面临资金约束且融资能力有限的情况,提出了外部融资和内部融资相融合的合作融资策略,并深入分析了市场竞争环境下制造商的融资博弈问题。

1.3 研究成果

本书从消费者偏好和政府行为的视角，通过构建企业决策模型，研究了企业在上述竞争环境下的优化策略。主要研究成果如下：

(1) 从企业的角度来说，实施绿色供应链管理已经势在必行。企业应加大绿色产品研发投入，提高产品的绿色度，使其产品在市场上正常销售，同时争取政府的补贴，分摊研发成本；加大对绿色环保产品的宣传力度，提高消费者的环保意识水平，积极引入和改进绿色制造技术，降低生产成本，扩大绿色产品的市场占有率；应该运用大数据平台掌握消费者的偏好信息，针对偏好差异的消费者采取不同的定价策略，最大化地占有消费者剩余，增加企业自身的收入，从而提高在市场中的竞争力；在融资过程中，应与供应链合作伙伴建立长期的良好合作关系，从而提高经济效益，同时争取在市场中的主导地位。对于中小型企业而言，在面对大型企业的竞争时，通过广告宣传或技术创新提高产品零售价或者适当地提高共享比例，可以获得更多的低碳投资资金。

(2) 从政府的角度来说，在企业实施绿色供应链的初期，对于市场销售的产品，政府应设定一个相对高的准入门槛，从而达到促进产业升级和拉动消费的目的，尤其是对在生产过程中污染比较严重的企业，必须加大监管力度，但是监管不一定能促进绿色产业发展，政府要充分掌握市场信息，制定一个合理的补贴政策。因此，当绿色消费者市场逐渐成熟时，政府对企业的干预应以鼓励为主，此时对绿色管理水平较高的企业实施补贴政策，激励生产企业持续地提供正外部性或减少负外部性，使得环境资源或服务的价格尽量逼近其真实价格，从而实现环境资源的有效配置，达到社会最优的环境服务水平。政府还应该加强对绿色消费的宣传和教育，提高消费者的环保意识，同时加大对中小型企业绿色研发的资金支持力度。

(3) 从消费者的角度来说，消费者应该认识到环境保护的意义，积极参与到环境保护的队伍当中，倡导绿色消费，购买绿色环保产品，从而改变企业的歧视定价行为，主动接受政府和企业开展的推动绿色经济发展的相关教育，不断提高自身的环保意识。

(4) 针对绿色生产企业融资策略问题，制造商应加强与其上游企业的合作，尽量从其上游供应商处获得所需减排资金，或者与其上游供应商进行合作融资，以最大化地提高绿色供应链系统的效率。在市场竞争环境中，在面对大型企业的竞争时,中小型企业可以通过广告宣传或技术创新提高产品零售价或者适当地提高共享比例,可以获得更多的低碳投资资金。

1.4　研究展望

本书主要从消费者偏好与政府行为的视角研究了绿色供应链的优化决策问题,得出了一些结论,丰富了绿色环境下供应链管理理论。由于研究的问题极其复杂,表现在供应链结构的复杂性、成员的多样性和问题的不确定性等方面,本书研究中进行了假设和简化处理,未来需要进一步研究的问题主要体现在以下几个方面:在本书的研究中,大多只考虑一条供应链的内部竞争,在实际生活中,会出现多条供应链竞争的情况,这对供应链的决策会产生很大的影响,因此,研究多供应链竞争下绿色供应链的定价决策模型是一个重要的研究问题。在本书的研究中,大多数研究只考虑了一个制造商和一个零售商的情况,在实际生产中,供应链的结构会比较复杂,进一步的研究可以扩展多个制造商和多个零售商的情况。本书主要以确定性问题为研究对象,在实际的应用中有很多不确定的因素会对供应链的决策产生影响,例如供需关系的不确定、研发成果的不确定等等,因此研究不确定环境下绿色供应链的定价决策模型将是另外一个重要的研究问题。

第2章　考虑消费者偏好的绿色供应链定价决策研究

随着经济的发展和社会的进步，人民的生活方式和消费理念都发生了较大的改变，在购买产品时，除了考虑产品的价格和质量等因素外，产品的环保性也是消费者购买时考虑的重要因素，而当具有环保偏好的消费者群体达到一定规模时，会对市场中流通的产品产生一定的影响。消费者偏好是一个重要的市场信息，直接影响市场需求量的变化，生产企业掌握消费者的偏好信息可以更有效地进行管理决策，提高市场竞争力。以新能源汽车为例，《尼尔森：2019年中国新能源汽车市场及需求报告》显示，2019年上半年，全国新能源狭义乘用车销量57.7万台，同比增长66%。从购买新能源车的动机来看，调查发现有四成多的消费者出于废气排放少等环保因素，另有四成的消费者出于使用成本低的考虑，仅有三成消费者出于补贴因素购车。由此可见，当前消费者对新能源车越来越高的接受度和他们更高的环保意识正成为未来电动汽车销量增长的关键驱动力。《下一代中国新能源汽车消费者洞察》报告也表明，中产家庭、探索先锋、稳定富裕和新奇玩家将成为新能源汽车的主力消费群体。由此可见，新能源汽车的销量也与消费者的收入密切相关。

由于较高的研发成本，使得绿色产品的价格普遍高于普通产品，而且我国绿色制造正处于发展的初期，对绿色消费的宣传和教育不足，相关政策尚不完善，加之我国大部分消费者尚处于较低或中等收入水平，因此，在购买绿色产品时，消费者的环保意识水平和收入水平成为影响绿色产品购买的重要因素。所以，企业在生产过程中不仅要考虑对环境的影响，生产更加环保和绿色的产品，而且要利用消费者的偏好信息，从而使企业在环境压力和追求利润最大化的矛盾中达成统一。

由于环保水平和收入水平的差异性，消费者在购买商品时的偏好不同，使得不同群体的消费者对绿色产品的需求不同，为生产企业采取歧视定价创造了条件。在针对歧视定价的研究中，常采用的定价策略为三级价格歧视。大多数学者在考虑消费者偏好的产品歧视定价的研究中，在对消费市场进行细分时，只考虑由于环保意识水平的差异导致需求不同。但是消费者的环保偏好行为不仅受其环保意识水平的影响,也受到其收入水平和产品环保性能的影响。本书则在前人研究的基础上,分别考虑在消费者的偏好行为依赖收入水平和产品绿色度时,研究绿色供应链的定价决策问题。

本章首先考虑消费者收入水平的差异性,对消费者的类型进行细分,基于单一定价和歧视价格策略,研究了绿色产品的最优定价策略;然后引入产品绿色度的概念,在消费者对产品的偏好程度与产品绿色度呈正相关关系的基础上,探讨消费者偏好对绿色供应链定价决策的影响。

2.1　消费者偏好依赖收入水平的绿色供应链定价决策

2.1.1　问题描述和基本假设

考虑市场中有一个绿色垄断制造商和一个普通垄断制造商,简称为绿色制造商和普通制造商,分别生产绿色产品和普通产品,两种产品可相互替代且供应充足,单位生产成本为 c_1 和 c_2;考虑绿色产品的环保性较高,生产工艺比较复杂,所以 $c_1 > c_2$。假设市场需求是确定的,市场规模为 Δ。考虑制造商有两种定价策略:一是单一定价;二是歧视定价。

根据经济学对需求量的解释,一种物品的需求量(quantity demanded) 是买者愿意并且能够购买的该种物品的数量。所以,需求不仅受消费者购买意愿的影响,还与消费者能否支付得起有关系。借助于需求概念的理解,本书研究的消费者偏好行为,不仅考虑消费者的购买偏好,还把消费者的收入水平考虑在其中,假设市场中的消费者均具有一定的环保意识,即愿意为绿色产品支付溢价,但收入水平存在差异。参考 Coase(1972) 对消费者策略行为的研究,收入水平较高的消费者,对产品的价格敏感度较低,在购买时首先考虑购买绿色产品,受其环保意识水平的影响,如果普通产品的价格足够低,这部分消费者也会考虑购买普通产品,这也是普通产品打折促销产生的效果,而且更符合现实情况;收入水平较低的消费者,对产品的价格敏感度较高,在购买过程中也会优先考虑购买绿色产品,但是受收入水平的影响,如果绿色产品的价格太高,这部分消费者可能会选择购买普通产品或者放弃购买活动,这部分消费者虽然也具有一定的环保意识,但其消费活动并没有对绿色产品的销售产生太大影响,反而受其收入水平的影响,偏向于购买普通产品。

根据消费者表现的偏好特征，把消费市场划分为 M 个市场，由 m 标记，$m=1,2,\cdots,M$。第一个市场的消费者收入水平最高，对价格的敏感度最低，对绿色产品的偏好程度最大；第二个市场的消费者收入水平相对较低，对价格的敏感度较低，对绿色产品的偏好程度相对较低；以此类推，第 m 个市场的消费者收入水平最低，对价格的敏感度最高，对绿色产品的偏好程度最低。假设第 m 个市场的消费者比例分别为 t_m，且有 $\sum_{m=1}^{M} t_m = 1$。

假设消费者的偏好信息可以通过消费者信用卡报告，或者从消费市场免费获取，在 Hazen 等(2016) 的研究中提出，运用大数据平台可以获取消费者的偏好信息。根据上述消费者的偏好特征，参考 Atasu 和 Wassenhove(2008) 的研究，假设第一个市场的消费者对绿色产品的估价为 v，v 在$[0,1]$上均匀分布，第一个市场的消费者对普通产品的估价为 δv；第二个市场的消费者对绿色产品的估价为 λv，第二个市场的消费者对普通产品的估价为 $\lambda\delta v$；以此类推，第 m 个市场的消费者对绿色产品的估价为 $\lambda^{m-1}v$，第 m 个市场的消费者对普通产品的估价为 $\lambda^{m-1}\delta v$。其中，δ 为消费者对普通产品的估价折扣，间接地反映了消费者的环保意识。λ 为低收入消费者对绿色产品和普通产品的估价折扣，代表了低收入消费者的消费水平，也间接地反映了一部分低收入消费者的经济状况，且 $0<\delta<1$，$0<\lambda<1$。

单一定价策略下，M 个市场中绿色产品和普通产品的零售价格为 p_1 和 p_2，需求量为 q_1 和 q_2；歧视定价策略下，第 m 个市场的绿色产品和普通产品的零售价格为 p_{1m} 和 p_{2m}，需求量为 q_{1m} 和 q_{2m}。

2.1.2 模型构建与求解

(1) 单一定价策略

单一定价策略下，M 个市场中绿色产品和普通产品的零售价格相同，根据消费者剩余理论，第 m 个市场的消费者购买绿色产品的剩余为 $\lambda^{m-1}v-p_1$，第 m 个市场的消费者购买普通产品的剩余为 $\lambda^{m-1}\delta v-p_2$，根据效用最大化原则，可得引理 2.1。

引理 2.1 单一定价策略下，绿色产品和普通产品的需求量分别为：

$$q_1=\sum_{m=1}^{M} t_m\Delta\left(1-\frac{p_1-p_2}{\lambda^{m-1}(1-\delta)}\right),q_2=\sum_{m=1}^{M} t_m\Delta\left[\frac{\delta p_1-p_2}{\lambda^{m-1}\delta(1-\delta)}\right]$$

$$\text{s. t. } p_2\leqslant\delta p_1$$

证明：由消费者购买普通产品的条件可得：

$$\lambda^{m-1}v-p_1<\lambda^{m-1}\delta v-p_2\Rightarrow\lambda^{m-1}\delta v-\delta p_1<\lambda^{m-1}\delta v-p_2\Rightarrow p_2<\delta p_1$$

如果普通制造商采取低价策略($p_2 \leqslant \delta p_1$),普通产品在市场中产生销量;如果其采取高价策略($p_2 > \delta p_1$),则普通产品在市场中的销量为零。从实际考虑,本书假设普通制造商只会采取低价策略,即 $p_2 < \delta p_1$。根据效用最大化原则,消费者购买绿色产品的条件为:$\lambda^{m-1}v - p_1 > 0$ 和 $\lambda^{m-1}v - p_1 > \lambda^{m-1}\delta v - p_2 \Rightarrow v > \frac{p_1}{\lambda^{m-1}}$ 和 $v > \frac{p_1 - p_2}{\lambda^{m-1}(1-\delta)}$,因 $p_2 < \delta p_1$,可以得到:$\frac{p_1 - p_2}{\lambda^{m-1}(1-\delta)} > \frac{p_1}{\lambda^{m-1}}$,所以消费者购买绿色产品的条件为 $v > \frac{p_1 - p_2}{\lambda^{m-1}(1-\delta)}$,因为 v 在[0,1]上服从均匀分布,所以第 m 个市场的消费者购买绿色产品的数量 $q_{1m} = \Delta t_m \int_{\frac{p_1-p_2}{\lambda^{m-1}(1-\delta)}}^{1} 1\mathrm{d}v = \Delta t_m \left[1 - \frac{p_1 - p_2}{\lambda^{m-1}(1-\delta)}\right]$;同理,第 m 个市场消费者购买普通产品的条件是 $\lambda^{m-1}\delta v - p_2 > 0$ 和 $\lambda^{m-1}\delta v - p_2 > \lambda^{m-1}v - p_1$,可得第 m 个市场的消费者购买普通产品的数量 $q_{2m} = t_m \Delta \int_{\frac{p_2}{\lambda^{m-1}}}^{\frac{p_1-p_2}{\lambda^{m-1}(1-\delta)}} 1\mathrm{d}v = \Delta t_m \left[\frac{\delta p_1 - p_2}{\lambda^{m-1}\delta(1-\delta)}\right]$。证毕。

由引理 2.1,单一定价策略下,绿色制造商和普通制造商的利润函数为:

$$\Pi_1 = \Delta(p_1 - c_1)\sum_{m=1}^{M} t_m \left[1 - \frac{p_1 - p_2}{\lambda^{m-1}(1-\delta)}\right] \tag{2-1}$$

$$\Pi_2 = \Delta(p_2 - c_2)\sum_{m=1}^{M} t_m \left[\frac{\delta p_1 - p_2}{\lambda^{m-1}\delta(1-\delta)}\right] \tag{2-2}$$

$$\text{s.t. } p_2 \leqslant \delta p_1$$

(2-1) 式和(2-2) 式等价于:

$$\Pi_1 = \Delta(p_1 - c_1)\left[1 - \frac{T(p_1 - p_2)}{\lambda^{M-1}(1-\delta)}\right] \tag{2-3}$$

$$\Pi_2 = \Delta T(p_2 - c_2)\frac{\delta p_1 - p_2}{\lambda^{M-1}\delta(1-\delta)} \tag{2-4}$$

其中,$T = \sum_{m=1}^{M} t_m \lambda^{M-m}$

在(2-3) 式和(2-4) 式中,

$$\frac{\partial^2 \Pi_1}{\partial p_1^2}=-\frac{2\Delta T}{\lambda^{M-1}(1-\delta)}<0,\frac{\partial^2 \Pi_2}{\partial p_2^2}=-\frac{2\Delta T}{\lambda^{M-1}\delta(1-\delta)}<0$$

所以 Π_1 是关于 p_1 的凹函数，Π_2 是关于 p_2 的凹函数，在极大化问题中，如果目标函数是凹函数，且约束条件是线性函数，该规划属于凸规划，所以 Kuhn-Tucker 条件是确定最优点的充要条件。根据 $p_2 \leqslant \delta p_1$，构造(2-3)式和(2-4)式的拉格朗日函数如下：

$$L_1(p_1,p_2)=\Delta(p_1-c_1)\left[1-\frac{T(p_1-p_2)}{\lambda^{M-1}(1-\delta)}\right]-\lambda_1(p_2-\delta p_1)$$

$$L_2(p_1,p_2)=\Delta T(p_2-c_2)\frac{(\delta p_1-p_2)}{\lambda^{M-1}\delta(1-\delta)}-\lambda_1(p_2-\delta p_1)$$

根据 Kuhn-Tucker 条件：

$$\frac{\partial L_1}{\partial p_1}=\Delta\left[1-\frac{T(2p_1-p_2-c_1)}{\lambda^{M-1}(1-\delta)}\right]+\delta\lambda_1=0,\frac{\partial L_2}{\partial p_2}=\frac{\Delta T(\delta p_1-2p_2+c_2)}{\lambda^{M-1}\delta(1-\delta)}-\lambda_1=0$$

$$\lambda_1(p_2-\delta p_1)=0,\lambda_1\geqslant 0$$

λ_1 的取值为：$\lambda_1>0$ 或 $\lambda_1=0$。$\lambda_1>0$ 时，则有 $p_2-\delta p_1=0\Rightarrow p_2=\delta p_1$，可求得：

$$\lambda_1=-[\lambda^{M-1}\delta(1-\delta)+T(\delta c_1+\delta c_2-2c_2)]/2\lambda^{M-1}\delta(1-\delta)<0$$

$$p_1=[\lambda^{M-1}(1-\delta)+T(c_1+c_2)]/2T,p_2=\delta[\lambda^{M-1}(1-\delta)+T(c_1+c_2)]/2T$$

上述结果与 $\lambda_1>0$ 矛盾，该解舍去。通过计算可知，如果普通产品的定价 $p_2\geqslant \delta p_1$，普通产品的需求量为零，所以普通产品制造商的利润为负，从最优化的角度考虑，普通产品制造商会放弃该种定价策略。

$\lambda_1=0$ 时，则有 $p_2-\delta p_1<0$，根据 Nash 博弈，(2-3)式和(2-4)式分别对 p_1 和 p_2 求一阶偏导数，可求得绿色产品和普通产品的最优定价决策为：

$$p_1^*=\frac{2\lambda^{M-1}(1-\delta)+T(2c_1+c_2)}{T(4-\delta)},p_2^*=\frac{\lambda^{M-1}\delta(1-\delta)+T(\delta c_1+2c_2)}{T(4-\delta)}$$

$\lambda_1=0$ 和 $p_2-\delta p_1<0$ 得到满足的条件为：

$$c_2<\delta[\lambda^{M-1}(1-\delta)+Tc_1]/T(2-\delta)$$

将 p_1^*、p_2^* 代入 q_1、q_2、Π_1 和 Π_2，可得单一定价策略下，产品的需求量和制造商的利润为：

$$q_1^* = \frac{\Delta[2\lambda^{M-1}(1-\delta) - T(2c_1 - \delta c_1 - c_2)]}{\lambda^{M-1}(1-\delta)(4-\delta)},$$

$$q_2^* = \frac{\Delta[\lambda^{M-1}\delta(1-\delta) + T(\delta c_1 + \delta c_2 - 2c_2)]}{\lambda^{M-1}\delta(1-\delta)(4-\delta)}$$

$$\Pi_1^* = \frac{\Delta[2\lambda^{M-1}(1-\delta) - T(2c_1 - \delta c_1 - c_2)]^2}{\lambda^{M-1}T(1-\delta)(4-\delta)^2}$$

$$\Pi_2^* = \frac{\Delta[\lambda^{M-1}\delta(1-\delta) + T(\delta c_1 + \delta c_2 - 2c_2)]^2}{\lambda^{M-1}\delta T(1-\delta)(4-\delta)^2}$$

由上述计算结果有定理 2.1。

定理 2.1　单一定价策略下，绿色产品的定价随着消费市场细分数量的增加，以 $2\lambda^{M-2}(1-\lambda)(1-\delta)/T(4-\delta)$ 的差值逐渐减小；普通产品的定价随着消费市场细分数量的增加，以 $\lambda^{M-2}\delta(1-\lambda)(1-\delta)/T(4-\delta)$ 的差值逐渐减小。

定理 2.1 说明，随着消费市场细分的程度越来越精确，绿色产品和普通产品的定价逐渐减小。因为单一定价策略不利用产品的高价格来获取高利润，也不是实施低价格制约竞争者进而占领市场，而是企业尽量降低产品价格在营销手段中的地位，重视其他在产品市场上更有力或有成本效率的手段。但是单一价格策略采取适中价格，基本上能够做到供求双方都比较单一，所以随着市场细分越来越精确，制造商期望能兼顾更多的消费者的需求，而降低产品价格。

(2) 歧视定价策略

歧视定价策略下，制造商根据不同消费市场的需求，采取差别定价。根据消费者剩余理论，第 m 个市场的消费者购买绿色产品的剩余为 $\lambda^{m-1}v - p_{1m}$，第 m 个市场的消费者购买普通产品的剩余为 $\lambda^{m-1}\delta v - p_{2m}$，根据效用最大化原则，可得引理 2.2。

引理 2.2　歧视定价策略下，绿色产品和普通产品的需求量为：

$$q_{1M} = \sum_{m=1}^{M} t_m \Delta\left(1 - \frac{p_{1m} - p_{2m}}{\lambda^{m-1}(1-\delta)}\right), q_{2M} = \sum_{m=1}^{M} t_m \Delta\left[\frac{\delta p_{1m} - p_{2m}}{\lambda^{m-1}\delta(1-\delta)}\right]$$

$$\text{s.t. } p_{2m} \leqslant \delta p_{1m}$$

引理 2.2 的证明同引理 2.1。

由引理 2.2，歧视定价策略下，绿色制造商和普通制造商的利润函数分别为：

$$\Pi_{1M}=\Delta\sum_{m=1}^{M}t_m(p_{1m}-c_1)\left[1-\frac{p_{1m}-p_{2m}}{\lambda^{m-1}(1-\delta)}\right] \tag{2-5}$$

$$\Pi_{2M}=\Delta\sum_{m=1}^{M}t_m(p_{2m}-c_2)\left[\frac{\delta p_{1m}-p_{2m}}{\lambda^{m-1}\delta(1-\delta)}\right] \tag{2-6}$$

$$\text{s.t. } p_{2m}\leqslant \delta p_{1m}$$

下面通过一个定理，求(2-5)式和(2-6)式的最优解。

定理 2.2 假设存在连续可微二元函数 $g_i(x_i,y_i)(i=1\cdots n)$，有相同的定义域，且都具凹性存在唯一最大值，则有下面性质成立：

$$\max_{x_1,y_1,x_2,y_2\cdots x_n,y_n}\sum_{i=1}^{n}g_i(x_i,y_i)=\sum_{i=1}^{n}\max_{x_i,y_i}g_i(x_i,y_i)$$

证明：首先证明 $n=2$ 的情形，有 $g_1(x_1,y_1)$，$g_2(x_2,y_2)$ 连续可微，设 $g_1(x_1,y_1)$ 的海塞矩阵为 H_2，$g_2(x_2,y_2)$ 的海塞矩阵为 H_3，则 $f(x_1,y_1,x_2,y_2)=g_1(x_1,y_1)+g_2(x_2,y_2)$ 连续可微，则 f 的海塞矩阵为：

$$H_1=\begin{bmatrix}H_2 & \\ & H_3\end{bmatrix}$$

根据定义 $g_1(x_1,y_1)$ 具备凹性，存在唯一最大值，因此 $|H_2|>0$，同理 $|H_3|>0$，因此 $|H_1|>0$，故函数 $f(x_1,y_1,x_2,y_2)$ 具备凹性，存在唯一最优解，根据一阶条件：

$$\frac{\partial f}{\partial x_1}=\frac{\partial g_1}{\partial x_1}=0,\frac{\partial f}{\partial y_1}=\frac{\partial g_1}{\partial y_1}=0,\frac{\partial f}{\partial x_2}=\frac{\partial g_1}{\partial x_2}=0,\frac{\partial f}{\partial y_2}=\frac{\partial g_1}{\partial y_2}=0$$

从上面的等式可以看出 $f(x_1,y_1,x_2,y_2)$ 的最优解分别是函数 $g_1(x_1^*,y_1^*)$ 和 $g_2(x_2^*,y_2^*)$ 的最优解，因此当 $n=2$ 时定理 2.2 成立，利用数学归纳法可以证明 n 为任意自然数时成立，证毕。

从定理 2.2 可以看出，具有凹性且决策变量相互独立的 n 个函数之和的最大值等于每个函数最大值之和，决策模型(2-5)式和(2-6)式中 Π_{1m}、Π_{2m} 满足上述引理的性质，根据定理 2.2，模型(2-5)式和(2-6)式的最大值就等于每个市场最大值之和，因此先求第 m 个市场的最优定价问题：

$$\Pi_{1m}=\Delta t_m(p_{1m}-c_1)\left[1-\frac{p_{1m}-p_{2m}}{\lambda^{m-1}(1-\delta)}\right] \tag{2-7}$$

$$\Pi_{2m}=\Delta t_m(p_{2m}-c_2)\left[\frac{\delta p_{1m}-p_{2m}}{\lambda^{m-1}\delta(1-\delta)}\right] \tag{2-8}$$

$$\text{s. t. } p_{2m}\leqslant \delta p_{1m}$$

同上，在(2-7)式和(2-8)式中，

$$\frac{\partial^2\Pi_{1m}}{\partial p_{1m}^2}=-\frac{2\Delta t_m}{\lambda^{m-1}(1-\delta)}<0,\frac{\partial^2\Pi_{2m}}{\partial p_{2m}^2}=-\frac{2\Delta t_m}{\lambda^{m-1}\delta(1-\delta)}<0$$

所以(2-7)式是关于p_{1m}的凹函数，(2-8)式是关于p_{2m}的凹函数。同样地，通过构造(2-7)式和(2-8)式的拉格朗日函数，并根据Kuhn-Tucker条件进行求解，可求得第m个市场绿色产品和普通产品的最优定价决策为：

$$p_{1m}^*=\frac{2\lambda^{m-1}(1-\delta)+2c_1+c_2}{4-\delta},p_{2m}^*=\frac{\lambda^{m-1}\delta(1-\delta)+\delta c_1+2c_2}{4-\delta}$$

根据约束条件$p_{2m}^*\leqslant \delta p_{1m}^*$，得到满足的条件为：

$$c_2<\delta[\lambda^{M-1}(1-\delta)+c_1]/(2-\delta)$$

将p_{1m}^*、p_{2m}^*代入q_{1m}、q_{2m}，可求得第m个市场绿色产品和普通产品的需求量为：

$$q_{1m}^*=\frac{\Delta t_m[2\lambda^{m-1}(1-\delta)-(2c_1-\delta c_1-c_2)]}{\lambda^{m-1}(1-\delta)(4-\delta)}$$

$$q_{2m}^*=\frac{\Delta t_m[\lambda^{m-1}\delta(1-\delta)+(\delta c_1+\delta c_2-2c_2)]}{\lambda^{m-1}\delta(1-\delta)(4-\delta)}$$

从而可得绿色产品和普通产品的总需求量分别为：

$$q_{1M}^*=\frac{\Delta[2\lambda^{M-1}(1-\delta)-T(2c_1-\delta c_1-c_2)]}{\lambda^{M-1}(1-\delta)(4-\delta)}$$

$$q_{2M}^*=\frac{\Delta[\lambda^{M-1}\delta(1-\delta)+T(\delta c_1+\delta c_2-2c_2)]}{\lambda^{M-1}\delta(1-\delta)(4-\delta)}$$

把上述计算结果代入Π_{1m}和Π_{2m}，可求得第m个市场绿色产品制造商和普通产品制造商的利润分别为：

$$\Pi_{1m}^{*}=\frac{\Delta t_m\left[2\lambda^{m-1}(1-\delta)-(2c_1-\delta c_1-c_2)\right]^2}{\lambda^{m-1}(1-\delta)(4-\delta)^2}$$

$$\Pi_{2m}^{*}=\frac{\Delta t_m\left[\lambda^{m-1}\delta(1-\delta)+(\delta c_1+\delta c_2-2c_2)\right]^2}{\lambda^{m-1}\delta(1-\delta)(4-\delta)^2}$$

从而可得绿色产品制造商和普通产品制造商的总利润分别为：

$$\Pi_{1M}^{*}=\frac{\Delta\sum_{m=1}^{M}t_m\lambda^{M-m}\left[2\lambda^{m-1}(1-\delta)-(2c_1-\delta c_1-c_2)\right]^2}{\lambda^{M-1}(1-\delta)(4-\delta)^2}$$

$$\Pi_{2M}^{*}=\frac{\Delta\sum_{m=1}^{M}t_m\lambda^{M-m}\left[\lambda^{m-1}\delta(1-\delta)+(\delta c_1+\delta c_2-2c_2)\right]^2}{\lambda^{M-1}\delta(1-\delta)(4-\delta)^2}$$

随着细分市场的逐渐增加，歧视定价策略下，产品定价的变化情况见定理 2.3。

定理 2.3 绿色产品的定价随着消费者细分市场的增加，以 $2\lambda^{m-1}(1-\lambda)(1-\delta)/4-\delta$ 的差值逐渐减小；普通产品的定价随着消费者细分市场的增加，以 $\lambda^{m-1}\delta(1-\lambda)(1-\delta)/4-\delta$ 的差值逐渐减小。

定理 2.3 给出了产品定价随消费者细分市场的变化情况。结果显示，随着消费者细分市场的增加，绿色产品和普通产品的定价随之降低。由假设可知，随着消费者细分市场的增加，消费水平逐渐降低，对两种产品的支付意愿也逐渐降低，针对这部分消费者，制造商只能选择降低产品价格；否则，会因为产品的价格太高，导致产品的销量为零。

歧视定价策略下，每个市场的消费者比例与普通消费者的消费水平对绿色产品分段需求量的影响，见定理 2.4。

定理 2.4 绿色产品的每个市场的需求量与该市场的消费者比例、消费水平呈正相关关系，且当消费者细分市场 $M \geqslant m_1$ 时，绿色产品的需求量为零，其中 m_1 为小于 $\ln\frac{\lambda(2c_1-\delta c_1-c_2)}{2(1-\delta)}/\ln\lambda$ 的最大的正整数。

定理 2.4 说明，随着消费者比例、消费水平的增大，该市场绿色产品的需求量逐渐增加，且当消费者细分市场大于一定的值时，绿色产品的销量为零。很明显，该市场消费者的比例越高，自然购买绿色产品的人数就越多，尤其是当该市场的消费者的消费水平较高时，意味着对绿色产品的支付意愿更高，这也是绿色产品需求量增加的原因；但是如果对消费者市场细分过多时（$M \geqslant m_1$），由假设可知，对消费者划分的依据是消费水平的差异性，所以市场越多，意味着消费者对绿色产品的支付意愿也越来越低，由于绿色产品的生产成本较高，即使制造商降价销售，也不会低于生产成本，从而导致在 m_1 市场以后的消费者放弃购买绿色产品。

歧视定价策略下，消费者比例与普通消费者的消费水平对普通产品每个市场需求量的影响，见定理 2.5。

定理 2.5　普通产品的每个市场的需求量与消费者比例、消费水平呈正相关关系；当 $c_2 > \dfrac{\delta c_1}{2-\delta}$ 时，当消费者细分市场 $M \geqslant m_2$ 时，普通产品的需求量为零，其中 m_2 为小于 $\ln \dfrac{\lambda(2c_2-\delta c_1-\delta c_2)}{\delta(1-\delta)}/\ln\lambda$ 的最大的正整数。

定理 2.5 给出了消费者比例、消费水平的变化对普通产品的每个市场需求量的影响。同样，随着消费者比例、消费水平的增大，该市场普通产品的需求量逐渐增加。且当普通产品的生产成本较高时，在消费者细分市场达到一定的值时（$M \geqslant m_2$），普通产品的销量为零。

定理 2.6　歧视定价策略下，当消费者比例相等时，即 $t_1=t_2=\cdots=t_m$。随着 M 逐渐增大，绿色产品的市场需求量随之降低；当普通产品的生产成本 $c_2 > \dfrac{\delta c_1}{2-\delta}$ 时，普通产品的市场需求量随之降低；反之，当 $c_2 < \dfrac{\delta c_1}{2-\delta}$ 时，普通产品的市场需求量随之增加。

证明：如果 $t_1=t_2=\cdots=t_m$，则 $t_1=t_2=\cdots=t_m=1/M$。此时，m 市场的消费者购买绿色产品的数量为：$q_{1m}^*=\dfrac{\Delta[2\lambda^{m-1}(1-\delta)-(2c_1-\delta c_1-c_2)]}{\lambda^{m-1}M(1-\delta)(4-\delta)}$，$m-1$ 市场的消费者购买绿色产品的数量为：$q_{1m-1}^*=\dfrac{\Delta[2\lambda^{m-2}(1-\delta)-(2c_1-\delta c_1-c_2)]}{\lambda^{m-2}M(1-\delta)(4-\delta)}$。所以有：

$$q_{1m-1}^*-q_{1m}^*=\frac{\Delta(2c_1-\delta c_1-c_2)(1-\lambda)}{\lambda^{m-1}M(1-\delta)(4-\delta)}\geqslant 0$$

所以 $q_{1m-1}^* \geqslant q_{1m}^*$。同理，由：

$$q_{2m}^*=\frac{\Delta[\lambda^{m-1}\delta(1-\delta)+(\delta c_1+\delta c_2-2c_2)]}{\lambda^{m-1}M\delta(1-\delta)(4-\delta)}$$

$$q_{2m-1}^*=\frac{\Delta[\lambda^{m-2}\delta(1-\delta)+(\delta c_1+\delta c_2-2c_2)]}{\lambda^{m-2}M\delta(1-\delta)(4-\delta)}$$

可得 $q_{2m-1}^*-q_{2m}^*=-\dfrac{\Delta(\delta c_1+\delta c_2-2c_2)(1-\lambda)}{\lambda^{m-1}M\delta(1-\delta)(4-\delta)}$，所以，当 $\delta c_1+\delta c_2-2c_2<0$ 时，

即 $c_2 > \frac{\delta c_1}{2-\delta}$，有 $q_{2m-1}^* \geqslant q_{2m}^*$；相反，$q_{2m-1}^* < q_{2m}^*$。

定理 2.6 给出了在各市场消费者比例相等的情况下，绿色产品和普通产品的需求量随细分市场的变化情况。结果显示，绿色产品的需求量与细分市场呈负相关关系。普通产品的需求量与细分市场的关系取决于其生产成本，当生产成本较高时，与细分市场呈负相关关系；当生产成本较低时，与细分市场呈正相关关系。因为随着细分市场的增加，消费水平逐渐降低，消费者对两种产品的支付意愿也逐渐降低，普通产品的生产成本相对较低，可以通过降价对产品进行销售；绿色产品较高的生产成本，使其没有降价的空间，所以只有绿色产品的生产成本较低时，才可以采取降价销售策略。

2.1.3 结果比较

通过比较单一定价和歧视定价策略下产品定价、需求量及制造商的利润，有定理 2.7、定理 2.8、定理 2.9。

定理 2.7 单一定价和歧视定价策略下，绿色产品和普通产品的定价满足以下关系：$p_{1m}^* \leqslant p_1^* \leqslant p_{11}^*$，$p_{2m}^* \leqslant p_2^* \leqslant p_{21}^*$，其中，$m \geqslant 2$。

证明：$p_{1m}^* - p_1^* = \frac{2(1-\delta)(\lambda^{m-1}T - \lambda^{M-1})}{T(4-\delta)}$，其中 $T = t_1\lambda^{M-1} + t_2\lambda^{M-2} + \cdots + t_m$，因为 $\sum_{m=1}^{M} t_m = 1$，所以：

$$T = t_1\lambda^{M-1} + t_2\lambda^{M-2} + \cdots + t_M = (1 - t_2 - t_3 - \cdots - t_m)\lambda^{M-1} + t_2\lambda^{M-2} + \cdots + t_M$$
$$= \lambda^{M-1} + t_2\lambda^{M-2}(1-\lambda) + \cdots + t_M(1-\lambda^{M-1})$$

又有：

$$T = t_1\lambda^{M-1} + t_2\lambda^{M-2} + \cdots + t_M = t_1\lambda^{M-1} + t_2\lambda^{M-2} + \cdots t_{m-1}\lambda + 1 - t_1 - t_2 - \cdots - t_{M-1}$$
$$= 1 - t_1(1-\lambda^{M-1}) - t_2(1-\lambda^{M-2}) + \cdots + t_{M-1}(1-\lambda)$$

所以 $\lambda^{M-1} \leqslant T \leqslant 1$。要使得 $p_{1m} - p_1 < 0$，需满足 $\lambda^{m-1}T - \lambda^{M-1} < 0$，即 $\lambda^{m-1} < \frac{\lambda^{M-1}}{T}$，上述证明可知 $\lambda^{M-1} \leqslant T \leqslant 1$，所以 $\frac{\lambda^{M-1}}{T} < 1$，需满足 $\lambda^{m-1} < 1$ 即可，从而可得 $m \geqslant 2$。同理可证普通产品定价之间的关系。证毕。

定理 2.7 说明，单一定价策略不利用产品的高价格来获取高利润，也不是实施低价格制约竞争者，而是企业尽量降低产品价格在营销手段中的地位，重视其他在产品市场上更有力或有成本效率的手段。价格策略采取适中价格，基本上能够做到供求双方都比较单一。歧视定价策略，针对不同用户的支付能力，制定了不同的定价，从而使各类用户都能购买该商品，最大化地占有消费者剩余，是一种以客户为核心的定价策略。

定理 2.8　单一定价和歧视定价策略下，绿色产品和普通产品的需求量满足以下关系：$q_1^* = q_{1M}^*$，$q_2^* = q_{2M}^*$。

定理 2.8 说明，两种定价策略下绿色产品和普通产品的需求量相同，主要是因为单一定价采取的是一种适中的价格，目的是兼顾两种消费市场，而且从该结论看，单一定价确实也达到制造商定价的目的。

定理 2.9　单一定价和歧视定价策略下，绿色产品制造商和普通产品制造商的利润满足以下关系：$\Pi_{1M}^* \geqslant \Pi_1^*$，$\Pi_{2M}^* \geqslant \Pi_2^*$。

证明：$\Pi_{1M}^* - \Pi_1^* = \dfrac{4\Delta\lambda^{M-1}(1-\delta)^2[T(t_1+\lambda t_2+\cdots+\lambda^{M-1}t_M)-\lambda^{M-1}]}{\lambda^{M-1}T(1-\delta)(4-\delta)^2}$，其中 $T=\sum\limits_{m=1}^{M} t_m\lambda^{M-m}$。

歧视定价的条件之一是有效地把不同市场之间或市场的各部分之间分开，因此 $M \geqslant 2$ 是实现歧视定价的必要条件。运用数学归纳法，当 $M=2$ 时，有：

$$\Pi_{12}^* - \Pi_1^* = \frac{4\lambda(1-\delta)^2[T_2(t_1+\lambda t_2)-\lambda]}{\lambda T(1-\delta)(4-\delta)^2}$$

其中 $T_2 = \lambda t_1 + t_2$，所以有：

$$T_2(t_1+\lambda t_2) = t_1t_2 + \lambda^2 t_1t_2 + \lambda(t_1^2+t_2^2) = t_1t_2 - 2\lambda t_1t_2 + \lambda^2 t_1t_2 + \lambda(t_1+t_2)^2$$

又因为 $t_1+t_2=1$，所以 $T_2(t_1+\lambda t_2) = t_1t_2(1-\lambda)^2+\lambda$，所以有：

$$T_2(t_1+\lambda t_2) - \lambda = t_1t_2(1-\lambda)^2 > 0$$

假设消费者被划分为 $M-1$ 个市场时，$\Pi_{1M-1}^* - \Pi_1^* \geqslant 0$，此时有：

$$\Pi_{1M-1}^* - \Pi_1^* = \frac{4\Delta\lambda^{M-2}(1-\delta)^2[T_{M-1}(t_1+\lambda t_2+\cdots+\lambda^{M-2}t_{M-1})-\lambda^{M-2}]}{\lambda^{M-2}T(1-\delta)(4-\delta)^2} \geqslant 0$$

即 $T_{M-1}(t_1+\lambda t_2+\cdots+\lambda^{M-2}t_{M-1})-\lambda^{M-2} \geqslant 0$，其中，$T_{M-1}=\sum\limits_{m=1}^{M-1} t_m\lambda^{M-m}$。令 $X = t_1+\lambda t_2+\cdots+\lambda^{M-2}t_{M-1}$，当消费者被划分为 M 个市场时，有：

$$\Pi_{1M}^* - \Pi_1^* = \frac{4\Delta\lambda^{M-1}(1-\delta)^2[(T_{M-1}+t_M)(X+\lambda^{M-1}t_M)-\lambda^{M-1}]}{\lambda^{M-2}T(1-\delta)(4-\delta)^2}$$

其中：

$$\begin{aligned}(T_{M-1}+t_M)(X+\lambda^{M-1}t_M)-\lambda^{M-1}&=XT_{M-1}+T_{M-1}\lambda^{M-1}t_M+t_M(X+\lambda^{M-1}t_M)-\lambda^{M-1}\\&=(XT_{M-1}-\lambda^{M-2})+\lambda^{M-2}(1-\lambda)+T_{M-1}\lambda^{M-1}t_M\\&\quad+t_M(X+\lambda^{M-1}t_M)\geqslant 0\end{aligned}$$

所以 $\Pi_{1M}^* \geqslant \Pi_1^*$，同理可证 $\Pi_{2M}^* \geqslant \Pi_2^*$。证毕。

定理 2.9 说明，虽然两种定价策略下绿色产品和普通产品的需求量相同，但是歧视定价策略下制造商的利润较高。这是因为歧视定价策略下，制造商根据消费者的偏好行为制定相应的定价策略，也就是最大化地占有消费者的剩余，所以，歧视定价策略下制造商利润较高。

2.1.4 数值算例

(1) 数值仿真

唐小我(1997) 关于价格歧视问题的细分市场的确定的研究指出，细分的市场主要取决于实际操作上的方便，分段的数目越少，操作上越方便。考虑可操作性，把消费者划分为两个市场，即 $M=2$。根据消费者的偏好特征，第一个市场的消费者收入水平较高，具有一定的环保意识，而且更偏向于购买绿色产品，加之其消费活动促进了绿色产品的销售，把具有这些偏好行为的消费者称为绿色消费者；第二个市场的消费者收入水平较低，虽然也具有一定的环保意识，但其消费活动并没有对绿色产品的销售产生太大影响，反而受其收入水平的影响，偏向于购买普通产品，把具有这些购买偏好行为的消费者称为普通消费者。

此时，单一定价和歧视定价策略下，绿色产品和普通产品的最优定价为：

$$p_1^*=\frac{2\lambda(1-\delta)+T_2(2c_1+c_2)}{T(4-\delta)},\quad p_2^*=\frac{\lambda\delta(1-\delta)+T_2(\delta c_1+2c_2)}{T(4-\delta)}$$

$$p_{11}^*=\frac{2(1-\delta)+2c_1+c_2}{4-\delta},\quad p_{12}^*=\frac{2\lambda(1-\delta)+2c_1+c_2}{4-\delta}$$

$$p_{21}^*=\frac{\delta(1-\delta)+\delta c_1+2c_2}{4-\delta},\quad p_{22}^*=\frac{\lambda\delta(1-\delta)+\delta c_1+2c_2}{4-\delta}$$

绿色产品和普通产品的需求量为：

$$q_1^*=\frac{\Delta[2\lambda(1-\delta)-T_2(2c_1-\delta c_1-c_2)]}{\lambda(1-\delta)(4-\delta)}$$

$$q_2^*=\frac{\Delta[\lambda\delta(1-\delta)+T_2(\delta c_1+\delta c_2-2c_2)]}{\lambda\delta(1-\delta)(4-\delta)}$$

$$q_{12}^* = \frac{\Delta[2\lambda(1-\delta) - T_2(2c_1 - \delta c_1 - c_2)]}{\lambda(1-\delta)(4-\delta)}$$

$$q_{22}^* = \frac{\Delta[\lambda\delta(1-\delta) + T_2(\delta c_1 + \delta c_2 - 2c_2)]}{\lambda\delta(1-\delta)(4-\delta)}$$

绿色产品制造商和普通产品制造商的利润为：

$$\Pi_1^* = \frac{\Delta[2\lambda(1-\delta) - T_2(2c_1 - \delta c_1 - c_2)]^2}{\lambda T(1-\delta)(4-\delta)^2}$$

$$\Pi_2^* = \frac{\Delta[\lambda\delta(1-\delta) + T_2(\delta c_1 + \delta c_2 - 2c_2)]^2}{\lambda\delta T(1-\delta)(4-\delta)^2}$$

$$\Pi_{12}^* = \frac{\Delta\sum_{m=1}^{2} t_m\lambda^{2-m}[2\lambda^{m-1}(1-\delta) - (2c_1 - \delta c_1 - c_2)]^2}{\lambda(1-\delta)(4-\delta)^2}$$

$$\Pi_{22}^* = \frac{\Delta\sum_{m=1}^{2} t_m\lambda^{2-m}[\lambda^{m-1}\delta(1-\delta) + (\delta c_1 + \delta c_2 - 2c_2)]^2}{\lambda\delta(1-\delta)(4-\delta)^2}$$

其中，$T_2 = \lambda t_1 + t_2$。因为 $t_1 + t_2 = 1$，所以有 $T_2 = 1 - t_1(1-\lambda)$，或 $T_2 = \lambda + t_2(1-\lambda)$，从而有 $\lambda \leqslant T_2 \leqslant 1$。

通过比较上述计算结果，单一定价和歧视定价策略下，产品定价之间满足：$p_{12}^* \leqslant p_1^* \leqslant p_{11}^*$，$p_{22}^* \leqslant p_2^* \leqslant p_{21}^*$；需求量之间满足：$q_1^* = q_{12}^*$，$q_2^* = q_{22}^*$；利润之间满足：$\Pi_{12}^* \geqslant \Pi_1^*$，$\Pi_{22}^* \geqslant \Pi_2^*$。

证明：$p_{11}^* - p_1^* = \frac{2(1-\delta)(T_2-\lambda)}{T(4-\delta)}$，因为 $\lambda \leqslant T_2 \leqslant 1$，所以 $\frac{2(1-\delta)(T_2-\lambda)}{T(4-\delta)} \geqslant 0$，从而可得 $p_{11}^* \geqslant p_1^*$；$p_1^* - p_{12}^* = \frac{2\lambda(1-\delta)(1-T_2)}{T(4-\delta)} \geqslant 0$，所以 $p_1^* \geqslant p_{12}^*$，同理可证普通产品定价之间的关系；需求量之间的关系由表达式可间接观察得出；利润之间的关系由定理 2.9 可得。该结论证明了定理 2.7、定理 2.8 和定理 2.9。

(2) 算例分析

为进一步分析消费者偏好系数对两种定价策略下产品定价、需求量及制造商利润的影响，现引入数值算例。模型中的参数取值如下：$M = 2$，$\Delta = 1$，根据模型中生产成本的约束条件，令 $c_1 = 0.15$，$c_2 = 0.02$。

① 消费者环保意识对产品定价的影响

令 $t_1 = t_2 = 0.5$，$\lambda = 0.5$，δ 以 0.1 为步长从 0.1 到 0.7 变化，图 2-1 显示，随着 δ 的逐渐增加，绿色产品的定价逐渐降低，普通产品的定价随之增加。δ 的值越大，意味着消费者对普通产品的偏好程度越高，愿意支付更高的费用购买普通产品，此时，绿色制造商选择降价销售，普通制造商则会提高普通产品的定价。单一定价策略下，产品的定价介于两种歧视定价之间。该结果与定理 2.7 一致。

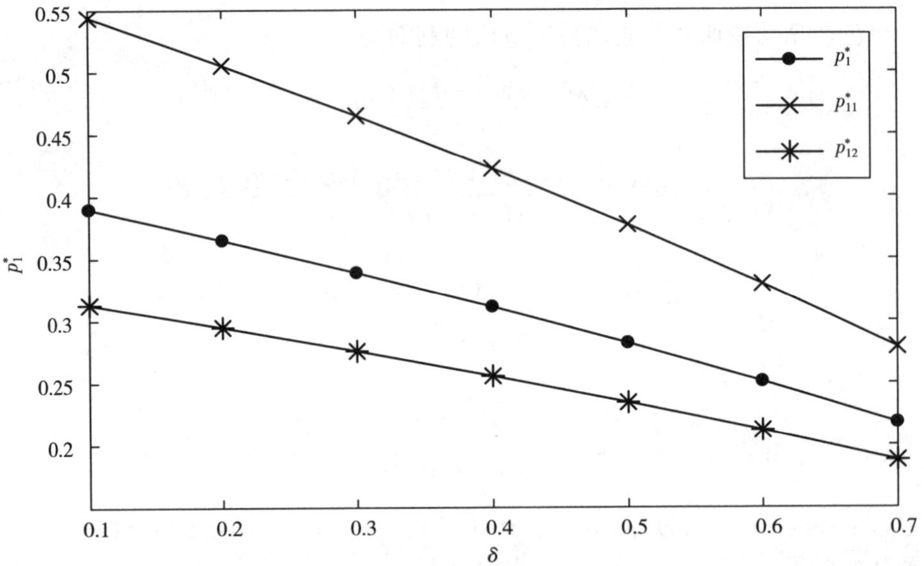

（a）绿色产品的定价

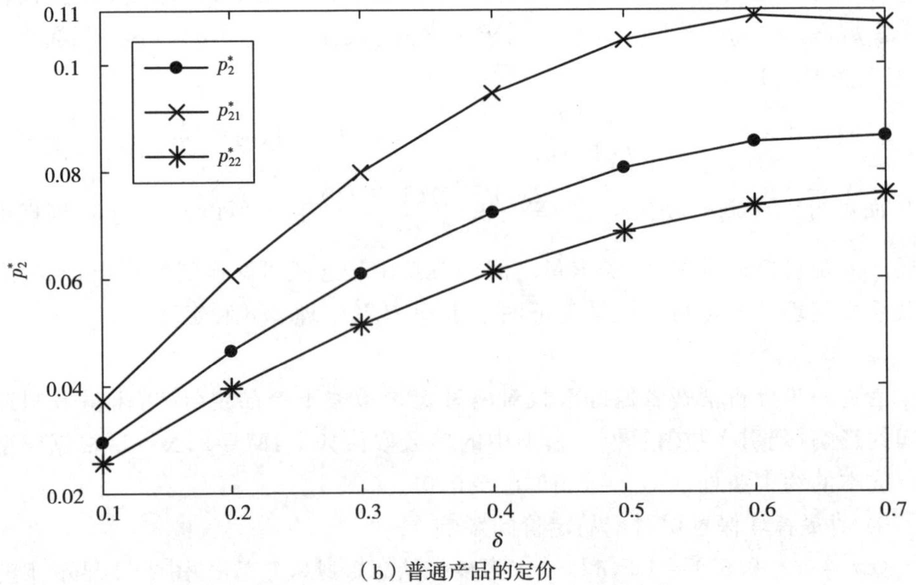

（b）普通产品的定价

图 2-1　消费者环保意识对产品定价的影响

② 普通消费者的消费水平对产品定价的影响

令 $t_1=t_2=0.5$，$\delta=0.5$，λ 以0.1为步长从0.1到1变化，图2-2显示，随着 λ 的逐渐增加，绿色产品和普通产品的定价随之增加，且歧视定价策略下，第一个市场

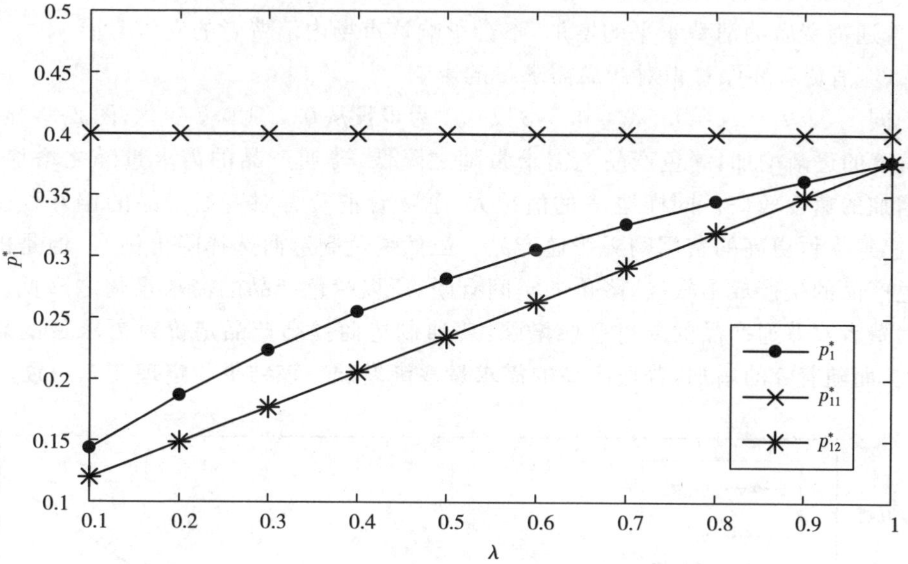

(a) 绿色产品的定价

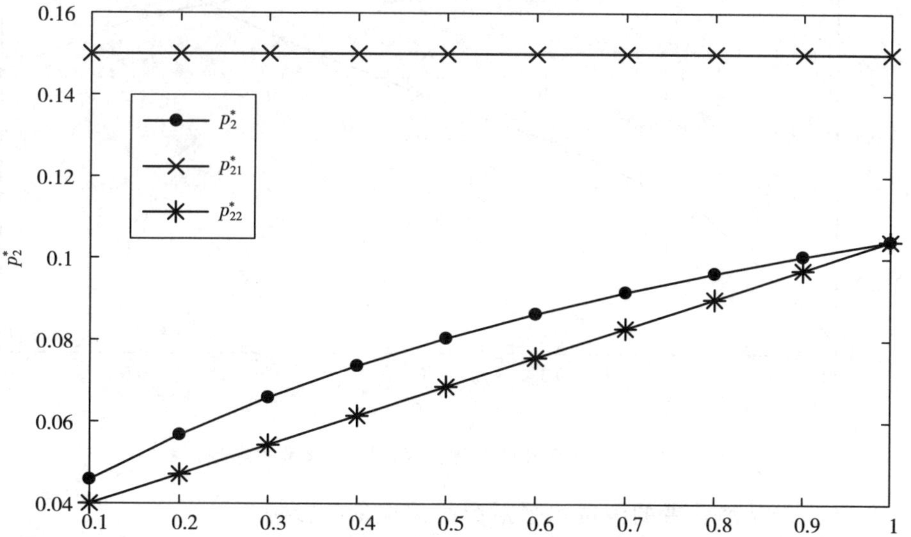

(b) 普通产品的定价

图2-2　普通消费者的消费水平对产品定价的影响

内定价不受普通消费者的消费水平的影响。λ 的值越大，意味着普通消费者的消费水平越来越高，从而普通消费者对绿色产品和普通产品的支付意愿都增强，此时，两个制造商均选择提高产品定价；歧视定价策略下，由消费者对产品的估价可知，第一个市场内消费者的收入水平较高，对产品的支付意愿不受收入水平的影响，所以，普通消费者的消费水平的增加，不会影响该市场内消费者的支付意愿。

③ 消费者环保意识对产品需求量的影响

同上，令 $t_1=t_2=0.5$，$\lambda=0.5$，δ 以 0.1 为步长从 0.1 到 0.7 变化，图 2-3 显示，随着 δ 的逐渐增加，绿色产品的需求量随之降低，普通产品的需求量随之增加，而且增加的速度较快。同样地，δ 的值越大，意味着消费者对普通产品的偏好程度越高，愿意支付更高的费用购买普通产品。虽然绿色制造商选择降价销售，但是由于绿色产品的生产成本较高，降价的空间有限，所以绿色产品的需求量随之降低。由于消费者对普通产品的支付意愿增强，普通制造商提高产品定价对需求量的影响不大，而随着 δ 的增加，普通产品的需求量逐渐增加。该结果与定理 2.8 一致。

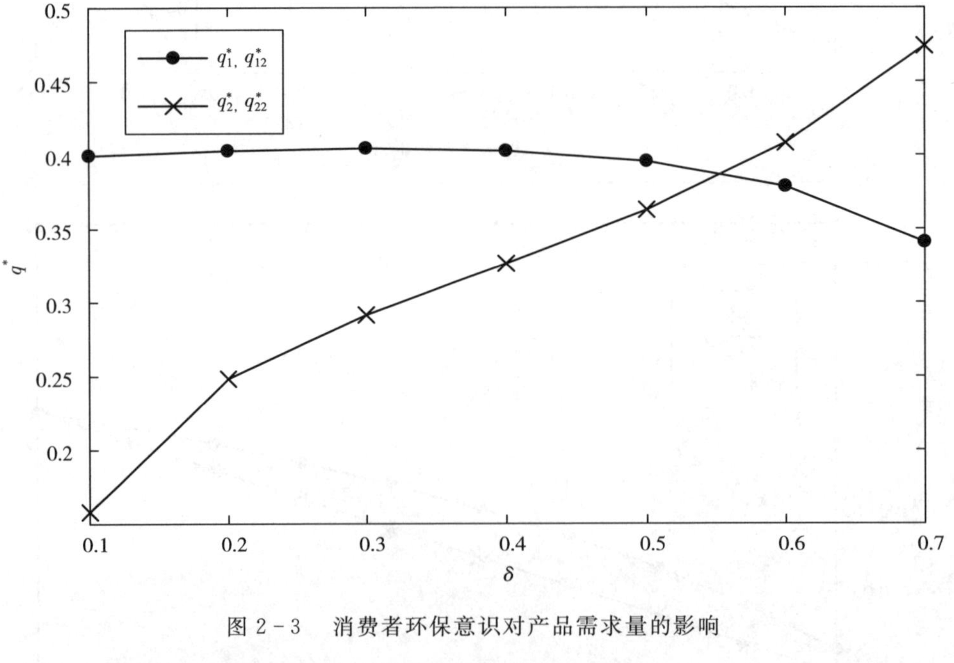

图 2-3　消费者环保意识对产品需求量的影响

④ 普通产品消费者的消费水平对产品需求量的影响

同上，令 $t_1=t_2=0.5$，$\delta=0.5$，λ 以 0.1 为步长从 0.1 到 1 变化，图 2-4 显示，随着 λ 的逐渐增加，绿色产品和普通产品的需求量均随之增大，且两种定价策略下，产品的需求量相同。λ 的值越大，意味着普通消费者的消费水平越来越高，由假设可知，普通消费者受收入水平的影响，对产品的价格比较敏感，所以对产品的估价比较低，随着普通消费者收入的逐渐增加，普通消费者对两种产品的估价也增加，从而有更多的普通消费者产生购买行为，所以两种产品的需求量都有所提高。

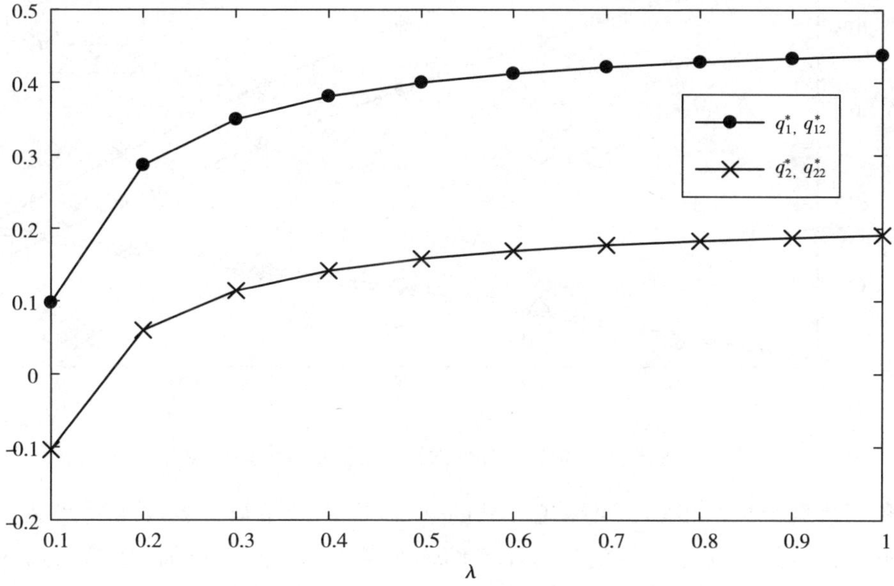

图 2-4　普通消费者的消费水平对产品需求量的影响

⑤ 消费者环保意识对制造商利润的影响

同上，令 $t_1=t_2=0.5$，$\lambda=0.5$，δ 以 0.1 为步长从 0.1 到 0.7 变化，图 2-5 显示，随着 δ 的逐渐增加，绿色产品制造商利润随之降低，普通产品制造商的利润随之增加。δ 的值越大，意味着消费者对普通产品的偏好程度越高，愿意支付更高的费用购买普通产品。图 2-1 显示，绿色产品制造商会选择降价销售，其利润减少；而普通产品制造商则选择提高定价，其利润逐渐增加。

歧视定价策略下，制造商的利润较高。虽然两种定价策略下绿色产品和普通产品的需求量相同，但是在歧视定价策略下，制造商根据消费者的偏好行为制定相应的定价策略，也就是最大化地占有消费者的剩余，所以，歧视定价策略下制造商利润较高。该结果与定理 2.9 一致。

⑥ 绿色产品消费者比例对制造商利润的影响

令 $\lambda=0.5$，$\delta=0.5$，t_1 以 0.1 为步长从 0.1 到 1 变化，图 2-6 显示，随着 t_1 的逐渐增加，两个制造商的利润均随之增加，且绿色产品制造商的利润增加的速度较快。由两类消费者的特征可知，如果普通产品的定价足够低，绿色产品消费者可能会选

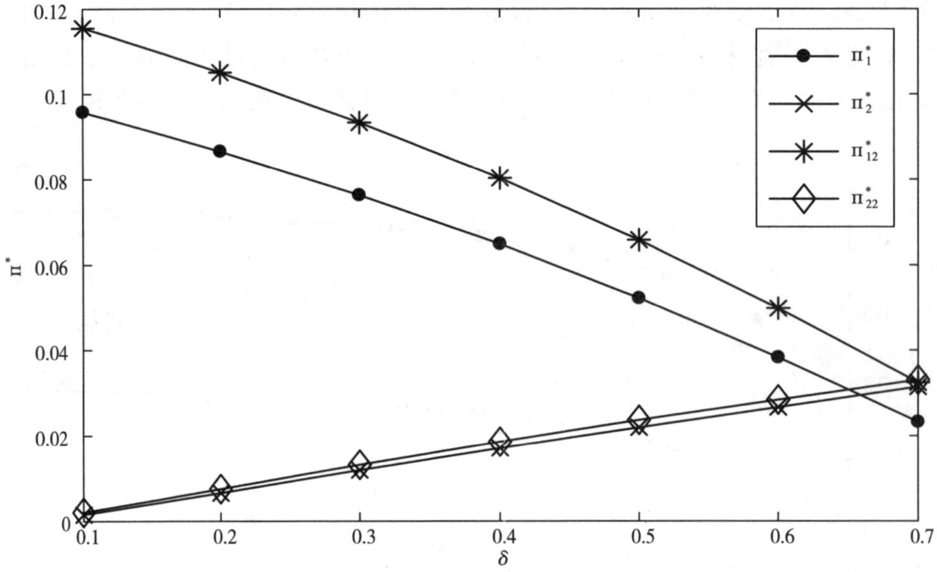

图 2-5　消费者环保意识对制造商利润的影响

择购买该类产品。相对于对绿色产品的估价，绿色产品消费者对普通产品的估价较低，所以，随着绿色产品消费者比例的逐渐增加，绿色产品的需求量增加的速度较快，普通产品的需求量也会增加，但是增加的速度相对较慢。

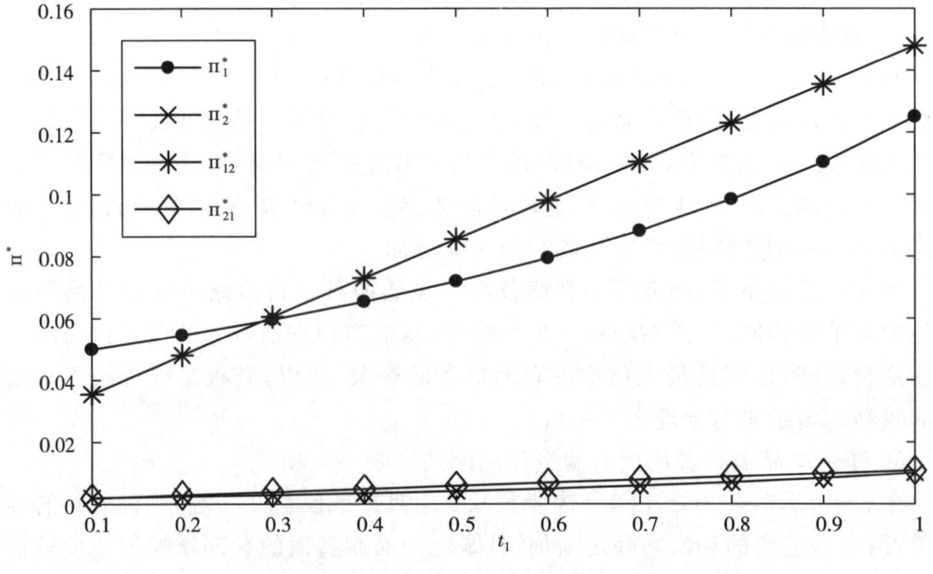

图 2-6　绿色产品消费者比例对制造商利润的影响

2.2　消费者偏好依赖产品绿色度的绿色供应链定价决策

2.2.1　问题描述和基本假设

考虑市场中有一个绿色垄断制造商和一个普通垄断制造商，分别生产绿色产品和普通产品，两种产品的绿色度不同且可相互替代。本节研究的是消费者支付意愿与产品的绿色度呈正相关关系，并做出如下假设：

(1) 绿色产品和普通产品的绿色度分为 g_1 和 g_2，且 $g_1 \geqslant g_2$，绿色度越高，表示产品的环保性和节能性越高。在生活中，通常可以用能效标识和废旧产品的可回收程度来反映产品的绿色度水平。

(2) 绿色产品和普通产品的单位生产成本分别为 $c_1(g_1)$ 和 $c_2(g_2)$，假设 $c_1(g_1)=hg_1^2$，$c_2(g_2)=hg_2^2$，根据假设 1，有 $c_1(g_1) \geqslant c_2(g_2)$。

(3) 市场需求是确定的，市场规模为 Δ，由 2.1 节的研究发现 Δ 值的变化不会影响结果的分析，所以令 $\Delta=1$。

(4) 同 2.1 节的研究，根据消费者表现的偏好特征，把消费者划分为 M 个市场，由 m 标记，$m=1,2,\cdots\cdots,M$。同样地，第一个市场的消费者收入水平最高，对绿色产品的偏好程度最高。以此类推，第 m 个市场的消费者收入水平最低，对绿色产品的偏好程度最低，第 m 个市场的消费者比例分别为 t_m，同样有：

$$\sum\nolimits_{m=1}^{M} t_m = 1$$

(5) 根据假设 4 中消费者的偏好特征，第一个市场的消费者对绿色产品的估价为 vg_1，v 在 $[0,1]$ 上均匀分布，第一个市场的消费者对普通产品的估价为 vg_2；第二个市场的消费者对绿色产品的估价为 λvg_1，第二个市场的消费者对普通产品的估价为 λvg_2；以此类推，第 m 个市场的消费者对绿色产品的估价为 $\lambda^{m-1} vg_1$，第 m 个市场的消费者对普通产品的估价为 $\lambda^{m-1} vg_2$，λ 代表普通产品消费者的消费水平，且 $0 \leqslant \lambda \leqslant 1$。本节所用到的其他符号同 2.1 节。

2.2.2　模型构建与求解

(1) 单一定价策略

单一定价策略下，M 个市场的绿色产品和普通产品的零售价格相同，根据消费者剩余理论，第 m 个市场的消费者购买绿色产品的剩余为 $\lambda^{m-1}vg_1-p_1$，第 m 个市场的消费者购买普通产品的剩余为 $\lambda^{m-1}vg_2-p_2$，根据效用最大化原则，可得引理 2.3。

引理 2.3　单一定价策略下，绿色产品和普通产品的需求量分别为：

$$q_1=\sum_{m=1}^{M}t_m\left[1-\frac{p_1-p_2}{\lambda^{m-1}(g_1-g_2)}\right],q_2=\sum_{m=1}^{M}t_m\left[\frac{\delta p_1-p_2}{\lambda^{m-1}g_2(g_1-g_2)}\right]$$

$$\text{s. t. } p_2/g_2\leqslant p_1/g_1$$

证明：绿色消费者购买绿色产品的条件为：

$$\lambda^{m-1}vg_1-p_1>0 \text{ 和 } \lambda^{m-1}vg_1-p_1>\lambda^{m-1}vg_2-p_2\Rightarrow v>\frac{p_1}{\lambda^{m-1}g_1} \text{ 和 } v>\frac{p_1-p_2}{\lambda^{m-1}(g_1-g_2)}$$

由消费者购买普通产品的条件：

$$\lambda^{m-1}vg_1-p_1<\lambda^{m-1}vg_2-p_2\Rightarrow\lambda^{m-1}vg_1g_2-g_2p_1<\lambda^{m-1}vg_1g_2-g_1p_2$$

可得 $g_1p_2<g_2p_1$；所以有 $\frac{p_1-p_2}{\lambda^{m-1}(g_1-g_2)}>\frac{p_1}{\lambda^{m-1}g_1}$，从而可得第 m 个市场的消费者购买绿色产品的条件为 $v>\frac{p_1-p_2}{\lambda^{m-1}(g_1-g_2)}$。根据 v 在[0,1]上均匀分布，可求得第 m 个市场的消费者购买绿色产品的数量为：$t_m\int_{\frac{p_1-p_2}{\lambda^{m-1}(g_1-g_2)}}^{1}1=t_m\left[1-\frac{p_1-p_2}{\lambda^{m-1}(g_1-g_2)}\right]$；同理可得第 m 个市场的消费者购买普通产品的数量。证毕。

由引理 2.3，单一定价策略下，绿色制造商和普通制造商的利润函数为：

$$\Pi_1=(p_1-hg_1^2)\left[1-\frac{T(p_1-p_2)}{\lambda^{M-1}(g_1-g_2)}\right] \tag{2-9}$$

$$\Pi_2=T(p_2-hg_2^2)\frac{\delta p_1-p_2}{\lambda^{M-1}g_2(g_1-g_2)} \tag{2-10}$$

$$\text{s. t. } p_2/g_2\leqslant p_1/g_1$$

在(2－9)式和(2－10)式中，

$$\frac{\partial^2\Pi_1}{\partial p_1^2}=-\frac{2T}{\lambda^{M-1}(g_1-g_2)}<0,\frac{\partial^2\Pi_2}{\partial p_2^2}=-\frac{2Tg_1}{\lambda^{M-1}g_2(g_1-g_2)}<0$$

所以 Π_1 是关于 p^1 的凹函数，Π_2 是关于 p^2 的凹函数。同样地，根据约束条件 $\frac{p_2}{g_2} \leqslant \frac{p_1}{g_1}$，构造(2-9)式和(2-10)式的拉格朗日函数如下：

$$L_1(p_1, p_2) = (p_1 - hg_1^2)\left[1 - \frac{T(p_1 - p_2)}{\lambda^{M-1}(g_1 - g_2)}\right] - \lambda_1\left(\frac{p_2}{g_2} - \frac{p_1}{g_1}\right)$$

$$L_2(p_1, p_2) = T(p_2 - hg_2^2)\frac{\delta p_1 - p_2}{\lambda^{M-1}g_2(g_1 - g_2)} - \lambda_1\left(\frac{p_2}{g_2} - \frac{p_1}{g_1}\right)$$

根据 Kuhn-Tucker 条件：

$$\frac{\partial L_1}{\partial p_1} = 1 - \frac{T(2p_1 - p_2 - hg_1^2)}{\lambda^{M-1}(g_1 - g_2)} + \frac{\lambda_1}{g_1} = 0$$

$$\frac{\partial L_2}{\partial p_2} = \frac{T(g_2 p_1 - 2g_1 p_2 + hg_1 g_2^2)}{\lambda^{M-1}g_2(g_1 - g_2)} - \frac{\lambda_1}{g_2} = 0$$

$$\lambda_1\left(\frac{p_2}{g_2} - \frac{p_1}{g_1}\right) = 0, \lambda_1 \geqslant 0$$

λ_1 的取值为：$\lambda_1 > 0$ 或 $\lambda_1 = 0$。$\lambda_1 > 0$ 时，$p_2/g_2 - p_1/g_1 = 0 \Rightarrow g_2 p_1 = g_1 p_2$，则有 $q_2 = 0$。同 2.1 节的分析，如果 $p_2 = g_2 p_1/g_1$，则普通产品的需求量为零，且普通产品制造商的利润为负，所以从最优化的角度考虑，普通产品制造商会放弃该种定价策略，所以舍去该解；$\lambda_1 = 0$ 时，则有 $p_2/g_2 \leqslant p_1/g_1$，(2-9)式和(2-10)式分别对 p_1 和 p_2 求一阶偏导数，可求得制造商的定价决策：

$$p_1^* = \frac{g_1[2\lambda^{M-1}(g_1 - g_2) + hT(2g_1^2 + g_2^2)]}{T(4g_1 - g_2)}$$

$$p_2^* = \frac{g_2[\lambda^{M-1}(g_1 - g_2) + hTg_1(g_1 + 2g_2)]}{T(4g_1 - g_2)}$$

$\lambda_1 = 0$ 和 $p_2/g_2 < p_1/g_1$ 得到满足的条件为：

$$(g_1 - g_2)[\lambda^{M-1} + hT(g_1 - g_2)] \geqslant 0$$

将上述定价代入 q_1、q_2、Π_1 和 Π_2，可求得产品的需求量和制造商的利润为：

$$q_1^* = \frac{g_1[2\lambda^{M-1} - hT(2g_1 + g_2)]}{\lambda^{M-1}(4g_1 - g_2)}, q_2^* = \frac{g_1[\lambda^{M-1} + hT(g_1 - g_2)]}{\lambda^{M-1}(4g_1 - g_2)}$$

$$\Pi_1^* = \frac{g_1^2(g_1 - g_2)[2\lambda^{M-1} - hT(2g_1 + g_2)]^2}{\lambda^{M-1}T(4g_1 - g_2)^2},$$

$$\Pi_2^* = \frac{g_2 g_1(g_1 - g_2)[\lambda^{M-1} + hT(g_1 - g_2)]^2}{\lambda^{M-1}T(4g_1 - g_2)^2}$$

(2) 歧视定价策略

根据消费者剩余理论,第 m 个市场的消费者购买绿色产品的剩余为 $\lambda^{m-1}vg_1 - p_{1m}$,第 m 个市场的消费者购买普通产品的剩余为 $\lambda^{m-1}vg_2 - p_{2m}$,根据效用最大化原则,可得引理 2.4。

引理 2.4 歧视定价策略下,绿色产品和普通产品的市场需求量为:

$$q_{1M} = \sum_{m=1}^{M} t_m \Delta\left[1 - \frac{p_{1m} - p_{2m}}{\lambda^{m-1}(g_1 - g_2)}\right], q_{2M} = \sum_{m=1}^{M} t_m \Delta\left[\frac{\delta p_{1m} - p_{2m}}{\lambda^{m-1} g_2(g_1 - g_2)}\right]$$

$$\text{s.t. } p_{2m}/g_2 \leqslant p_{1m}/g_1$$

引理 2.4 的证明同引理 2.3。

由引理 2.4,歧视定价策略下,绿色制造商和普通制造商的利润函数为:

$$\Pi_{1M} = \Delta\sum_{m=1}^{M} t_m(p_{1m} - hg_1^2)\left[1 - \frac{p_{1m} - p_{2m}}{\lambda^{m-1}(g_1 - g_2)}\right] \quad (2-11)$$

$$\Pi_{2M} = \Delta\sum_{m=1}^{M} t_m(p_{2m} - hg_2^2)\left[\frac{\delta p_{1m} - p_{2m}}{\lambda^{m-1} g_2(g_1 - g_2)}\right] \quad (2-12)$$

$$\text{s.t. } p_{2m}/g_2 \leqslant p_{1m}/g_1$$

由定理 2.2,模型(2-11)式和(2-12)式的最大值就等于每个市场最大值之和,因此先求第 m 个市场的最优定价问题:

$$\Pi_{1m} = \Delta t_m(p_{1m} - hg_1^2)\left[1 - \frac{p_{1m} - p_{2m}}{\lambda^{m-1}(g_1 - g_2)}\right] \quad (2-13)$$

$$\Pi_{2m} = \Delta t_m(p_{2m} - hg_2^2)\left[\frac{\delta p_{1m} - p_{2m}}{\lambda^{m-1} g_2(g_1 - g_2)}\right] \quad (2-14)$$

$$\text{s.t. } p_{2m}/g_2 \leqslant p_{1m}/g_1$$

同上,在(2-13)式和(2-14)式中

$$\frac{\partial^2 \Pi_{1m}}{\partial p_{1m}^2}=-\frac{2t_m}{\lambda^{m-1}(g_1-g_2)}<0,\frac{\partial^2 \Pi_{2m}}{\partial p_{2m}^2}=-\frac{2t_m g_1}{\lambda^{m-1}g_2(g_1-g_2)}<0$$

所以(2-13)式是关于 p^{1m} 的凹函数,(2-14)是关于 p^{2m} 的凹函数。同样地,构造(2-13)式和(2-14)式的拉格朗日函数,并根据 Kuhn-Tucker 条件进行求解,可求得第 m 个市场绿色产品和普通产品的最优定价决策为:

$$p_{1m}^*=\frac{g_1[2\lambda^{m-1}(g_1-g_2)+h(2g_1^2+g_2^2)]}{4g_1-g_2}$$

$$p_{2m}^*=\frac{g_2[\lambda^{m-1}(g_1-g_2)+hg_1(g_1+2g_2)]}{4g_1-g_2}$$

根据约束条件 $g_1 p_{2m}\leqslant g_2 p_{1m}$,得到满足的条件为:

$$(g_1-g_2)[\lambda^{M-1}+h(g_1-g_2)]\geqslant 0$$

可求得第 m 个市场产品的需求量及制造商的利润为:

$$q_{1m}^*=\frac{t_m g_1[2\lambda^{m-1}-h(2g_1+g_2)]}{4g_1-g_2},q_{2m}^*=\frac{t_m g_1[\lambda^{m-1}+h(g_1-g_2)]}{4g_1-g_2}$$

$$\Pi_{1m}^*=\frac{t_m g_1^2(g_1-g_2)[2\lambda^{m-1}-h(2g_1+g_2)]^2}{\lambda^{m-1}(4g_1-g_2)^2}$$

$$\Pi_{2m}^*=\frac{t_m g_1 g_2(g_1-g_2)[\lambda^{m-1}+h(g_1-g_2)]^2}{\lambda^{m-1}(4g_1-g_2)^2}$$

由上述结果可求得产品的总需求量及制造商的总利润为:

$$q_{1M}^*=\frac{g_1[2\lambda^{M-1}-hT(2g_1+g_2)]}{\lambda^{M-1}(4g_1-g_2)},q_{2M}^*=\frac{g_1[\lambda^{M-1}+hT(g_1-g_2)]}{\lambda^{M-1}(4g_1-g_2)}$$

$$\Pi_{1M}^*=\frac{g_1^2(g_1-g_2)\sum_{m=1}^{M}t_m\lambda^{M-m}[2\lambda^{m-1}-h(2g_1+g_2)]^2}{\lambda^{M-1}(4g_1-g_2)^2}$$

$$\Pi_{2M}^*=\frac{g_1 g_2(g_1-g_2)\sum_{m=1}^{M}t_m\lambda^{M-m}[\lambda^{m-1}+h(g_1-g_2)]^2}{\lambda^{M-1}(4g_1-g_2)^2}$$

2.2.3 结果比较

通过对单一定价和歧视定价策略下需求量、定价及利润的比较，可得定理2.10。

定理2.10 在单一定价策略和歧视定价策略下，产品定价之间满足：$p_{1m}^* \leqslant p_1^* \leqslant p_{11}^*$，$p_{2m}^* \leqslant p_2^* \leqslant p_{21}^*$，其中，$m \geqslant 2$；需求量之间满足：$q_1^* = q_{1M}^*$，$q_2^* = q_{2M}^*$；利润之间满足：$\Pi_{1M}^* \geqslant \Pi_1^*$，$\Pi_{2M}^* \geqslant \Pi_2^*$。

证明：$p_{1m}^* - p_1^* = \dfrac{2g_1(g_1-g_2)(\lambda^{M-1}T-\lambda^{M-1})}{T(4g_1-g_2)}$，其中，$T=t_1\lambda^{M-1}+t_2\lambda^{M-2}+\cdots+t_m$，由定理2.7可知$\lambda^{M-1} \leqslant T \leqslant 1$，所以要使得$p_{1m}^* - p_1^* < 0$，需满足$\lambda^{m-1}T-\lambda^{M-1}<0$，即$\lambda^{m-1} < \dfrac{\lambda^{M-1}}{T}$，上述证明可知$\lambda^{M-1} \leqslant T \leqslant 1$，所以$\dfrac{\lambda^{M-1}}{T}<1$，需满足$\lambda^{m-1}<1$即可，从而可得$m \geqslant 2$，同理可证普通产品定价之间的关系；需求量之间的关系由表达式可间接观察得出；现证明利润之间的关系：

$$\Pi_{1M}^* - \Pi_1^* = \frac{4\lambda^{M-1}g_1^2(g_1-g_2)[T(t_1+\lambda t_2+\cdots+\lambda^{M-1}t_M)-\lambda^{M-1}]}{\lambda^{M-1}T(4g_1-g_2)^2}$$

同定理2.7，运用数学归纳法可证明$\Pi_{1M}^* - \Pi_1^* \geqslant 0$，同理可证$\Pi_{2M}^* - \Pi_2^* \geqslant 0$。证毕。

2.2.4 数值算例

(1) 数值仿真

同2.1节的研究，令$M=2$，把消费市场划分为绿色产品消费者和普通产品消费者，此时，单一定价和歧视定价策略下，绿色产品和普通产品的最优定价为：

$$p_1^* = \frac{g_1[2\lambda(g_1-g_2)+hT_2(2g_1^2+g_2^2)]}{T(4g_1-g_2)}$$

$$p_2^* = \frac{g_2[\lambda(g_1-g_2)+hT_2g_1(g_1+2g_2)]}{T(4g_1-g_2)}$$

$$p_{11}^* = \frac{g_1[2(g_1-g_2)+h(2g_1^2+g_2^2)]}{4g_1-g_2},\quad p_{12}^* = \frac{g_1[2\lambda(g_1-g_2)+h(2g_1^2+g_2^2)]}{4g_1-g_2}$$

$$p_{21}^* = \frac{g_2[(g_1-g_2)+hg_1(g_1+2g_2)]}{4g_1-g_2},\quad p_{22}^* = \frac{g_2[\lambda(g_1-g_2)+hg_1(g_1+2g_2)]}{4g_1-g_2}$$

绿色产品和普通产品的需求量为：

$$q_1^* = \frac{g_1[2\lambda - hT_2(2g_1 + g_2)]}{\lambda(4g_1 - g_2)}, q_2^* = \frac{g_1[\lambda + hT_2(g_1 - g_2)]}{\lambda(4g_1 - g_2)}$$

$$q_{12}^* = \frac{g_1[2\lambda - hT_2(2g_1 + g_2)]}{\lambda(4g_1 - g_2)}, q_{22}^* = \frac{g_1[\lambda + hT_2(g_1 - g_2)]}{\lambda(4g_1 - g_2)}$$

绿色产品制造商和普通产品制造商的利润为：

$$\Pi_1^* = \frac{g_1^2(g_1 - g_2)[2\lambda - hT_2(2g_1 + g_2)]^2}{\lambda T_2(4g_1 - g_2)^2}$$

$$\Pi_2^* = \frac{g_2 g_1(g_1 - g_2)[\lambda + hT_2(g_1 - g_2)]^2}{\lambda T(4g_1 - g_2)^2}$$

$$\Pi_{12}^* = \frac{g_1^2(g_1 - g_2)\sum_{m=1}^{2} t_m \lambda^{2-m}[2\lambda^{m-1} - h(2g_1 + g_2)]^2}{\lambda^{(4g_1 - g_2)2}}$$

$$\Pi_{22}^* = \frac{g_1 g_2(g_1 - g_2)\sum_{m=1}^{2} t_m \lambda^{2-m}[\lambda^{m-1} + h(g_1 - g_2)]^2}{\lambda(4g_1 - g_2)^2}$$

同样地，$T_2 = \lambda t_1 + t_2$。因为 $t_1 + t_2 = 1$，所以有 $T_2 = 1 - t_1(1 - \lambda)$，或 $T_2 = \lambda + t_2(1 - \lambda)$，从而有 $\lambda \leqslant T_2 \leqslant 1$。

通过比较上述计算结果，单一定价和歧视定价策略下，产品定价之间满足：$p_{12}^* \leqslant p_1^* \leqslant p_{12}^*$，$p_{22}^* \leqslant p_2^* \leqslant p_{21}^*$；需求量之间满足：$q_1^* = q_{12}^*$，$q_2^* = q_{22}^*$；利润之间满足：$\Pi_{12}^* \geqslant \Pi_1^*$，$\Pi_{22}^* \geqslant \Pi_2^*$。证明同 2.1 节的研究，证略。

(2) 算例分析

为了更直观地了解其他因素对产品定价、需求量及制造商利润的影响，现引入数值算例，令 $M = 2$。下面围绕着绿色度 g_1 和 g_2 的变化带来的影响进行数值模拟仿真。

① 产品绿色度对定价的影响

令 $h = 1$，$t_1 = t_2 = 0.5$，g_1 以 0.05 为步长从 0.5 到 9 变化，g_2 以 0.05 为步长从 0.1 到 0.5 变化，表 2-1 显示，随着绿色度的逐渐增加，产品定价随之增加，因为单一定价策略下产品的定价介于两种歧视定价之间。随着产品绿色度的逐渐增加，生产成本随之增加，且根据假设可知，消费者对产品的估价与绿色度呈正相关关系，所以消费者对产品估价都随之增加，为分摊生产成本，绿色产品制造商和普通产品制造商均会提高产品定价。

表 2-1　产品绿色度对定价的影响

g_1	g_2	p_1^*	p_2^*	p_{11}^*	p_{12}^*	p_{21}^*	p_{22}^*
0.5	0.1	0.2921	0.0342	0.3447	0.2605	0.0395	0.0311
0.55	0.15	0.3293	0.0562	0.3830	0.2971	0.0635	0.0518
0.6	0.2	0.3709	0.0818	0.4255	0.3382	0.0909	0.0764
0.65	0.25	0.4170	0.1114	0.4723	0.3838	0.1221	0.1051
0.7	0.3	0.4676	0.1452	0.5236	0.4340	0.1572	0.1380
0.75	0.35	0.5229	0.1833	0.5795	0.4889	0.1965	0.1753
0.8	0.4	0.5829	0.2257	0.6400	0.5486	0.2400	0.2171
0.85	0.45	0.6476	0.2727	0.7052	0.6130	0.2879	0.2635

② 产品绿色度对需求量的影响

令 $h=0.6$，$\lambda=0.6$，$t_1=t_2=0.5$，g_1 以 0.05 为步长从 0.5 到 9 变化，g_2 以 0.05 为步长从 0.1 到 0.5 变化，图 2-7 显示，随着 g_1 和 g_2 的逐渐增加，绿色产品和普通产品的需求量均呈上升趋势，尤其是在 $g_1=0.5$ 时，随着 g_2 的逐渐增加，普通产品的需求量上升的趋势比较明显，在 $g_1=0.5$ 和 $g_2=0.5$ 处，绿色产品和普通产品的需

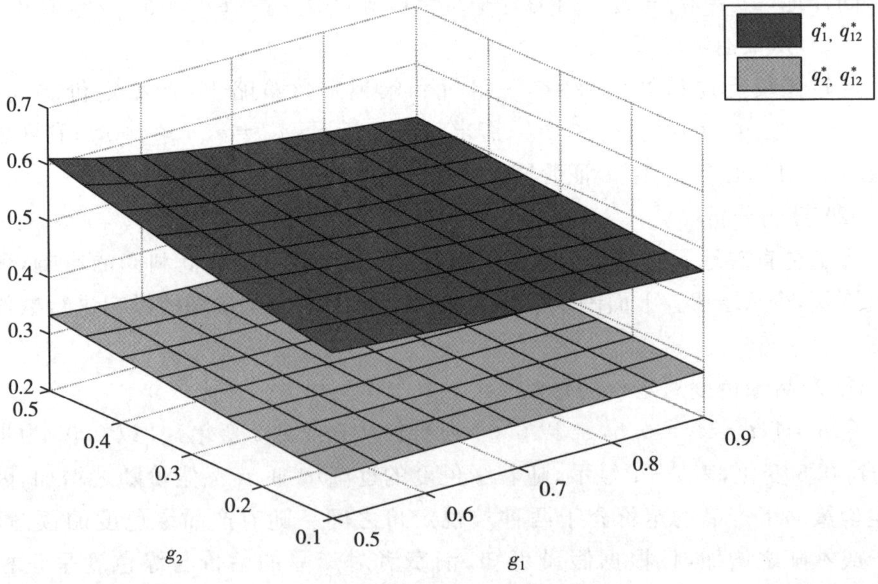

图 2-7　产品绿色度对需求量的影响

求量均达到最大值。所以只从市场需求量的角度考虑，两个制造商均生产绿色度为 0.5 的产品时，产品的需求量达到最大值。

③ 产品绿色度对绿色产品制造商利润的影响

令 $t_1=t_2=0.5$，g_2 以 0.05 为步长从 0.1 到 0.5 变化，g_1 以 0.05 为步长从 0.5 到 0.9 变化，图 2-8 显示，随着 g_1 和 g_2 的逐渐增加，绿色产品制造商的利润整体呈上升趋势，且歧视定价策略下绿色产品制造商的利润较高。保持 g_2 不变，随着 g_1 的逐渐增加，绿色产品制造商的利润随之增大；保持 g_1 不变，随着 g_2 的逐渐增加，绿色产品制造商的利润随之减小。由假设可知，市场中的消费者对绿色产品的估价相对较高，随着 g_1 逐渐增加。消费者对绿色产品的估价增加，虽然此时的生产成本也增加，但是绿色产品制造商通过提高定价，分摊了这部分生产成本，而且由于消费者对绿色产品的偏好程度较高，使得绿色产品制造商的利润增加。如果保持 g_1 不变，随着 g_2 的逐渐增加，普通产品的市场占有量逐渐增加，从而使得绿色产品产品的占有量相对减少，所以绿色产品制造商的利润会逐渐降低。

虽然在图 2-7 的结果中显示，在 $g_1=0.5$ 和 $g_1=0.5$ 处，绿色产品和普通产品的需求量均达到最大值，但是此时的定价比较低，而且可能因为产品绿色度较低，导致一部分绿色产品消费者放弃该次购买活动，所以从利润的角度考虑，产品的绿色度越高越有利于增加制造商的利润。

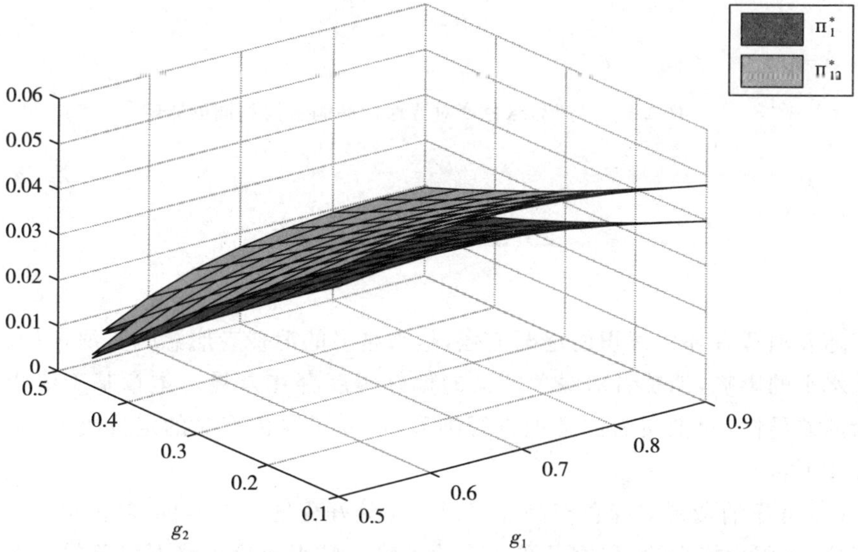

图 2-8　产品绿色度对绿色产品制造商利润的影响

④ 产品绿色度对普通产品制造商利润的影响

同上，令 $t_1=t_2=0.5$，g_2 以 0.05 为步长从 0.1 到 0.5 变化，g_1 以 0.05 为步长从 0.5 到 0.9 变化。图 2-9 显示，随着 g_1 和 g_2 的逐渐增加，普通产品制造商的利润整体呈上升趋势，且歧视定价策略下普通产品制造商的利润较高。保持 g_1 不变，随着 g_2 的逐渐增加，普通产品制造商的利润随之增大；保持 g_2 不变，随着 g_1 的逐渐增加，绿色产品制造商的利润随之减少。

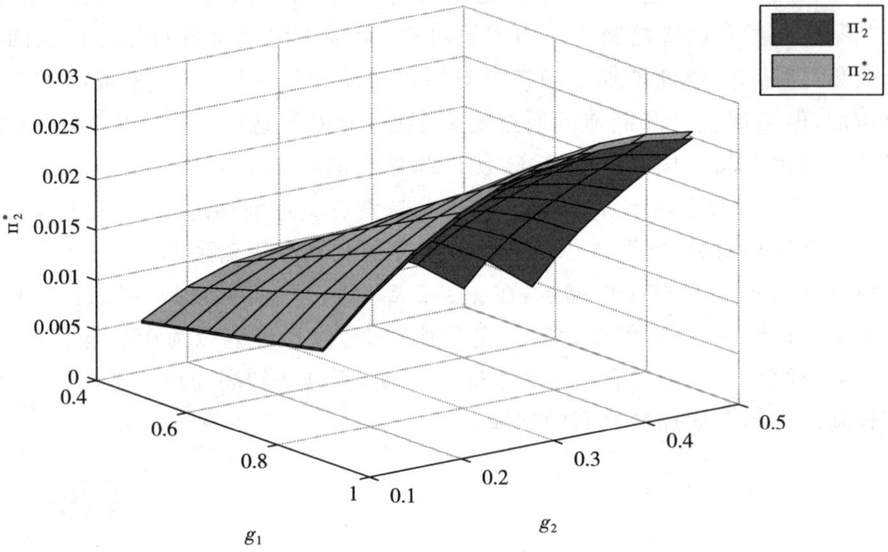

图 2-9　产品绿色度对普通产品制造商利润的影响

2.3　本章小结

随着消费者环保意识的逐渐增强，越来越多的消费者愿意购买绿色产品，但受收入水平的影响，消费者对绿色产品的偏好程度存在差异。本章基于消费者偏好行为的差异性，对消费者的类型进行细分，研究了绿色产品的定价决策模型，主要内容如下：

(1) 考虑消费者对绿色产品和普通产品偏好程度的差异性，对消费者的类型进行细分，运用价格理论，研究了单一定价策略和歧视定价策略下绿色供应链的定价决策模型，通过对决策结果的比较和消费者偏好系数的敏感性分析，研究了绿色供应链的最优决策。主要结论如下：① 提高消费者环保意识水平或扩大绿色产品消费者比例，都能有效地提高绿色产品的市场占有量，因此，通过环保宣传活动，提高消费者的绿色消费意识，或者整体提高国民收入水平，都可以有效地促进绿色产品制造商的发展；② 歧视定价策略下，制造商能最大化地占有消费者剩余，获得更高的利润，且消费者之间存在收入水平的差异是歧视性定价策略有效实施的前提条件，所以，在条件满足的情况下实施歧视定价，可以有效地提高生产企业的竞争力。

(2) 在上述研究的基础上，进一步考虑消费者对产品的偏好程度与其绿色度呈正相关关系，根据消费者收入水平的差异性，对消费者的类型进行细分，分别建立了单一定价策略和歧视定价策略下的决策模型。同样对两个模型的决策结果进行比较，并分析产品绿色度对最优决策的影响，主要结论如下：在定价策略的选择上，虽然两种定价策略下，产品的市场总需求相同，但是歧视定价策略下，制造商能最大化地占有消费者剩余，有利于增加制造商的利润；特殊情况下，当把消费市场划分为绿色产品消费者和普通产品消费者时，随着两种产品绿色度的逐渐增加，两种产品的定价、需求及绿色产品制造商和普通产品制造商的利润均呈上升趋势，尤其是提高市场中绿色产品消费者的比例，对普通产品制造商的影响不是很大，而对绿色产品制造商的影响较大。

第3章　考虑政府行为的绿色供应链定价决策研究

在实际生产中，随着资源耗竭和环境污染问题的日益严峻，环保问题也受到各国政府的关注，许多国家纷纷推行诸多环保法令与活动，规范和鼓励企业使用环保原材料、开展绿色业务以及开发绿色产品，以减少对环境的破坏并实现经济的循环发展。政府作为推进绿色发展的主体，主要通过市场监管和财政补贴来规范和引导企业在生产过程中注重资源和环境的可持续发展。例如，为解决机动车污染问题，2017 年 3 月 5 日，李克强总理在政府工作报告中提出，强化机动车尾气治理，基本淘汰黄标车，加快淘汰老旧机动车，对高排放机动车给予专项整治。而为了加快新能源汽车产业发展，推进节能减排，国家对消费者购买新能源汽车给予补贴。市场监管的目的是通过法律法规约束企业的行为，发展循环经济，保护生态环境，加快建设资源节约型、环境友好型社会，促进经济发展与人口、资源、环境相协调。通过市场监管，取缔一些涉及超标排放、未依法办理环境影响评价、治污设施不正常运行、污染物直排等问题的企业。然后，通过补贴的形式对绿色化程度较高的企业给予支持和引导，激励生产企业持续地提供正外部性或减少负外部性，使得环境资源或服务的价格尽量逼近其真实价格，从而实现环境资源的有效配置，达到社会最优的环境服务水平。

在考虑政府行为的绿色供应链定价决策的研究中，主要探讨了政府的监管行为和补贴行为对绿色供应链定价决策的影响。本章在考虑政府监管行为的研究中，给出了生产企业进入市场的条件，当政府设置的绿色度阈值过高时，生产企业进入市场将无利可图，该条件也可作为政府设置绿色度阈值的参考；在考虑政府补贴行为的研究中，是在政府监管行为卓有成效的基础上开展的研究，也就是企业生产产品的绿色度必须满足进入市场的要求，在其进一步提升产品绿色度以后才能享受政府的补贴，为该问题的研究提供了一个新的研究视角。

随着社会分工与合作的加强，企业生产与产品销售需要上下游企业的分工合作才能更加有效地实现产品价值的提升，而且除了消费者偏好引起的绿色消费倾向对供应链管理中的市场产生影响外，来自供应链内部的更为复杂的权利结构也将改变市场秩序，改变现有的均衡状态。基于此，本章考虑由一个制造商和一个零售商组成的绿色供应链系统，在不同权利结构下，分别研究政府监管和补贴对绿色供应链定价决策的影响。

3.1 考虑政府监管的绿色供应链定价决策

3.1.1 问题描述和基本模型

考虑由一个垄断制造商和一个零售商组成的绿色供应链系统，制造商通过零售商销售其生产的绿色产品给消费者。为规范制造商的生产活动和提高市场中绿色产品的市场占有率，政府规定进入市场的产品的绿色度必须大于或等于 G，否则将禁止该产品进入市场销售。为保证生产的绿色产品进入市场销售，生产之前制造商需进行绿色产品的研发活动，绿色产品的研发成本与产品的绿色度 g 有关，$C(g)=\frac{1}{2}hg^2$，h 为研发成本系数，此研发成本为固定投入成本，与产品的单位生产成本 c 相互独立，批发价格为 w，零售价格为 p。

2.1 节的研究发现，随着消费者的环保意识的提高，绿色产品制造商的利润随之增加；2.2 节的研究发现，在消费者对绿色产品偏好的情况下，提高产品的绿色度，制造商的利润也得到增加。因此，在考虑政府监管时，假设市场中的消费者均具有环保意识，且随着产品绿色度的增加，消费者对产品的支付意愿随着增强。绿色产品的市场需求量 $q=a+\tau g-p$。其中，a 为潜在的市场需求，$a>c$，τ 为产品绿色度对消费者支付意愿的边际影响，反映了消费者的环保意识，$a>0, g>0, 0<\tau\leqslant 1$。为保证制造商和零售商的利润不为负，假设 $2h-\tau^2>0$。

由上述假设，可得制造商和零售商的利润函数为：

$$\Pi_m=(w-c)(a+\tau g-p)-\frac{1}{2}hg^2 \tag{3-1}$$

$$\Pi_r=(p-w)(a+\tau g-p) \tag{3-2}$$

$$\text{s. t. } g\geqslant G$$

集中决策下，供应链整体的利润为：

$$\Pi=(p-c)(a+\tau g-p)-\frac{1}{2}hg^2 \tag{3-3}$$

$$\text{s.t.}\ g \geqslant G$$

制造商和零售商作为两个经济主体，他们在市场中的地位主要体现在 Stackelberg 模型中的主导问题。在本章的研究中，分别考虑制造商 Stackelberg 博弈、零售商 Stackelberg 博弈和 Nash 博弈。

3.1.2 不同博弈模式下的定价决策

(1) 集中决策

集中决策下，制造商和零售商之间进行合作，决策的目标是最大化供应链整体的利润。制造商和零售商从供应链的效用最大化出发，选择最优绿色度和零售价格。通过简单求导，可得集中决策下，产品绿色度和零售价格的最优决策以及市场需求量和供应链的利润，见定理 3.1。

定理 3.1 如果 $G \leqslant \frac{\tau(a-c)}{2h-\tau^2}$，产品绿色度和零售价格的最优决策及需求量和供应链的利润为：$g^{C*}=\frac{\tau(a-c)}{2h-\tau^2}$，$p^{C*}=\frac{ha+c(h-\tau^2)}{2h-\tau^2}$，$q^{C*}=\frac{h(a-c)}{2h-\tau^2}$，$\Pi^{C*}=\frac{h(a-c)^2}{2(2h-\tau^2)}$；如果 $\frac{\tau(a-c)}{2h-\tau^2}<G<\frac{(a-c)(\tau+\sqrt{2h})}{2h-\tau^2}$，则有：$g^{C*}=G$，$p^{C*}=\frac{a+c+\tau G}{2}$，$q^{C*}=\frac{a-c+\tau G}{2}$，$\Pi^{C*}=\frac{-G^2(2h-\tau^2)+2\tau(a-c)G+(a-c)^2}{4}$；如果 $G \geqslant \frac{(a-c)(\tau+\sqrt{2h})}{2h-\tau^2}$，供应链的利润 $\Pi^{C*} \leqslant 0$，制造商将放弃该产品的生产，选择退出市场。

证明：在(3-3)式中，目标函数的 Hessian 矩阵

$$H_1=\begin{bmatrix}\frac{\partial^2\Pi}{\partial g^2} & \frac{\partial^2\Pi}{\partial g\partial p}\\ \frac{\partial^2\Pi}{\partial p\partial g} & \frac{\partial^2\Pi}{\partial p^2}\end{bmatrix}=\begin{bmatrix}-h\tau\\ \tau-2\end{bmatrix}$$

H_1 的一阶顺序主子式 $D_1=-h<0$，二阶顺序主子式 $D_2=2h-\tau^2$，由假设 $2h-\tau^2>0$，可知 $D_2>0$，所以 Hessian 矩阵 H_1 为负定矩阵，Π 是关于 g 和 p 的凹函数，在极大化问题中，如果目标函数是凹函数，且约束条件是线性函数，该规划属于凸规划，所以 Kuhn-Tucker 条件是确定最优点的充要条件。由 $g \geqslant G$，构造(3-3)式的拉格朗日函数如下：

$$L(g)=(p-c)(a+\tau g-p)-\frac{hg^2}{2}-\lambda(G-g)$$

根据 Kuhn-Tucker 条件：

$$\frac{\partial L}{\partial g}=\tau(p-c)-hg+\lambda=0,\frac{\partial L}{\partial p}=a+\tau g-2p+c=0$$

$$\lambda(G-g)=0,\lambda\geqslant 0$$

λ 的取值为：$\lambda>0$ 或 $\lambda=0$。$\lambda>0$ 时，则有 $G-g=0\Rightarrow g=G$，可得 $p^{C*}=a+c+\tau G/2$，$\lambda=hG-\tau(a-c+\tau G)/2$，代入 q 和 Π 可得上述结果，由 $\lambda>0$ 和 $G-g=0$，可得满足的条件为：$G>\tau(a-c)/2h-\tau^2$；$\lambda=0$ 时，则有 $G-g<0$，Π^C 分别对 g 和 p 求导，可得最优绿色度及零售价格的决策，将最优解代入 q 和 Π^C，可得产品的需求及集中供应链的利润，且由 $\lambda=0$ 和 $G-g<0$ 可得满足的条件为：$G\leqslant\tau(a-c)/2h-\tau^2$。证毕。

定理 3.1 说明，如果 $G\leqslant\tau(a-c)/2h-\tau^2$，意味着集中决策下最优绿色度的决策达到政府规定的阈值，所以求得均衡结果为最优决策；如果 $G>\tau(a-c)/2h-\tau^2$，则产品的绿色度未达到政府规定的阈值，该产品不能进入市场销售，此时制造商只有选择牺牲利润，加大研发投入，提高产品绿色度，为尽可能地减少研发投入，制造商选择政府规定的绿色度阈值 G 为其研发目标，此时集中供应链的利润

$$\Pi^{C*}=\frac{-G^2(2h-\tau^2)+2\tau(a-c)G+(a-c)^2}{4}$$

由上式可以看出，Π^{C*} 是关于 G 的一元二次函数，其曲线开口向下，要使得 $\Pi^{C*}>0$，根据一元二次函数的性质，G 需满足：

$$\frac{(a-c)(\tau-\sqrt{2h})}{2h-\tau^2}\leqslant G<\frac{(a-c)(\tau+\sqrt{2h})}{2h-\tau^2}$$

由假设可知 $\frac{(a-c)(\tau-\sqrt{2h})}{2h-\tau^2}\leqslant 0$，所以在 $\frac{\tau(a-c)}{2h-\tau^2}<G<\frac{(a-c)(\tau+\sqrt{2h})}{2h-\tau^2}$ 范围内 $\Pi^{C*}>0$，如果 $G\geqslant\frac{(a-c)(\tau+\sqrt{2h})}{2h-\tau^2}$，则 $\Pi^{C*}\leqslant 0$，制造商将会放弃该产品的生产，选择退出市场。

由上述分析可知，在产品绿色度大于政府规定的绿色度阈值时，绿色度阈值的变化不会对制造商的研发活动产生影响，即不会影响制造商的利润；如果产品的绿色度小于政府规定的阈值，随着绿色度阈值的增大，制造商的利润随之减少，尤其

是当制造商的利润为负时，制造商选择退出市场。由定理 3.1 可得制造商能承受的绿色度阈值，见推论 3.1。

推论 3.1 集中决策下，制造商能承受的绿色度阈值为：

$$g^{\mathrm{TC}}=\frac{(a-c)(\tau+\sqrt{2h})}{2h-\tau^2}$$

（2）制造商 Stackelberg 博弈

制造商 Stackelberg 博弈下，制造商在市场中占主导地位，零售商为从方。由制造商优先决策批发价格 w 和绿色度 g，零售商根据 w 和 g 确定产品的零售价格 p，根据 Stackelberg 博弈和逆向归纳法，可得制造商 Stackelberg 博弈情形下，产品绿色度、批发价和零售价的最优决策以及需求量和供应链的利润，见定理 3.2。

定理 3.2 如果 $G\leqslant\frac{\tau(a-c)}{4h-\tau^2}$，产品绿色度、批发价和零售价的最优决策及需求量、制造商和零售商的利润为：$g^{\mathrm{MS}*}=\frac{\tau(a-c)}{4h-\tau^2}$，$w^{\mathrm{MS}*}=\frac{2ha+c(2h-\tau^2)}{4h-\tau^2}$，$p^{\mathrm{MS}*}=\frac{3ha+c(h-\tau^2)}{4h-\tau^2}$，$q^{\mathrm{MS}*}=\frac{h(a-c)}{4h-\tau^2}$，$\Pi_m^{\mathrm{MS}*}=\frac{h(a-c)^2}{2(4h-\tau^2)}$，$\Pi_{\mathrm{r}}^{\mathrm{MS}*}=\frac{h^2(a-c)^2}{(4h-\tau^2)^2}$；如果 $\frac{\tau(a-c)}{4h-\tau^2}<G<\frac{(a-c)(\tau+2\sqrt{h})}{4h-\tau^2}$，则有：$g^{\mathrm{MS}*}=G$，$w^{\mathrm{MS}*}=\frac{a+c+\tau G}{2}$，$p^{\mathrm{MS}*}=\frac{3a+c+3\tau G}{4}$，$q^{\mathrm{MS}*}=\frac{a-c+\tau G}{4}$，$\Pi_{\mathrm{r}}^{\mathrm{MS}*}=\frac{(a-c+\tau G)^2}{16}$，$\Pi_{\mathrm{m}}^{\mathrm{MS}*}=\frac{-G^2(4h-\tau^2)+2\tau(a-c)G+(a-c)^2}{8}$；如果 $G\geqslant\frac{(a-c)(\tau+2\sqrt{h})}{4h-\tau^2}$，制造商的利润 $\Pi_{\mathrm{m}}^{\mathrm{MS}*}\leqslant 0$，制造商将会放弃该产品的生产，选择退出市场。证明同定理 3.1。

由定理 3.2 可得制造商能承受的绿色度阈值，见推论 3.2。

推论 3.2 制造商 Stackelberg 博弈下，制造商能承受的绿色度阈值为：

$$g^{\mathrm{TMS}}=\frac{(a-c)(\tau+2\sqrt{h})}{4h-\tau^2}$$

（3）零售商 Stackelberg 博弈

零售商 Stackelberg 博弈下，零售商在市场中占主导地位，制造商为服从方。由零售商优先决策零售价格 p，制造商则依据零售商的决策结果后决策批发价格 w 和绿色度 g。根据 Choi(1991) 对该类问题的研究，零售价格通常被认为是由产品的批发价格和其边际收益之和决策，不失一般性，令 $p=w+m$，其中 $m>0$。根据 Stackelberg 博弈和逆向归纳法，可得零售商 Stackelberg 博弈情形下，产品绿色度、批发价和零售价的最优决策以及需求量和供应链的利润,见定理3.3。

定理3.3　如果$G \leqslant \frac{\tau(a-c)}{2(2h-\tau^2)}$,产品绿色度、批发价和零售价的最优决策及需求量、制造商和零售商的利润为:$g^{RS*}=\frac{\tau(a-c)}{2(2h-\tau^2)}$,$w^{RS*}=\frac{ha+(3h-2\tau^2)c}{2(2h-\tau^2)}$,$p^{RS*}=\frac{h(3a+c)-(a+c)\tau^2}{2(2h-\tau^2)}$,$q^{RS*}=\frac{h(a-c)}{2(2h-\tau^2)}$,$\Pi_m^{RS*}=\frac{h(a-c)^2}{8(2h-\tau^2)}$,$\Pi_r^{RS*}=\frac{h(a-c)^2}{4(2h-\tau^2)^2}$;如果$\frac{\tau(a-c)}{2(2h-\tau^2)}<G<\frac{(a-c)(\tau+2\sqrt{2h})}{8h-\tau^2}$,则有:$g^{RS*}=G$,$w^{RS*}=\frac{a+3c+\tau G}{4}$,$p^{RS*}=\frac{3a+c+3\tau G}{4}$,$q^{RS*}=\frac{a-c+\tau G}{4}$,$\Pi_m^{RS*}=\frac{-G^2(8h-\tau^2)+2\tau(a-c)G+(a-c)^2}{16}$,$\Pi_r^{RS*}=\frac{(a-c+\tau G)^2}{8}$;如果$G \geqslant \frac{(a-c)(\tau+2\sqrt{2h})}{8h-\tau^2}$,此时供应链的利润$\Pi_m^{RS*} \leqslant 0$,制造商将会放弃该产品的生产,选择退出市场。

证明:借助边际收益的使用,令$p=w+m$,构造(3-1)式的拉格朗日函数如下:

$$L_m(g)=(w-c)(a+\tau g-p)-\frac{hg^2}{2}-\lambda(G-g)$$

根据Kuhn-Tucker条件:

$$\frac{\partial L_m}{\partial w}=a+\tau g-m-2w+c=0,\frac{\partial L_m}{\partial g}=(w-c)\tau-hg+\lambda=0$$

$$\lambda(G-g)=0,\lambda \geqslant 0$$

等价于

$$\frac{\partial \Pi_m}{\partial w}=a+\tau g-p-w+c,\frac{\partial \Pi_m}{\partial g}=(w-c)\tau-hg+\lambda$$

同定理3.1的证明,分别讨论$\lambda>0$和$\lambda=0$两种情况。证毕。

由定理3.3可得制造商能承受的绿色度阈值,见推论3.3。

推论3.3　零售商Stackelberg博弈下,制造商能承受的绿色度阈值为:

$$g^{TRS}=\frac{(a-c)(\tau+2\sqrt{2h})}{8h-\tau^2}$$

(4)Nash 博弈

Nash 博弈下,制造商和零售商在市场中的地位相同,同时进行变量的决策。同样根据零售价格是产品的批发价格和其边际收益之和,令 $p=w+m$,其中 $m>0$。根据 Nash 博弈和逆向归纳法,可得 Nash 博弈情形下,产品绿色度、批发价和零售价的最优决策及需求量和供应链的利润,见定理 3.4。

定理 3.4 如果 $G\leqslant\frac{\tau(a-c)}{3h-\tau^2}$,产品绿色度、批发价和零售价的最优决策及需求量、制造商和零售商的利润为:$g^{N*}=\frac{\tau(a-c)}{3h-\tau^2}$,$w^{N*}=\frac{ha+(2h-\tau^2)c}{3h-\tau^2}$,$p^{N*}=\frac{2ah+(h-\tau^2)c}{3h-\tau^2}$,$q^{N*}=\frac{h(a-c)}{3h-\tau^2}$,$\Pi_m^{N*}=\frac{h(a-c)^2(2h-\tau^2)}{2(3h-\tau^2)^2}$,$\Pi_r^{N*}=\frac{h^2(a-c)^2}{(3h-\tau^2)^2}$;如果 $\frac{\tau(a-c)}{3h-\tau^2}<G<\frac{(a-c)(\tau+3\sqrt{h})}{9h-\tau^2}$,则有:$g^{N*}=G$,$w^{N*}=\frac{a+2c+\tau G}{3}$,$p^{N*}=\frac{2a+c+2\tau G}{3}$,$q^{N*}=\frac{a-c+\tau G}{3}$,$\Pi_r^{N*}=\frac{(a-c+\tau G)^2}{9}$,$\Pi_m^{N*}=\frac{-G^2(9h-\tau^2)+2\tau(a-c)G+(a-c)^2}{18}$;如果 $G\geqslant\frac{(a-c)(\tau+3\sqrt{h})}{9h-\tau^2}$,此时供应链的利润 $\Pi_m^{N*}\leqslant 0$,制造商将会放弃该产品的生产,选择退出市场。

证明:同样借助边际收益的使用,令 $p=w+m$,根据(3-1)式的拉格朗日函数:$L_m(g)=(w-c)(a+\tau g-p)-\frac{hg^2}{2}-\lambda(g^*-g)$ 及根据 Kuhn-Tucker 条件:

$$\frac{\partial L_m}{\partial w}=a+\tau g-m-2w+c=0,\frac{\partial L_m}{\partial g}=(w-c)\tau-hg+\lambda=0$$

$$\lambda(G-g)=0,\lambda\geqslant 0$$

同定理3.1的证明,分别讨论 $\lambda>0$ 和 $\lambda=0$ 两种情况。当 $\lambda>0$ 时,则有 $G-g=0\Rightarrow g=G$,(3-2)式对 m 求导可得 $\frac{\partial\Pi_r}{\partial m}=a+\tau g-w-2m$,通过联立方程组 $\frac{\partial L_m}{\partial w}=0$、$\frac{\partial L_m}{\partial g}=0$、$\frac{\partial\Pi_r}{\partial n}=0$ 及 $G-g=0$ 可求得:$g^{N*}=G$,$w^{N*}=\frac{a+2c+\tau G}{3}$,$m^{N*}=\frac{a-c+\tau G}{3}$,$\lambda=\frac{3hG-\tau(a-c+\tau G)}{3}$,根据 $p=w+m$,可得 $p^{N*}=\frac{2a+c+2\tau G}{3}$;当 $\lambda=0$ 时,则有 $G-g<0$,联立方程组 $\frac{\partial L_m}{\partial w}=0$、$\frac{\partial L_m}{\partial g}=0$ 及 $\frac{\partial\Pi_r}{\partial n}=0$ 可求得:$g^{N*}=\frac{\tau(a-c)}{3h-\tau^2}$,$w^{N*}=\frac{ha+(2h-\tau^2)c}{3h-\tau^2}$,$p^{N*}=\frac{2ah+(h-\tau^2)c}{3h-\tau^2}$。证毕。

由定理3.4可得制造商能承受的绿色度阈值，见推论3.4。

推论3.4　Nash博弈下，制造商能承受的绿色度阈值为：

$$g^{\mathrm{TN}}=\frac{(a-c)(2\tau+3\sqrt{2h})}{9h-\tau^2}$$

3.1.3　决策结果分析

分析了本节在政府监管下消费者环保意识对供应链决策结果的影响，比较了四种权利结构下的绿色度和产品定价决策，以及制造商能承受的绿色度阈值和供应链成员的利润之间的关系。四种权利结构下，参数τ对产品定价、需求量、利润及制造商能承受的绿色度阈值的影响，见定理3.5、定理3.6、定理3.7、定理3.8和定理3.9。

定理3.5　集中决策下，产品绿色度、需求量及制造商和零售商的利润随参数τ的变化情况如下：

(1)$g>G$时，$\frac{\mathrm{d}g^{\mathrm{C}*}}{\mathrm{d}\tau}\geqslant 0,\frac{\mathrm{d}q^{\mathrm{C}*}}{\mathrm{d}\tau}\geqslant 0,\frac{\mathrm{d}\Pi^{\mathrm{C}*}}{\mathrm{d}\tau}\geqslant 0$

(2)$g=G$时，$g^{\mathrm{C}*}=G,\frac{\mathrm{d}q^{\mathrm{C}*}}{\mathrm{d}\tau}\geqslant 0,\frac{\mathrm{d}\Pi^{\mathrm{C}*}}{\mathrm{d}\tau}\geqslant 0$

证明：$g>G$时，$\frac{\partial g^{\mathrm{C}*}}{\partial\tau}=\frac{(a-c)(2h+\tau^2)}{(2h-\tau^2)^2}\geqslant 0,\frac{\partial q^{\mathrm{C}*}}{\partial\tau}=\frac{2h\tau(a-c)}{(2h-\tau^2)^2}\geqslant 0,\frac{\partial\Pi^{\mathrm{C}*}}{\partial\tau}=\frac{h\tau(a-c)^2}{(2h-\tau^2)^2}\geqslant 0$；当$g=G$时，$g^{\mathrm{C}*}=G,\frac{\partial q^{\mathrm{C}*}}{\partial\tau}=\frac{G}{2}\geqslant 0,\frac{\partial\Pi^{\mathrm{C}*}}{\partial\tau}=\frac{G(a-c+\tau G)}{2}\geqslant 0$。证毕。

定理3.5说明，集中决策下，随着τ的逐渐增加，绿色产品绿色度、需求量和供应链的利润都随之增加。τ为绿色产品研发对消费者支付意愿的边际影响，很明显，随着τ的增加，意味着消费者对绿色产品的支付意愿逐渐增强，那么也就意味着制造商生产绿色度较高的产品有市场需求，制造商就会选择提高绿色产品研发投入，所以产品的绿色度逐渐增加；而且由研发投入的函数形式可知，随着绿色度的逐渐增加，研发投入的边际成本逐渐降低，所以供应链的利润逐渐增加。

定理3.6　制造商Stackelberg博弈下，产品绿色度、需求量以及制造商和零售商的利润随参数τ的变化情况如下：

(1)$g>G$时，$\frac{\mathrm{d}g^{\mathrm{MS}*}}{\mathrm{d}\tau}\geqslant 0,\frac{\mathrm{d}q^{\mathrm{MS}*}}{\mathrm{d}\tau}\geqslant 0,\frac{\mathrm{d}\Pi_{\mathrm{m}}^{\mathrm{MS}*}}{\mathrm{d}\tau}\geqslant 0,\frac{\mathrm{d}\Pi_{\mathrm{r}}^{\mathrm{MS}*}}{\mathrm{d}\tau}\geqslant 0$

(2)$g=G$时，$g^{\mathrm{MS}}=G,\frac{\mathrm{d}q^{\mathrm{MS}*}}{\mathrm{d}\tau}\geqslant 0,\frac{\mathrm{d}\Pi_{\mathrm{m}}^{\mathrm{MS}*}}{\mathrm{d}\tau}\geqslant 0,\frac{\mathrm{d}\Pi_{\mathrm{r}}^{\mathrm{MS}*}}{\mathrm{d}\tau}\geqslant 0$

证明：$g>G$ 时，$\frac{\partial g^{MS*}}{\partial \tau}=\frac{(a-c)(4h+\tau^2)}{(4h-\tau^2)^2}\geqslant 0$，$\frac{\partial q^{MS*}}{\partial \tau}=\frac{2h\tau(a-c)}{(4h-\tau^2)^2}\geqslant 0$，$\frac{\partial \Pi_m^{MS*}}{\partial \tau}=\frac{h\tau(a-c)^2}{(4h-\tau^2)^2}\geqslant 0$，$\frac{\partial \Pi_r^{MS*}}{\partial \tau}=\frac{4h^2\tau(a-c)^2}{(4h-\tau^2)^3}\geqslant 0$；当 $g=G$ 时，$g^{MS*}=G$，$\frac{\partial q^{MS*}}{\partial \tau}=\frac{G}{4}\geqslant 0$，$\frac{\partial \Pi_m^{MS*}}{\partial \tau}=\frac{G(a+\tau G-c)}{4}\geqslant 0$，$\frac{\partial \Pi_r^{MS*}}{\partial \tau}=\frac{G(a+\tau G-c)}{8}\geqslant 0$。证毕。

定理3.6说明，制造商Stackelberg博弈下，随着 τ 的逐渐增加，产品绿色度、需求量和供应链的利润都随之增加。解释同上。

定理3.7 零售商Stackelberg博弈下，产品绿色度、需求量以及制造商和零售商的利润随参数 τ 的变化情况如下：

(1) $g>G$ 时，$\frac{dg^{RS*}}{d\tau}\geqslant 0$，$\frac{dq^{RS*}}{d\tau}\geqslant 0$，$\frac{d\Pi_m^{RS*}}{d\tau}\geqslant 0$，$\frac{d\Pi_r^{RS*}}{d\tau}\geqslant 0$

(2) $g=G$ 时，$g^{RS*}=G$，$\frac{dq^{RS*}}{d\tau}\geqslant 0$，$\frac{d\Pi_m^{RS*}}{d\tau}\geqslant 0$，$\frac{d\Pi_r^{RS*}}{d\tau}\geqslant 0$

证明：$g>G$ 时，$\frac{\partial g^{RS*}}{\partial \tau}=\frac{(a-c)(2h+\tau^2)}{2(2h-\tau^2)^2}\geqslant 0$，$\frac{\partial q^{RS*}}{\partial \tau}=\frac{h\tau(a-c)}{(2h-\tau^2)^2}\geqslant 0$，$\frac{\partial \Pi_m^{RS*}}{\partial \tau}=\frac{h\tau(a-c)^2}{4(2h-\tau^2)^2}\geqslant 0$，$\frac{\partial \Pi_r^{RS*}}{\partial \tau}=\frac{h\tau(a-c)^2}{2(2h-\tau^2)^2}\geqslant 0$；当 $g=G$ 时，$g^{RS}=G$，$\frac{\partial q^{RS*}}{\partial \tau}=\frac{G}{4}\geqslant 0$，$\frac{\partial \Pi_m^{RS*}}{\partial \tau}=\frac{G(a+\tau G-c)}{8}\geqslant 0$，$\frac{\partial \Pi_r^{RS*}}{\partial \tau}=\frac{G(a+\tau G-c)}{4}\geqslant 0$。证毕。

定理3.7说明：零售商Stackelberg博弈下，随着 τ 的逐渐增加，产品绿色度、需求量和供应链的利润都随之增加。解释同上。

定理3.8 Nash博弈下，产品绿色度、需求量以及制造商和零售商的利润随参数 τ 的变化情况如下：

(1) $g>G$ 时，$\frac{dg^{N*}}{d\tau}\geqslant 0$，$\frac{dq^{N*}}{d\tau}\geqslant 0$，$\frac{d\Pi_m^{N*}}{d\tau}\geqslant 0$，$\frac{d\Pi_r^{N*}}{d\tau}\geqslant 0$

(2) $g=G$ 时，$g^{N*}=G$，$\frac{dq^{N*}}{d\tau}\geqslant 0$，$\frac{d\Pi_m^{N*}}{d\tau}\geqslant 0$，$\frac{d\Pi_r^{N*}}{d\tau}\geqslant 0$

证明：$g>G$ 时，$\frac{\partial g^{N*}}{\partial \tau}=\frac{(a-c)(3h+\tau^2)}{(3h-\tau^2)^2}\geqslant 0$，$\frac{\partial q^{N*}}{\partial \tau}=\frac{2h\tau(a-c)}{(3h-\tau^2)^2}\geqslant 0$，$\frac{\partial \Pi_m^{N*}}{\partial \tau}=\frac{h\tau(a-c)^2(h-\tau^2)}{(3h-\tau^2)^3}\geqslant 0$，$\frac{\partial \Pi_r^{N*}}{\partial \tau}=\frac{4\tau h^2(a-c)^2}{(3h-\tau^2)^3}\geqslant 0$；当 $g=G$ 时，$g^{N}=G$，$\frac{\partial q^{N*}}{\partial \tau}=\frac{G}{3}\geqslant 0$，$\frac{\partial \Pi_m^{N*}}{\partial \tau}=\frac{2G(a+\tau G-c)}{9}\geqslant 0$，$\frac{\partial \Pi_r^{N*}}{\partial \tau}=\frac{2G(a+\tau G-c)}{9}\geqslant 0$。证毕。

定理3.8说明，零售商Stackelberg博弈下，随着 τ 的逐渐增加，产品绿色度、需求量和供应链的利润都随之增加。解释同上。

定理 3.9　四种博弈模式下，制造商能承受的绿色度阈值随参数 τ 的变化情况如下：

$$\frac{dg^{TC}}{d\tau} \geqslant 0, \frac{dg^{TMS}}{d\tau} \geqslant 0, \frac{dg^{RSC}}{d\tau} \geqslant 0, \frac{dg^{TN}}{d\tau} \geqslant 0$$

证明：$\frac{\partial g^{TC}}{\partial \tau} = \frac{(a-c)(2h+\tau^2+2\tau\sqrt{2h})}{(2h-\tau^2)^2} \geqslant 0, \frac{\partial g^{TMS}}{\partial \tau} = \frac{(a-c)(4h+\tau^2+4\tau\sqrt{h})}{(4h-\tau^2)^2} \geqslant 0, \frac{\partial g^{TRS}}{\partial \tau} = \frac{(a-c)(8h+\tau^2+4\tau\sqrt{2h})}{(8h-\tau^2)^2} \geqslant 0, \frac{\partial g^{TN}}{\partial \tau} = \frac{2(a-c)(9h+\tau^2+3\tau\sqrt{2h})}{(9h-\tau^2)^2} \geqslant 0$。证毕。

定理 3.9 说明，制造商能承受的绿色度阈值与参数 τ 呈正相关关系，由上述分析可知，集中供应链及制造商的利润均与参数 τ 呈正相关关系，因此，随着参数 τ 的增加，集中供应链及制造商的利润随之增大，从而制造商有更多额外的资金用于绿色产品研发，所以制造商能承受的绿色度阈值也逐渐增加。

定理 3.10　集中决策、制造商 Stackelberg 博弈、零售商 Stackelberg 博弈及 Nash 博弈等四种博弈下，产品绿色度、零售价格、需求量及供应链成员的利润满足以下关系：

(1) $g > G$

$$g^{C*} \geqslant g^{N*} \geqslant g^{RS*} \geqslant g^{MS*}, p^{MS*} \geqslant p^{RS*} \geqslant p^{N*} \geqslant p^{C*},$$

$$q^{C*} \geqslant q^{N*} \geqslant q^{RS*} \geqslant q^{MS*}$$

$$\Pi_m^{MS*} \geqslant \Pi_m^{N*} \geqslant \Pi_m^{RS*}, \Pi_r^{RS*} \geqslant \Pi_r^{N*} \geqslant \Pi_r^{MS*},$$

$$\Pi^{C*} \geqslant \Pi_m^{N*} + \Pi_r^{N*} \geqslant \Pi_m^{RS*} + \Pi_r^{RS*} \geqslant \Pi_m^{MS*} + \Pi_r^{MS*}$$

(2) $g = G$

$$g^{C*} = g^{MS*} = g^{RS*} = g^{N*}, p^{MS*} = p^{RS*} \geqslant p^{N*} \geqslant p^{C*}, q^{C*} \geqslant q^{N*} \geqslant q^{MS*} = q^{RS*}$$

$$\Pi_m^{MS*} \geqslant \Pi_m^{N*} \geqslant \Pi_m^{RS*}, \Pi_r^{RS*} \geqslant \Pi_r^{N*} \geqslant \Pi_r^{MS*} \Pi^{C*} \geqslant \Pi_m^{N*}$$

$$+ \Pi_r^{N*} \geqslant \Pi_m^{RS*} + \Pi_r^{RS*} \geqslant \Pi_m^{MS*} + \Pi_r^{MS*}$$

(3) $g < G$ 时，政府禁止该产品进入市场销售。

证明：当 $g > G$ 时，由定理 3.1、3.2、3.3 和 3.4，比较四种博弈下的绿色度，有如下结果：

$$g^{C*}-g^{N*}=\frac{\tau h(a-c)}{(2h-\tau^2)(3h-\tau^2)}\geqslant 0,g^{N*}-g^{RS*}=\frac{\tau h(h-\tau^2)}{2(2h-\tau^2)(3h-\tau^2)}\geqslant 0$$

$$g^{RS*}-g^{MS*}=\frac{\tau^3(a-c)}{2(2h-\tau^2)(4h-\tau^2)}\geqslant 0$$

由定理3.1、3.2、3.3和3.4，比较四种博弈下的定价，有如下结果：

$$p^{MS*}-p^{RS*}=\frac{\tau^2(a-c)(h-\tau^2)}{2(2h-\tau^2)(4h-\tau^2)}\geqslant 0,p^{RS*}-p^{N*}=\frac{(a-c)(h-\tau^2)^2}{2(2h-\tau^2)(3h-\tau^2)}\geqslant 0$$

$$p^{N*}-p^{C*}=\frac{h(a-c)(h-\tau^2)}{(2h-\tau^2)(3h-\tau^2)}\geqslant 0$$

由定理3.1、3.2、3.3和3.4，比较四种博弈下的需求量，有如下结果：

$$q^{C*}-q^{N*}=\frac{h^2(a-c)}{(2h-\tau^2)(3h-\tau^2)}\geqslant 0,q^{N*}-q^{RS*}=\frac{h(a-c)(h-\tau^2)}{2(2h-\tau^2)(3h-\tau^2)}\geqslant 0$$

$$q^{RS*}-q^{MS*}=\frac{h\tau^2(a-c)}{2(2h-\tau^2)(4h-\tau^2)}\geqslant 0$$

由定理3.1、3.2、3.3和3.4，比较制造商Stackelberg博弈、零售商Stackelberg和Nash博弈下制造商和零售商的利润，有如下结果：

$$\Pi_m^{MS*}-\Pi_m^{N*}=\frac{h^3(a-c)^2}{2(4h-\tau^2)(3h-\tau^2)^2}\geqslant 0$$

$$\Pi_m^{N*}-\Pi_m^{RS*}=\frac{h(a-c)^2(h-\tau^2)(7h-3\tau^2)}{8(2h-\tau^2)(3h-\tau^2)^2}\geqslant 0$$

$$\Pi_r^{RS*}-\Pi_r^{N*}=\frac{h(a-c)^2(h-\tau^2)^2}{4(2h-\tau^2)(3h-\tau^2)^2}\geqslant 0,$$

$$\Pi_r^{N*}-\Pi_r^{MS*}=\frac{h^3(a-c)^2(7h-2\tau^2)}{(3h-\tau^2)^2(4h-\tau^2)^2}\geqslant 0$$

由定理3.1、3.2、3.3和3.4，比较四种博弈下供应链整体的利润，有如下结果：

$$\Pi^{C*}-(\Pi_m^{N*}+\Pi_r^{N*})=\frac{h^3(a-c)^2}{2(2h-\tau^2)(3h-\tau^2)^2}\geqslant 0$$

$$(\Pi_m^{N*}+\Pi_r^{N*})-(\Pi_m^{RS*}+\Pi_r^{RS*})=\frac{h(a-c)^2(h-\tau^2)(5h-\tau^2)}{8(2h-\tau^2)(3h-\tau^2)^2}\geqslant 0$$

同理可证 $g=G$ 的情形。证毕。

定理 3.10 说明，$g>G$ 时，产品的绿色度在集中决策下最大，Nash 博弈和零售商 Stackelberg 博弈下次之，制造商 Stackelberg 博弈下最小；零售价格在制造商 Stackelberg 下最大，零售商 Stackelberg 博弈和 Nash 博弈下次之，集中决策下最小；所以，集中决策下产品的需求量最大，Nash 博弈和零售商 Stackelberg 博弈下次之，制造商 Stackelberg 博弈下最小。可以看出，集中决策下制造商和零售商进行合作，产品的绿色度最大，零售价格最低；Nash 博弈下，制造商和零售商的决策结果使得双方的收益都达到一个最大值，因此在该博弈下，产品的绿色度相对较高，而产品的零售价格仅低于集中决策的情况；制造商 Stackelberg 博弈下，制造商在市场中占主导地位，优先决策产品批发价格和产品绿色度，为获得更多的收益，制造商提高产品批发价，同时尽可能地减少研发投入，因此，该策略下产品的零售价格最高，绿色度最低；零售商 Stackelberg 博弈下，零售商在市场中占主导地位，优先决策产品零售价格，为获得更多的收益，零售商的决策结果是适当地提高产品零售价格，并且要求制造商同时提高产品绿色度，因此该情况下产品的绿色度高于制造商 Stackelberg 博弈的情形，零售价格低于制造商 Stackelberg 博弈的情形。

对于供应链成员的均衡利润，制造商的利润在制造商 Stackelberg 博弈下最大，Nash 博弈下次之，零售商 Stackelberg 博弈下最低；零售商的利润在 Stackelberg 博弈下最大，Nash 博弈下次之，制造商 Stackelberg 博弈下最低。因此可以看出，制造商和零售商的利润在供应链权利结构中处于主导地位时，获得利润最大，Nash 博弈下次之，在服从地位时获得利润最小。因此，供应链成员在市场中的主导地位，可以获得更多的主动权，从而占有供应链中更多的利润。

从整个供应链的角度来看，供应链整体的利润在集中决策下最大，Nash 博弈下次之，制造商 Stackelberg 博弈下最低，而且集中决策下，产品的零售价格最低，消费者的剩余最大，所以，从社会福利的角度分析，集中决策下可以实现最大的社会福利。

定理 3.11　集中决策、制造商 Stackelberg 博弈、零售商 Stackelberg 博弈及 Nash 博弈等四种博弈下，制造商能承受的绿色度阈值满足以下关系：

$$g^{TC}\geqslant g^{TMS}\geqslant g^{TN}\geqslant g^{TRS}$$

证明：$g^{TC}-g^{TMS}=\dfrac{(a-c)\sqrt{h}[4h(\sqrt{2}-1)+\tau^2(2-\sqrt{2})]}{(2h-\tau^2)(4h-\tau^2)}\geqslant 0$，可得 $g^{TC}\geqslant g^{TD}$；

同理有：$g^{TMS}-g^{TN}=(a-c)\dfrac{\tau(9h+\tau^2)+\sqrt{h}[3h(6-4\sqrt{h})+\tau^2(3\sqrt{2}-2)]}{(4h-\tau^2)(9h-\tau^2)}\geqslant$ 0，$g^{TN}-g^{TRS}=\dfrac{(a-c)[t(9h-\tau^2)+\sqrt{2h}(6h-\tau^2)]}{(8h-\tau^2)(9h-\tau^2)}\geqslant 0$。证毕。

定理 3.11 说明，集中决策制造商能承受的绿色度阈值最大，制造商 Stackelberg 博弈和 Nash 博弈下次之，零售商 Stackelberg 博弈下最小。由定理 3.4 可知，集中决策下，制造商和零售商进行合作，决策的目标为最大化供应链整体的效用，因此在集中决策下供应链整体的效用达到最大，获得利润也最高，因此拥有更多的额外的资金用于绿色产品的研发；零售商 Stackelberg 博弈下，制造商的利润最小，所以用于研发的额外的资金较少，从而可承受的绿色度阈值最低。所以，如果政府规定的绿色度阈值较高时，制造商可以选择和零售商进行合作，来应对这种市场变化；且制造商在市场中占主导地位时，制造商能承受的绿色度阈值较高，充分体现了主导地位的优势。

3.1.4　数值算例

为了验证前面所得结论和命题的正确性，并进一步分析有关参数对产品绿色度、制造商能承受的绿色度阈值以及制造商和零售商利润的影响，现引入数值算例，具体赋值如下：$c=3$，$h=2$，$a=10$，$G=0.5$，τ 以 0.1 为步长从 0.1 到 1 变化。

(1) 参数 τ 对产品绿色度的影响

图 3-1 显示，随着 τ 逐渐增加，产品绿色度也逐渐增大，而且集中决策下产品

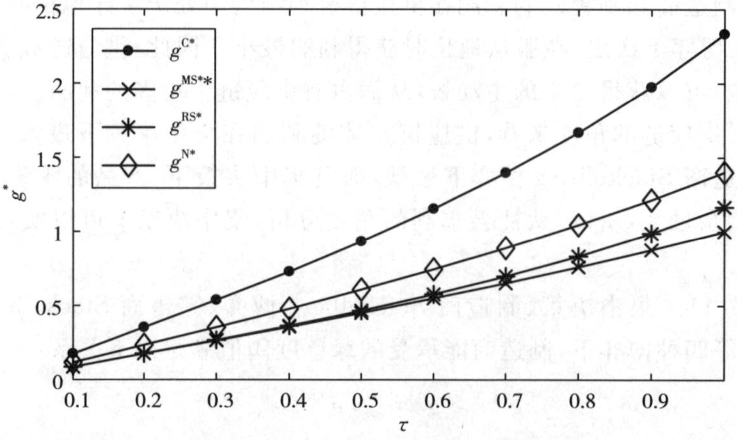

图 3-1　参数 τ 对产品绿色度的影响

的绿色度最大，制造商 Stackelberg 博弈下产品的绿色度最低。首先，随着 τ 逐渐增加，消费者环保意识水平逐渐提高，也就是对绿色产品的支付意愿增强，此时制造商选择增加研发投入，从而获得更高的收入；其次，集中决策下，制造商和零售商进行合作，供应链整体的利润得到增加，从而使得制造商有更多的资金投入绿色产品研发，所以集中决策下产品绿色度较大。制造商 Stackelberg 博弈下，制造商优先决策产品绿色度，为减少研发投入，制造商选择降低研发投入，导致产品绿色度较低；而零售商 Stackelberg 博弈下，由零售商优先决策产品零售价格，制造商为了获得更多的利润，将会加大研发投入，所以产品的绿色度高于制造商 Stackelberg 博弈；Nash 博弈下，制造商和零售商决策的目标是最大化双方的收益，因此在该博弈下，产品的绿色度仅低于集中决策的情形。

（2）参数 τ 对产品定价的影响

图 3-2 显示，当 $g > G$ 时，随着 τ 的逐渐增加，产品的零售价格逐渐增大，且产品的零售价格在制造商 Stackelberg 博弈下最高，零售商 Stackelberg 博弈下次之，Nash 博弈下再次之，集中决策下最低。图 3-1 显示，随着 τ 逐渐增加，制造商加大研发投入，提高产品的绿色度，此时制造商需要通过提高批发价格分摊研发成本；然后，在制造商 Stackelberg 博弈下，制造商在市场中占有主导地位，优先决策产品的批发价格，为获得更多的利润，制造商提高产品的批发价格，从而使得零售商提高产品的零售价格；零售商 Stackelberg 博弈下，零售商在市场中占主导地位，优先决策产品的零售价格，为提高绿色产品的需求量，零售商会在不影响其收益的基础上，降低零售价格，因此，该博弈下产品的零售价格比制造商 Stackelberg 博弈

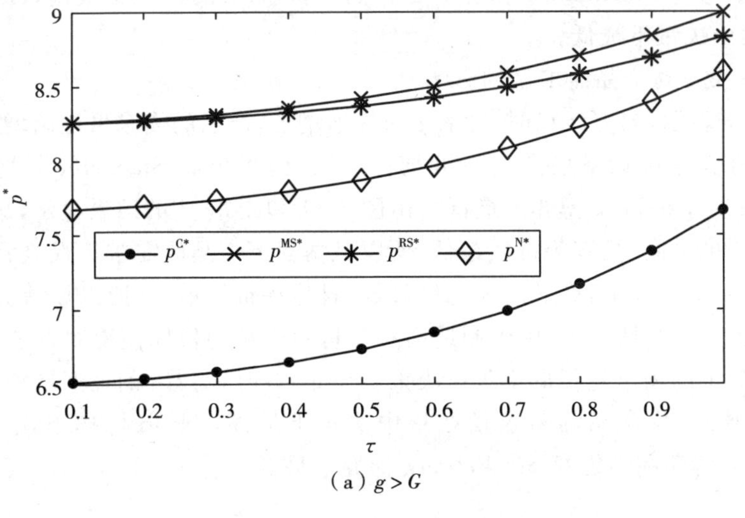

(a) $g > G$

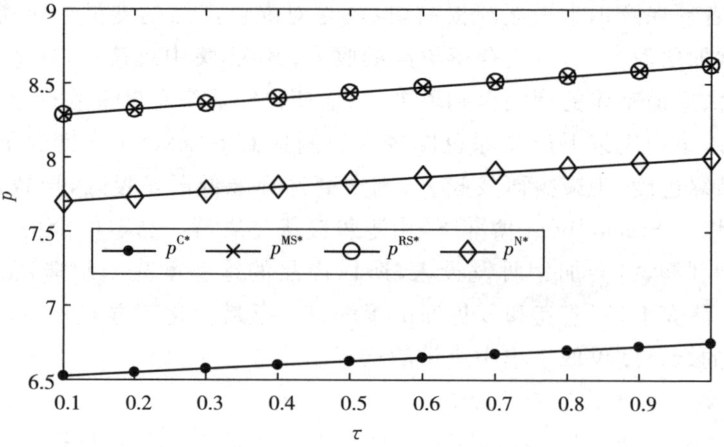

（b）$g=G$

图 3－2　参数 τ 对零售价格的影响

低；Nash 博弈下，制造商和零售商决策的目标是最大化双方的收益，该博弈下，制造商会尽量降低产品的批发价格，因此该博弈下的零售价格比零售商 Stackelberg 博弈低；集中决策下，制造商和零售商进行合作，可以把制造商和零售商看作是一个战略联盟，该战略联盟直接把其生产绿色产品销售到消费者手中，没有中间商的销售，所以该博弈下产品的零售价格最低。

同样地，当 $g=G$ 时，随着 τ 的逐渐增加，产品的零售价格逐渐增大，且产品的零售价格在制造商 Stackelberg 博弈和零售商 Stackelberg 博弈下最高，Nash 博弈下再次之，集中决策下最低。

(3) 参数 τ 对产品需求量的影响

图 3－3 显示，当 $g>G$ 时，随着 τ 的逐渐增加，产品的需求量逐渐增大，且产品的需求量在集中决策下最高，Nash 博弈下次之，零售商 Stackelberg 博弈下再次之，制造商 Stackelberg 博弈下最低。由图 3－1 和图 3－2 的结果显示，集中决策下产品的绿色度最高，且零售价格最低，所以该博弈下产品的需求量最高；同样，制造商 Stackelberg 博弈下，产品的绿色度最低，且零售价格最高，所以该博弈下产品的需求量最低；Nash 博弈下，由于制造商和零售商决策的目标使得双方的收益最大，因此该博弈下的需求量仅低于集中决策。当 $g=G$ 时，随着 τ 的逐渐增加，产品的需求量逐渐增大，且产品的需求量在集中决策下最高，Nash 博弈下次之，制造商 Stackelberg 博弈和零售商 Stackelberg 博弈下最低。

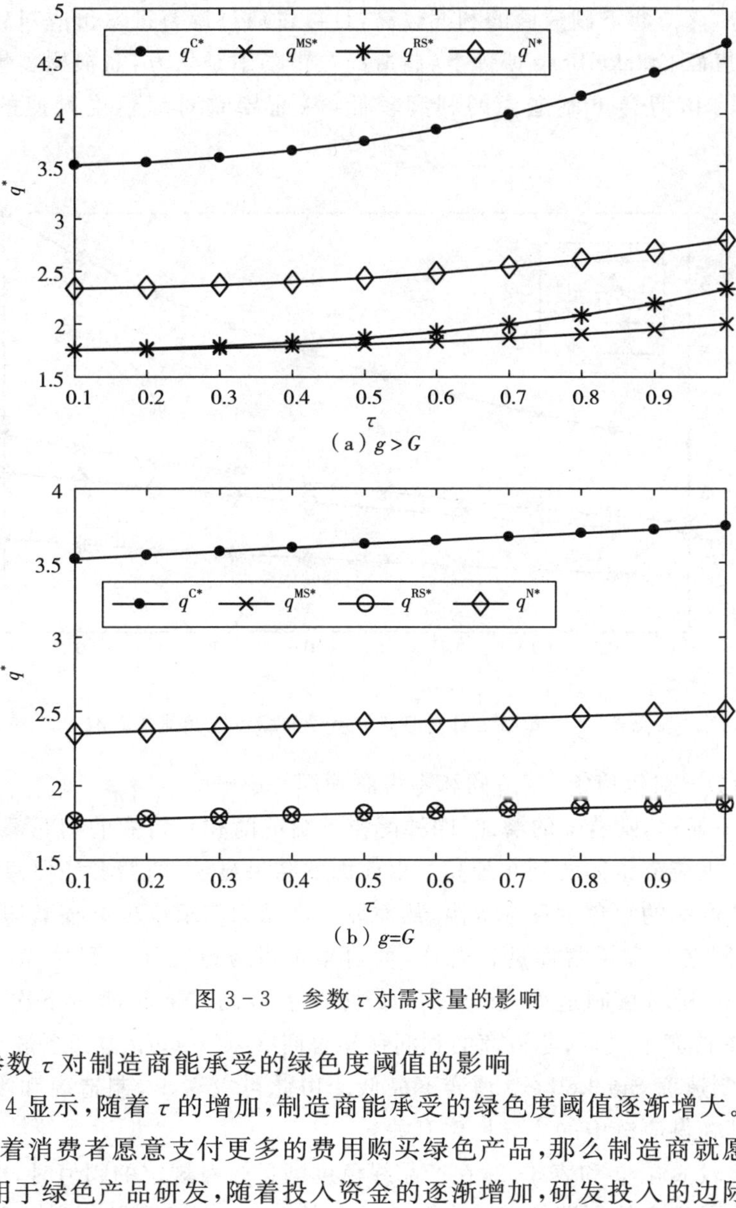

图 3-3　参数 τ 对需求量的影响

(4) 参数 τ 对制造商能承受的绿色度阈值的影响

图 3-4 显示,随着 τ 的增加,制造商能承受的绿色度阈值逐渐增大。因为 τ 的增加,意味着消费者愿意支付更多的费用购买绿色产品,那么制造商就愿意投入更多的资金用于绿色产品研发,随着投入资金的逐渐增加,研发投入的边际成本逐渐降低,所以能承受的绿色度阈值逐渐增加。而且制造商能承受的绿色度阈值在集中决策下最高,制造商 Stackelberg 博弈下次之,Nash 博弈下再次之,零售商 Stackelberg 博弈下最低。因为,集中决策下供应链整体的利润最高,用于研发的

资金比较多；制造商 Stackelberg 博弈下，制造商在市场中占有主导地位，具有一定的主导优势，该博弈下制造商的利润较高，且可以通过调节批发价应对较高的绿色度阈值；零售商 Stackelberg 博弈下，制造商在市场中是从方，需根据零售商的决策后进行决策，该博弈下制造商的利润较低，从而导致对绿色度阈值的承受能力较弱。

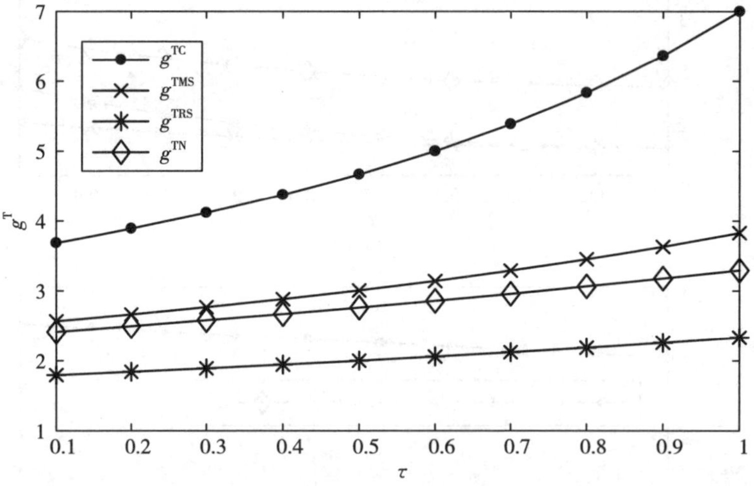

图 3-4　参数 τ 对制造商能承受的绿色度阈值的影响

(5) 参数 τ 对供应链、制造商和零售商利润的影响

表 3-1 显示，随着 τ 的增加，四种博弈下制造商和零售商的利润都随之增加，集中决策下供应链整体的利润最高。由前面的结果显示，消费者环保意识的增强，制造商生产产品的绿色度逐渐提高，从而绿色产品的需求量也会逐渐增加，而且集中决策下，制造商和零售商进行合作，使得整个供应链利润达到最优。分散决策下，制造商的利润在制造商 Stackelberg 博弈下最高，Nash 博弈下次之，零售商 Stackelberg 博弈下最低；零售商的利润在零售商 Stackelberg 博弈下最高，Nash 博弈下次之，制造商 Stackelberg 博弈下最低。由此可以看出，制造商和零售商的利润主要与其在供应链中的主导地位有关。

通过比较表 3-1 和表 3-2，在产品绿色度满足政府规定的阈值时，供应链整体及制造商和零售商的利润较高。由前面的分析可知，在产品绿色度没有达到政府规定的阈值时，为保证产品进入市场销售，制造商选择牺牲利润，加大研发投入，所以导致制造商的利润降低。而为了减少这部分损失，制造商会通过调节批发价格的方式分摊损失，从而导致了零售商的利润降低。

表 3-1　$g>G$ 时，参数 τ 对制造商、零售商和供应链利润的影响

τ	Π^{C*}	Π_m^{MS*}	Π_r^{MS*}	Π_m^{RS*}	Π_r^{RS*}	Π_m^{N*}	Π_r^{N*}
0.1	12.2807	6.1327	3.0702	3.0702	6.1404	5.4490	5.4626
0.2	12.3737	6.1558	3.0934	3.0934	6.1869	5.4626	5.5178
0.3	12.5320	6.1947	3.1326	3.1330	6.2660	5.4853	5.6115
0.4	12.7604	6.2500	3.1888	3.1901	6.3802	5.5170	5.7469
0.5	13.0667	6.3226	3.2633	3.2667	6.5333	5.5577	5.9282
0.6	13.4615	6.4136	3.3579	3.5654	6.7308	5.6071	6.1617
0.7	13.9601	6.5246	3.4752	3.4900	6.9801	5.6650	6.4558
0.8	14.5833	6.6576	3.6183	3.6458	7.2917	5.7307	6.8222
0.9	15.3605	6.8150	3.7914	3.8401	7.6803	5.8030	7.2765
1	16.3333	7.0000	4.0000	4.0833	8.1667	5.8800	7.8400

表 3-2　$g=G$ 时，参数 τ 对制造商、零售商和供应链利润的影响

τ	Π^{C*}	Π_m^{MS*}	Π_r^{MS*}	Π_m^{RS*}	Π_r^{RS*}	Π_m^{N*}	Π_r^{N*}
0.1	12.1756	5.9628	3.1064	2.8564	6.2128	5.2725	5.5225
0.2	12.3525	6.0512	3.1506	2.9006	6.3012	5.3511	5.6011
0.3	12.5306	6.1403	3.1952	2.9452	6.3903	5.4303	5.6803
0.4	12.7100	6.2300	3.2400	2.9900	6.4800	5.5100	5.7600
0.5	12.8906	6.3203	3.2852	3.0352	6.5703	5.5903	5.8403
0.6	13.0725	6.4113	3.3306	3.0806	6.6613	5.6711	5.9211
0.7	13.2556	6.5028	3.3764	3.1264	6.7528	5.7525	6.0025
0.8	13.4400	6.5950	3.4225	3.1725	6.8450	5.8344	6.0844
0.9	13.6256	6.6878	3.4689	3.2189	6.9378	5.9169	6.1669
1	13.8125	6.7813	3.5156	3.2656	7.0313	6.0000	6.2500

3.2　考虑政府补贴的绿色供应链定价决策

3.1 节研究了政府监管下绿色供应链的定价决策模型，给出了不同博弈模式下制造商能承受的绿色度阈值，研究发现，随着绿色度阈值的增加，制造商的利润随之减少。从政府的角度，监管行为规范了企业的生产活动，取缔了绿色化程度较低的企业;从企业的角度,随着政府对企业绿色化程度要求的逐渐提高,可能会导致企业投入产出失衡,进而削弱企业提高绿色化程度的意愿,此时,政府有必要通过补贴的行为给予企业支持和引导。因此,在政府监管的基础上,本章继续探讨政府补贴对绿色供应链定价决策的影响。

3.2.1　问题描述和基本模型

同样考虑由一个制造商和一个零售商组成的绿色供应链系统,制造商通过零售商销售其制造的绿色产品给消费者。通过 3.1 节的研究可知,政府已取缔绿色化水平较低的企业,为鼓励制造商进一步提高绿色化水平,生产绿色度更高的产品,政府对绿色环保程度超过其规定阈值的产品进行补贴(如 2009 年开始推行的“节能产品惠民工程”对能效等级 1 级或 2 级以上的节能产品进行补贴)。假设政府设定的补贴绿色度阈值为 g^{T},单位产品的补贴系数为 r,且有:

$$r=\begin{cases} s(g-g^{\mathrm{T}}) & g>g^{\mathrm{T}} \\ 0 & g=g^{\mathrm{T}} \end{cases}$$

其中,s 为单位产品补贴系数调整因子,$g\geqslant g^{\mathrm{T}}$,$0\leqslant r\leqslant 1$,$0\leqslant s\leqslant 1$。

同 3.1 节的研究,绿色产品的研发成本 $C(g)=\frac{1}{2}hg^2$,批发价格为 w,零售价格为 p,绿色产品的市场需求量为:

$$q=a+\tau g-p$$

制造商和零售商作为两个经济主体,他们在市场中的地位主要体现在 Stackelberg 模型中的主导问题。同 3.1 节的研究,分别考虑集中决策、制造商 Stackelberg 博弈、零售商 Stackelberg 博弈和 Nash 博弈。

由上述假设,可得制造商和零售商的利润函数为:

$$\Pi_{\mathrm{ms}}=[w-c+s(g-g^{\mathrm{T}})](a+\tau g-p)-\frac{1}{2}hg^2 \tag{3-4}$$

$$\Pi_{\mathrm{rs}}=(p-w)(a+\tau g-p) \tag{3-5}$$

$$\text{s.t. } g\geqslant g^{\mathrm{T}}$$

集中决策下,供应链整体的利润为:

$$\Pi_{\mathrm{s}}=[p-c+s(g-g^{\mathrm{T}})](a+\tau g-p)-\frac{1}{2}hg^2 \tag{3-6}$$

$$\text{s. t. } g \geqslant g^{\mathrm{T}}$$

3.2.2　不同博弈模式下的定价决策

(1) 集中决策

在集中决策下，制造商和零售商之间进行合作，决策的目标是最大化供应链整体的利润。制造商和零售商从供应链的效用最大化出发，选择最优绿色度 g 和零售价格 p。在(3-6)式中，目标函数的 Hessian 矩阵

$$H_2 = \begin{bmatrix} -h + 2s\tau & \tau - s \\ \tau - s & -2 \end{bmatrix}$$

H_2 的一阶顺序主子式 $D_3 = -h + 2s\tau$，二阶顺序主子式 $D_4 = 2h - (s+\tau)^2$，当满足 $-h + 2s\tau < 0$ 且 $2h - (s+\tau)^2 > 0$ 时，即 $h > 2s\tau$ 且 $2h > (s+\tau)^2$，有 $D_3 < 0$ 和 $D_4 > 0$，所以 Hessian 矩阵 H_2 为负定矩阵，Π_s 是关于 g 和 p 的凹函数，在极大化问题中，如果目标函数是凹函数，且约束条件是线性函数，该规划属于凸规划，所以 Kuhn-Tucker 条件是确定最优点的充要条件。由 $g \geqslant g^{\mathrm{T}}$，构造(3-6)式的拉格朗日函数：

$$L_s(g, p) = [p - c + s(g - g^{\mathrm{T}})](a + \tau g - p) - \frac{1}{2}hg^2 - \lambda(g^{\mathrm{T}} - g)$$

根据 Kuhn-Tucker 条件：

$$\frac{\partial L_s}{\partial g} = s(a + \tau g - p) + \tau[p - c + s(g - g^{\mathrm{T}})] - hg + \lambda = 0$$

$$\frac{\partial L_s}{\partial p} = a + \tau g - p - [p - c + s(g - g^{\mathrm{T}})] = 0$$

$$\lambda(g^{\mathrm{T}} - g) = 0, \lambda \geqslant 0$$

λ 的取值为：$\lambda > 0$ 或 $\lambda = 0$。$\lambda > 0$ 时，则有 $g^{\mathrm{T}} - g = 0 \Rightarrow g_s^{C*} = g^{\mathrm{T}}$，可求得 $p_s^{C*} = \frac{a + c + \tau g^{\mathrm{T}}}{2}$，$\lambda = \frac{g^{\mathrm{T}}[2h - \tau(s+\tau)] - (s+\tau)(a-c)}{2}$，由 $\lambda > 0$ 和 $g^{\mathrm{T}} - g = 0$，可得满足的条件为：$g^{\mathrm{T}} > \frac{(s+\tau)(a-c)}{2h - \tau(s+\tau)}$。

从而可求得产品需求量和一体化供应链的利润为：

$$q_s^{C*} = \frac{a - c + \tau g^{\mathrm{T}}}{4}, \Pi_s^{C*} = \frac{(a - c + \tau g^{\mathrm{T}})^2}{8}$$

$\lambda=0$ 时，则有 $g^{\mathrm{T}}-g<0$，令 $\frac{\partial L_s}{\partial g}=0$ 和 $\frac{\partial L_s}{\partial p}=0$ 可求得：

$$g_s^{C*}=\frac{(s+\tau)(a-c-sg^{\mathrm{T}})}{2h-(s+\tau)^2},\ p_s^{C*}=\frac{[\tau(s+\tau)-h](c-a+g^{\mathrm{T}}s)-c-g^{\mathrm{T}}s}{2h-(s+\tau)^2}$$

从而可求得产品需求量和一体化供应链的利润为：

$$q_s^{C*}=\frac{h(a-c-sg^{\mathrm{T}})}{2h-(s+\tau)^2},\ \Pi_s^{C*}=\frac{h\,(a-c-sg^{\mathrm{T}})^2}{2[2h-(s+\tau)^2]}$$

由 $\lambda=0$ 和 $g^{\mathrm{T}}-g<0$，可得满足的条件为：$g^{\mathrm{T}}<\frac{(s+\tau)(a-c)}{4h-\tau(s+\tau)}$。

(2) 制造商 Stackelberg 博弈

制造商 Stackelberg 博弈下，制造商在市场中占主导地位，零售商为从方。由制造商优先决策的批发价格 w 和绿色度 g，零售商根据 w 和 g 确定产品的零售价格 p，根据逆向归纳法，(3-5) 式对 p 求一阶导数可得：

$$\frac{\partial \Pi_{rs}}{\partial p}=a+\tau g-2p-w$$

又因为 $\frac{\partial^2 \Pi_{rs}}{\partial p^2}=-2<0$，所以零售商存在唯一的最优零售价格，令 $\frac{\partial \Pi_{rs}}{\partial p}=0$ 可得 $p(g,w)=\frac{a+\tau g-w}{2}$，代入(3-4) 式可得：

$$\Pi_{ms}=\frac{[w-c+s(g-g^{\mathrm{T}})](a+\tau g-w)}{2}-\frac{1}{2}hg^2 \qquad (3-7)$$

在(3-7) 式中，目标函数的 Hessian 矩阵

$$H_3=\begin{bmatrix}-h+s\tau & -\frac{s-\tau}{2}\\ -\frac{s-\tau}{2} & -1\end{bmatrix}$$

H_3 的一阶顺序主子式 $D_5=-h+2s\tau$，二阶顺序主子式 $D_6=\frac{4h-(s+\tau)^2}{4}$，当满足 $-h+s\tau<0$ 且 $\frac{4h-(s+\tau)^2}{4}>0$ 时，即 $h>s\tau$ 且 $4h>(s+\tau)^2$，有 $D_5<0$ 和 $D_6>0$，所以 Hessian 矩阵 H_3 为负定矩阵，Π_{ms} 是关于 g 和 w 的凹函数，在极大化问题中，如果目标函数是凹函数，且约束条件是线性函数，该规划属于凸规划，所以 Kuhn-Tucker 条件是确定最优点的充要条件。由 $g\geqslant g^{\mathrm{T}}$，构造(3-7) 式的拉格朗

日函数：

$$L_{ms}(g,w)=\frac{[w-c+s(g-g^{T})](a+\tau g-w)}{2}-\frac{1}{2}hg^{2}-\lambda(g^{T}-g)$$

根据 Kuhn-Tucker 条件：

$$\frac{\partial L_{ms}}{\partial g}=\frac{s(a+\tau g-w)+\tau[w-c+s(g-g^{T})]}{2}-hg+\lambda=0$$

$$\frac{\partial L_{ms}}{\partial w}=\frac{a+\tau g+c-s(g-g^{T})}{2}-w=0$$

$$\lambda(g^{T}-g)=0,\lambda\geqslant 0$$

λ 的取值为：$\lambda>0$ 或 $\lambda=0$。$\lambda>0$ 时，则有 $g^{T}-g=0\Rightarrow g_{s}^{MS*}=g^{T}$，可求得 $w_{s}^{MS*}=\frac{a+c+\tau g^{T}}{2}$，$\lambda=\frac{g^{T}[4h-\tau(s+\tau)]-(s+\tau)(a-c)}{4}$，代入 $p(g,w)$ 可得 $p_{s}^{MS*}=\frac{3a+c+3\tau g^{T}}{4}$，由 $\lambda>0$ 和 $g^{T}-g=0$，可得满足的条件为：$g^{T}>\frac{(s+\tau)(a-c)}{4h-\tau(s+\tau)}$。

从而可求得产品需求量、制造商和零售商的利润为：

$$q_{s}^{MS*}=\frac{a-c+\tau g^{T}}{4},\Pi_{rs}^{MS*}=\frac{(a-c+\tau g^{T})^{2}}{16}$$

$$\Pi_{ms}^{MS*}=\frac{-g^{T^{2}}(4h-\tau^{2})+2\tau(a-c)g^{T}+(a-c)^{2}}{8}$$

$\lambda=0$ 时，则有 $g^{T}-g<0$，令 $\frac{\partial L_{ms}}{\partial g}=0$ 和 $\frac{\partial L_{ms}}{\partial w}=0$ 可求得：

$$g_{s}^{MS*}=\frac{(s+\tau)(a-c-sg^{T})}{4h-(s+\tau)^{2}},$$

$$w_{s}^{MS*}=\frac{sg^{T}[2h-\tau(s+\tau)]+2h(a+c)-(sa+c\tau)(s+\tau)}{4h-(s+\tau)^{2}}$$

上式代入 $p(g,w)$ 可得：

$$p_{s}^{MS*}=\frac{sg^{T}[h-\tau(s+\tau)]+h(3a+c)-(sa+c\tau)(s+\tau)}{4h-(s+\tau)^{2}}$$

从而可求得产品需求量、制造商和零售商的利润为：

$$q_s^{MS*}=\frac{h(a-c-sg^T)}{4h-(s+\tau)^2},\Pi_{ms}^{MS*}=\frac{h(a-c-sg^T)^2}{2[4h-(s+\tau)^2]},\Pi_{rs}^{MS*}=\frac{h^2(a-c-sg^T)^2}{[4h-(s+\tau)^2]^2}$$

由 $\lambda=0$ 和 $g^T-g<0$，可得满足的条件为：$g^T<\frac{(s+\tau)(a-c)}{4h-\tau(s+\tau)}$。

(3) 零售商 Stackelberg 博弈

零售商 Stackelberg 博弈下，零售商在市场中占主导地位，制造商为从方。由零售商优先决策 p，制造商则依据零售商的决策结果后决策 w 和 g。同样地，根据 Choi(1991) 对该类问题的研究，令 $p=w+m$，其中 $m>0$。所以制造商的利润函数可以转换为：

$$\Pi_{ms}=[w-c+s(g-g^T)](a+\tau g-w-n)-\frac{1}{2}hg^2 \tag{3-8}$$

(3-8) 式中，目标函数的 Hessian 矩阵为：

$$H_4=\begin{bmatrix}-h+2s\tau & -s+\tau\\ -s+\tau & -2\end{bmatrix}$$

H_4 的一阶顺序主子式 $D_7=-h+2s\tau$，二阶顺序主子式 $D_8=2h-(s+\tau)^2$，当满足 $-h+2s\tau<0$ 且 $2h-(s+\tau)^2>0$ 时，即 $h>2s\tau$ 且 $2h>(s+\tau)^2$，有 $D_7<0$ 和 $D_8>0$，所以 Hessian 矩阵 H_4 为负定矩阵，Π_{ms} 是关于 g 和 w 的凹函数，在极大化问题中，如果目标函数是凹函数，且约束条件是线性函数，该规划属于凸规划，所以 Kuhn-Tucker 条件是确定最优点的充要条件。由 $g\geqslant g^T$，构造(3-8) 式的拉格朗日函数：

$$L_{ms}(g,w)=[w-c+s(g-g^T)](a+\tau g-w-m)-\frac{1}{2}hg^2-\lambda(g^T-g)$$

根据 Kuhn-Tucker 条件：

$$\frac{\partial L_m}{\partial g}=s(a+\tau g-w-m)+\tau[w-c+s(g-g^T)]-hg+\lambda=0,$$

$$\frac{\partial L_m}{\partial w}=a+\tau g-m-2w+c-s(g-g^T)=0$$

等价于

$$\frac{\partial L_m}{\partial g}=s(a+\tau g-p)+\tau[w-c+s(g-g^T)]-hg+\lambda=0,$$

$$\frac{\partial L_{m}}{\partial w}=a+\tau g-p-w+c-s(g-g^{T})=0$$

$$\lambda(g^{T}-g)=0,\lambda\geqslant 0$$

λ 的取值为：$\lambda>0$ 或 $\lambda=0$。$\lambda>0$ 时，则有 $g^{T}-g=0\Rightarrow g_{s}^{MS*}=g^{T}$，可求得 $w_{s}^{RS*}=\frac{a+3c+\tau g^{T}}{4}$，$\lambda=\frac{g^{T}[4h-\tau(s+\tau)]-(s+\tau)(a-c)}{4}$，代入 $p(g,w)$ 可得 $p^{RS*}=\frac{3a+c+3\tau g^{T}}{4}$；由 $\lambda>0$ 和 $g^{T}-g=0$，可得满足的条件为：$g^{T}>\frac{(s+\tau)(a-c)}{4h-(s+\tau)(s+2\tau)}$。

从而可求得产品需求量、制造商和零售商的利润为：

$$q_{m}^{RS*}=\frac{a-c+\tau g^{T}}{4},$$

$$\Pi_{ms}^{RS*}=\frac{-g^{T^{2}}(8h-\tau^{2})+2\tau(a-c)g^{T}+(a-c)^{2}}{16},\Pi_{rs}^{RS*}=\frac{(a-c+\tau g^{T})^{2}}{8}$$

$\lambda=0$ 时，则有 $g^{T}-g<0$，令 $\frac{\partial L_{ms}}{\partial g}=0$ 和 $\frac{\partial L_{ms}}{\partial w}=0$ 可求得：

$$g_{s}^{RS*}=\frac{(s+\tau)(a-c-sg^{T})}{2[2h-(s+\tau)^{2}]}$$

$$w_{s}^{RS*}=\frac{sg^{T}[3h-\tau(s+\tau)(s+2\tau)]+h(a+3c)-(s+\tau)[sa+c(s+2\tau)]}{2[2h-(s+\tau)^{2}]}$$

上式代入 $p(g,w)$ 可得：

$$p_{s}^{RS*}=\frac{sg^{T}[h-\tau(s+\tau)]+h(3a+c)-(s+\tau)[\tau c+a(\tau+2s)]}{2[2h-(s+\tau)^{2}]}$$

从而可求得产品需求量、制造商和零售商的利润为：

$$q_{s}^{RS*}=\frac{h(a-c-sg^{T})}{2[2h-(s+\tau)^{2}]},\Pi_{ms}^{RS*}=\frac{h(a-c-sg^{T})^{2}}{8[2h-(s+\tau)^{2}]},\Pi_{rs}^{RS*}=\frac{h(a-c-sg^{T})^{2}}{4[2h-(s+\tau)^{2}]}$$

由 $\lambda=0$ 和 $g^{T}-g<0$，可得满足的条件为：$g^{T}<\frac{(s+\tau)(a-c)}{4h-(s+\tau)(s+2\tau)}$。

(4)Nash 博弈

Nash 博弈下，制造商和零售商在市场中的地位相同，同时进行变量的决策。同样根据零售价格是产品的批发价格和其边际收益之和，令 $p=w+m$，其中，$m>$

0。所以制造商和零售商的利润转换为：

$$\Pi_{ms}=[w-c+s(g-g^{T})](a+\tau g-w-m)-\frac{1}{2}hg^{2} \tag{3-9}$$

$$\Pi_{rs}=m(a+\tau g-w-m) \tag{3-10}$$

根据逆向归纳法求解，在(3-9)式和(3-10)式中，目标函数的Hessian矩阵

$$H_{5}=\begin{bmatrix}-h+2s\tau & -s+\tau & -s\\ -s+\tau & -2 & -1\\ \tau & -1 & -2\end{bmatrix}$$

H_5 的一阶顺序主子式 $D_9=-h+2s\tau$，二阶顺序主子式 $D_{10}=2h-(s+\tau)^2$，三阶顺序主子式 $D_{11}=-3h+(s+\tau)^2$，当满足 $-h+2s\tau<0$、$2h-(s+\tau)^2>0$ 及 $-3h+(s+\tau)^2<0$ 时，即 $h>2s\tau$、$2h>(s+\tau)^2$ 且 $3h>(s+\tau)^2$，有 $D_9<0$、$D_{10}>0$ 及 $D_{11}<0$，所以Hessian矩阵 H_5 为负定矩阵，Π_{ms} 是关于 g 和 w 的凹函数，Π_{rs} 是关于 m 的凹函数，同样构造(3-9)式的拉格朗日函数：

$$L_{ms}(g,w)=[w-c+s(g-g^{T})](a+\tau g-w-m)-\frac{1}{2}hg^{2}-\lambda(g^{T}-g)$$

根据Kuhn-Tucker条件：

$$\frac{\partial L_{m}}{\partial g}=s(a+\tau g-w-m)+\tau[w-c+s(g-g^{T})]-hg+\lambda=0,$$

$$\frac{\partial L_{m}}{\partial w}=a+\tau g-m-2w+c-s(g-g^{T})=0$$

$$\lambda(g^{T}-g)=0,\lambda\geqslant 0$$

当 $\lambda>0$ 时，则有 $g^{T}-g=0\Rightarrow g=g^{T}$，(3-10)式对 m 求导可得：

$$\frac{\partial \Pi_{rs}}{\partial m}=a+\tau g-w-2m$$

通过联立方程组 $\frac{\partial L_{m}}{\partial w}=0$、$\frac{\partial L_{m}}{\partial g}=0$、$\frac{\partial \Pi_{r}}{\partial m}=0$ 及 $g^{T}-g=0$ 可求得：$g_{s}^{N*}=g^{T}$，$w_{s}^{N*}=\frac{a+2c+\tau g^{T}}{3}$，$m=\frac{a-c+\tau g^{T}}{3}$，$\lambda=\frac{g^{T}[3h-\tau(s+\tau)]-(s+\tau)(a-c)}{3}$，根据 $p=w+m$，可得 $p_{s}^{N*}=\frac{2a+c+2\tau g^{T}}{3}$，由 $\lambda>0$ 和 $g^{T}-g=0$，可得满足的条件为：

$g^{\mathrm{T}} > \dfrac{(s+\tau)(a-c)}{3h-\tau(s+\tau)}$。

从而可求得产品需求量、制造商和零售商的利润为：

$$q_s^{N*} = \frac{a-c+\tau g^{\mathrm{T}}}{3}, \Pi_{rs}^{N*} = \frac{(a-c+\tau g^{\mathrm{T}})^2}{9}$$

$$\Pi_{ms}^{N*} = \frac{-g^{\mathrm{T}^2}(9h-\tau^2)+2\tau(a-c)g^{\mathrm{T}}+(a-c)^2}{18}$$

当 $\lambda=0$ 时，则有 $g^{\mathrm{T}}-g<0$，联立方程组 $\dfrac{\partial L_m}{\partial w}=0$、$\dfrac{\partial L_m}{\partial g}=0$ 及 $\dfrac{\partial \Pi_r}{\partial n}=0$ 可求得：

$$g_s^{N*} = \frac{(s+\tau)(a-c-sg^{\mathrm{T}})}{3h-(s+\tau)^2},$$

$$w_s^{N*} = \frac{sg^{\mathrm{T}}[2h-\tau(s+\tau)]+h(2a+c)-(sa+c\tau)(s+\tau)}{3h-(s+\tau)^2}$$

$$p_s^{N*} = \frac{sg^{\mathrm{T}}[h-\tau(s+\tau)]+h(2a+c)-(sa+c\tau)(s+\tau)}{4h-(s+\tau)^2}$$

从而可求得产品需求量、制造商和零售商的利润为：

$$q_s^{N*} = \frac{h(a-c-sg^{\mathrm{T}})}{3h-(s+\tau)^2}, \Pi_{ms}^{N*} = \frac{h[2h-(s+\tau)^2](a-c-sg^{\mathrm{T}})^2}{2[3h-(s+\tau)^2]^2},$$

$$\Pi_{rs}^{N*} = \frac{h^2(a-c-sg^{\mathrm{T}})^2}{[3h-(s+\tau)^2]^2}$$

由 $\lambda=0$ 和 $g^{\mathrm{T}}-g<0$，可得满足的条件为：$g^{\mathrm{T}} < \dfrac{(s+\tau)(a-c)}{3h-\tau(s+\tau)}$。

3.2.3　决策结果分析

本节分析了补贴的绿色度阈值 g^{T} 对均衡结果的影响，比较了集中决策和三种分散决策下产品绿色度、零售价格、需求量、制造商的利润及零售商的利润之间的关系。

定理 3.12　集中决策、制造商 Stackelberg 博弈、零售商 Stackelberg 博弈及 Nash 博弈等三种博弈下，产品绿色度、需求量以及制造商和零售商的利润与补贴的绿色度阈值 g^{T} 呈负相关关系，绿色产品定价与 g^{T} 呈正相关关系。

定理 3.12 说明：政府降低补贴的绿色度阈值 g^{T}，可以激励制造商增加研发投入，提高产品的绿色度，此时，制造商必然会提高产品的批发价格，而由于绿色度的提高，使得产品的需求量增加，政府的补贴均摊了部分研发成本，因此制造商和零售商的利润均随着 g^{T} 的降低而增大。

定理 3.13 集中决策、制造商 Stackelberg 博弈、零售商 Stackelberg 博弈及 Nash 博弈等三种博弈下，产品绿色度、零售价格、需求量以及制造商和零售商的利润满足以下关系：

(1) $g > g^{\mathrm{T}}$

$g_s^{C*} \geqslant g_s^{N*} \geqslant g_s^{RS*} \geqslant g_s^{MS*}$，$p_s^{MS*} \geqslant p_s^{RS*} \geqslant p_s^{N*} \geqslant p_s^{C*}$，$q_s^{C*} \geqslant q_s^{N*} \geqslant q_s^{RS*} \geqslant q_s^{MS*}$ $\Pi_{ms}^{MS*} \geqslant \Pi_{ms}^{N*} \geqslant \Pi_{ms}^{RS*}$，$\Pi_{rs}^{RS*} \geqslant \Pi_{rs}^{N*} \geqslant \Pi_{rs}^{MS*}$ $\Pi_s^{C*} \geqslant \Pi_{rs}^{RS*} + \Pi_{ms}^{MS*} \geqslant \Pi_{rs}^{N*} + \Pi_{ms}^{N*} \geqslant \Pi_{rs}^{MS*} + \Pi_{ms}^{RS*}$

(2) $g = g^{\mathrm{T}}$

$g_s^{N*} = g_s^{RS*} = g_s^{MS*}$，$p_s^{MS*} = p_s^{RS*} \geqslant p_s^{N*}$，$q_s^{N*} \geqslant q_s^{RS*} = q_s^{MS*}$，$\Pi_{ms}^{MS*} \geqslant \Pi_{ms}^{N*} \geqslant \Pi_{ms}^{RS*}$ $\Pi_{rs}^{RS*} \geqslant \Pi_{rs}^{N*} \geqslant \Pi_{rs}^{MS*}$，$\Pi_s^{C*} \geqslant \Pi_{rs}^{RS*} + \Pi_{ms}^{MS*} \geqslant \Pi_{rs}^{N*} + \Pi_{ms}^{N*} \geqslant \Pi_{rs}^{MS*} + \Pi_{ms}^{RS*}$

证明：当 $g > g^{\mathrm{T}}$，由上述求解，比较集中决策和三种分散决策下的绿色度，有如下结果：

$$g_s^{C*} - g_s^{N*} = \frac{h(s+\tau)(a-c-sg^{\mathrm{T}})}{[2h-(s+\tau)^2][3h-(s+\tau)^2]} \geqslant 0$$

$$g_s^{N*} - g_s^{RS*} = \frac{(s+\tau)(a-c-sg^{\mathrm{T}})[h-(s+\tau)^2]}{2[2h-(s+\tau)^2][3h-(s+\tau)^2]} \geqslant 0$$

$$g_s^{RS*} - g_s^{MS*} = \frac{(s+\tau)^3(a-c-sg^{\mathrm{T}})}{2[2h-(s+\tau)^2][4h-(s+\tau)^2]} \geqslant 0$$

由上述求解，比较三种博弈下的定价，有如下结果：

$$p_s^{MS*} - p_s^{RS*} = \frac{(s+\tau)^2(a-c-sg^{\mathrm{T}})[h-\tau(s+\tau)]}{2[2h-(s+\tau)^2][4h-(s+\tau)^2]} \geqslant 0$$

$$p_s^{RS*} - p_s^{N*} = \frac{(a-c-sg^{\mathrm{T}})[h-\tau(s+\tau)][h-(s+\tau)^2]}{2[2h-(s+\tau)^2][3h-(s+\tau)^2]} \geqslant 0$$

$$p_s^{N*} - p_s^{C*} = \frac{h(a-c-sg^{\mathrm{T}})[h-\tau(s+\tau)]}{[2h-(s+\tau)^2][3h-(s+\tau)^2]} \geqslant 0$$

由上述求解，比较三种博弈下的定价，有如下结果：

$$q_s^{C*} - q_s^{N*} = \frac{h^2(a-c-sg^{\mathrm{T}})}{[2h-(s+\tau)^2][3h-(s+\tau)^2]} \geqslant 0$$

$$q_s^{N*} - q_s^{RS*} = \frac{(a-c-sg^{\mathrm{T}})[h-(s+\tau)^2]}{2[2h-(s+\tau)^2][3h-(s+\tau)^2]} \geqslant 0$$

$$q_s^{RS*}-q_s^{MS*}=\frac{(a-c-sg^T)(s+\tau)^2}{2[2h-(s+\tau)^2][4h-(s+\tau)^2]}\geqslant 0$$

由上述求解，比较集中决策、制造商 Stackelberg 博弈、零售商 Stackelberg 和 Nash 博弈下制造商和零售商的利润，有如下结果：

$$\Pi_s^{C*}-(\Pi_{ms}^{MS*}+\Pi_{rs}^{MS*})=\frac{2h^3(a-c-sg^T)^2}{[2h-(s+\tau)^2][4h-(s+\tau)^2]}\geqslant 0$$

$$\Pi_s^{C*}-(\Pi_{ms}^{RS*}+\Pi_{rs}^{RS*})=\frac{h(a-c-sg^T)^2}{8[2h-(s+\tau)^2]}\geqslant 0$$

$$\Pi_s^{C*}-(\Pi_{ms}^{N*}+\Pi_{rs}^{N*})=\frac{h^3(a-c-sg^T)^2}{2[2h-(s+\tau)^2][3h-(s+\tau)^2]^2}\geqslant 0$$

$$\Pi_{ms}^{MS*}-\Pi_{ms}^{N*}=\frac{h^3(a-c-sg^T)^2}{2[4h-(s+\tau)^2][3h-(s+\tau)^2]^2}\geqslant 0$$

$$\Pi_{ms}^{N*}-\Pi_{ms}^{RS*}=\frac{h(a-c-sg^T)^2[7h-3(s+\tau)^2][h-(s+\tau)^2]}{8[2h-(s+\tau)^2][3h-(s+\tau)^2]^2}\geqslant 0$$

$$\Pi_{rs}^{RS*}-\Pi_{rs}^{N*}=\frac{h(a-c-sg^T)^2[h-(s+\tau)^2]^2}{4[4h-(s+\tau)^2][3h-(s+\tau)^2]^2}\geqslant 0$$

$$\Pi_{rs}^{N*}-\Pi_{rs}^{MS*}=\frac{h^3(a-c-sg^T)^2[7h-2(s+\tau)^2]}{[3h-(s+\tau)^2][4h-(s+\tau)^2]^2}\geqslant 0$$

$g=g^T$ 的情形的证明同 $g>g^T$。证毕。

3.2.4　数值算例

为了对不同补贴模式下绿色供应链的定价决策进行比较分析，现引入数值算例，分析补贴系数调整因子 s 对产品绿色度、需求量以及对制造商和零售商利润的影响。考虑 $g=g^T$ 下绿色供应链的决策同 3.1 节的研究，本节研究只考虑 $g>g^T$ 的情形。具体赋值如下：$c=3$，$h=2$，$a=10$，$\tau=0.6$，$g^T=0.5$，s 以 0.1 为步长从 0.05 到 0.5 变化。

(1) 补贴系数调整因子对产品绿色度的影响

图 3－5 显示，随着 s 的逐渐增加，产品的绿色度随之增大，通过和 3.1 节的图 3－1 比较发现，政府补贴政策下产品的绿色度更高，可见政府的补贴政策更能激励企业自主地进行绿色产品研发；同样地，集中决策下，制造商和零售商进行合作，供应链整体的利润增加，制造商有更多的资金投入绿色产品研发，所以集中决策下产品的绿色度最大；分散决策下，Nash 博弈下产品的绿色度最大，零售商 Stackelberg 博弈下次之，制造商 Stackelberg 博弈下最小，该结论与 3.1 节的研究

结论相同。由此可以看出,政府的补贴激励了企业加大研发投入,在制造商和零售商进行合作时,产品的绿色度最大;在非合作情况下,Nash 博弈下产品的绿色度最大。

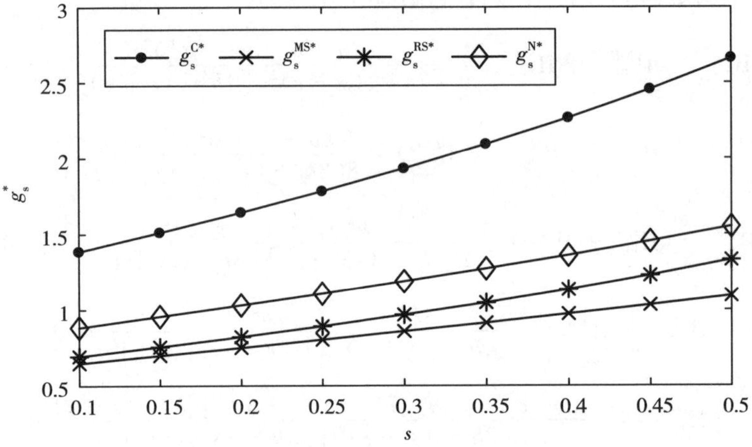

图 3-5　补贴系数调整因子对产品绿色度的影响

(2) 补贴系数调整因子对产品零售价格的影响

图 3-6 显示,随着 s 的逐渐增加,集中决策、制造商 Stackelberg 博弈和 Nash 博弈下产品的零售价格随之增大,零售商 Stackelberg 博弈下产品的零售价格随之降低,且制造商 Stackelberg 博弈下产品的零售价格最高,零售商 Stackelberg 博弈下次之,Nash 博弈下再次之,集中决策下最低。

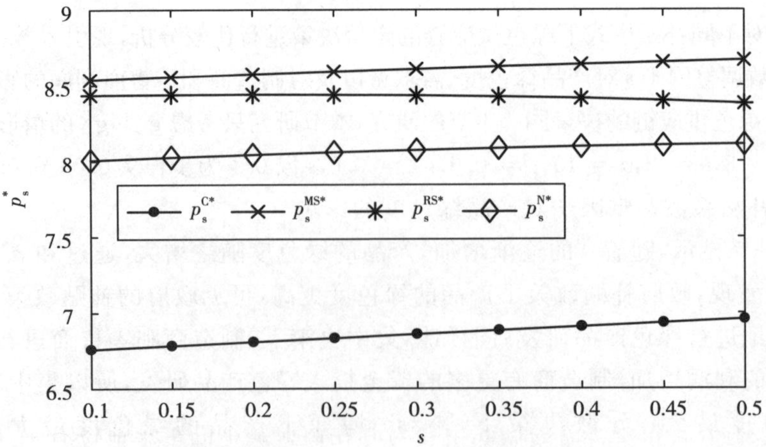

图 3-6　补贴系数调整因子对产品零售价格的影响

(3) 补贴系数调整因子对产品需求量的影响

图 3-7 显示，随着 s 的逐渐增加，集中决策和分散决策下产品的需求量均随之增加。分散决策下，零售商 Stackelberg 博弈下需求量增加的速度比较快，因为随着 s 的逐渐增加，产品的绿色度逐渐提高，且零售商 Stackelberg 博弈下产品的零售价格逐渐降低，因此该博弈下需求量增加的速度较快；Nash 博弈下产品的需求量最高，零售商 Stackelberg 博弈下次之，制造商 Stackelberg 博弈下最小。这与三种博弈下产品绿色度之间的关系相同，而且制造商 Stackelberg 博弈下产品的零售价格最高，零售商 Stackelberg 博弈下次之，Nash 博弈下最低。由此可以看出，Nash 博弈下产品的绿色度最高，且零售价格最低；制造商 Stackelberg 博弈下的绿色度最低，且零售价格最高。因此，在制造商和零售商合作情况下产品的需求量最高；在制造商和零售商非合作情况下，Nash 博弈下产品的需求量最高，制造商 Stackelberg 博弈下产品的需求量最低。

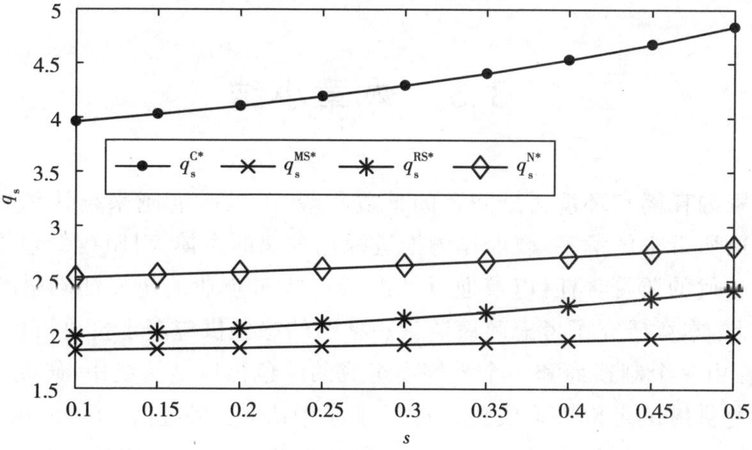

图 3-7　补贴系数调整因子对产品需求量的影响

(4) 补贴系数调整因子对制造商和零售商利润的影响

表 3-3 显示，随着 s 的逐渐增加，一体化供应链及分散决策下制造商和零售商的利润随之增大，且集中决策下一体化供应链的利润大于分散决策下制造商和零售商的利润之和。分散决策下，制造商的利润在制造商 Stackelberg 博弈下最高，Nash 博弈下次之，零售商 Stackelberg 博弈下最低；零售商的利润在零售商 Stackelberg 博弈下最高，Nash 博弈下次之，制造商 Stackelberg 博弈下最低。由此可以看出，制造商和零售商的利润主要与其在供应链中的主导地位有关，该结论和 3.1 节的研究相同。

表 3－3　调整因子对制造商和零售商利润的影响

s	Π_s^{C*}	Π_{ms}^{MS*}	Π_{rs}^{MS*}	Π_{ms}^{RS*}	Π_{rs}^{RS*}	Π_{ms}^{N*}	Π_{rs}^{N*}
0.1	13.7614	6.4318	3.4257	3.4403	6.8807	5.5844	6.3639
0.15	13.9506	6.4478	3.4677	3.4877	6.9754	5.5755	6.4879
0.2	14.1696	6.4688	3.5156	3.5424	7.0848	5.5681	6.6287
0.25	14.4212	6.4948	3.5698	3.6053	7.2106	5.5620	6.7881
0.3	14.7092	6.5261	3.6306	3.6773	7.3546	5.5570	6.9680
0.35	15.0381	6.5630	3.6987	3.7595	7.5191	5.5527	7.1705
0.4	15.4133	6.6057	3.7747	3.8533	7.7067	5.5488	7.3984
0.45	15.8415	6.6547	3.8592	3.9604	7.9207	5.5449	7.6547
0.5	16.3306	6.7102	3.9530	4.0827	8.1653	5.5404	7.9432

3.3　本章小结

随着资源耗竭和环境污染问题的日益严峻，各国政府越来越认识到资源耗竭和环境污染所带来的危害，政府作为推进绿色发展的主体，对阻碍绿色发展的行为负有不可替代的监管责任，以及通过补贴的形式对企业的研发活动进行支持和引导。基于此，本章研究了考虑政府监管和补贴的绿色供应链定价决策模型。

(1) 在由一个制造商和一个零售商组成的绿色供应链系统中，研究了考虑政府监管的绿色供应链定价决策模型。探讨了集中决策、制造商 Stackelberg 博弈、零售商 Stackelberg 博弈及 Nash 博弈等四种博弈模式下供应链的均衡解，给出满足最优决策的绿色度阈值的取值范围，以及制造商所能承受的绿色度阈值；分析了消费者环保意识对制造商、零售商、供应链的利润以及制造商所能承受的绿色度阈值的影响。主要结论如下：产品绿色度未达到政府规定阈值情况下，制造商选择政府规定的绿色度阈值为其研发目标，且随着绿色度阈值的增加，制造商的利润逐渐减少；随着消费者环保意识的提高，制造商能承受的绿色度阈值随之增高，且制造商的利润和零售商的利润以及集中供应链利润均与消费者环保意识呈正相关关系；集中决策下，产品绿色度、制造商能承受的绿色度阈值及供应链整体利润达到最大值；分散决策下，Nash 博弈下产品的绿色度最大，零售商 Stackelberg 下次之，制造商 Stackelberg 下最小，制造商和零售商的利润在其在供应链中占主导地位时较大。

(2)考虑政府补贴对绿色供应链定价决策的影响。在由一个制造商和一个零售商构成的绿色供应链系统中,研究了考虑政府补贴政策的绿色供应链定价决策模型,比较了集中决策、制造商 Stackelberg 博弈、零售商 Stackelberg 博弈及 Nash 博弈下的均衡策略。主要结论如下:产品绿色度、制造商及零售商的利润均与补贴调整因子呈正相关关系,与补贴的绿色度阈值呈负相关关系;在补贴阈值较高的情况下,制造商选择补贴阈值为其研发目标,在补贴阈值较低的情况下,制造商会适当降低研发投入;同政府监管的情况,集中决策下,产品的绿色度最大;分散决策下,Nash 博弈下产品的绿色度最大,零售商 Stackelberg 博弈下次之,制造商 Stackelberg 博弈下最小,制造商和零售商的利润在其在供应链中占主导地位时较大。

第 4 章　考虑消费者偏好和政府补贴的绿色供应链定价决策研究

第 2 章研究了考虑消费者偏好的绿色供应链定价决策模型，研究发现，消费者环保意识和消费水平的提高增加了绿色产品的需求量和绿色制造商的利润，尤其随着消费者环保水平的增加，加快了对普通产品的蚕食。第 3 章分析了政府行为对绿色供应链定价决策的影响，研究发现，政府的监管和补贴行为提高了市场中绿色产品的占有量，而且政府的补贴政策更能激励企业自主进行绿色产品研发，进而提高企业的绿色化水平。在实际中，消费者偏好和政府行为往往是共生在供应链系统中。本章在需求受消费者偏好行为影响的基础上，考虑政府补贴行为，研究绿色供应链的定价决策问题。同时，政府在制定补贴策略时，可以选择不同的补贴对象，例如，新能源汽车补贴的对象是消费者。

本章结合第 2 章和第 3 章的研究，在由一个绿色垄断制造商、一个普通垄断制造商和一个零售商组成的两阶段绿色供应链系统中，把消费者的偏好行为考虑到市场需求中，同时考虑政府的补贴，研究了无政府补贴、补贴给绿色制造商和补贴给绿色消费者等三种补贴策略下的定价决策模型，在三种补贴策略下研究了单一定价和歧视定价策略下供应链的定价决策，最后通过数值算例分析了消费者偏好系数及政府补贴系数对供应链最优决策的影响。

4.1　问题描述和基本假设

在由一个绿色垄断制造商、一个普通垄断制造商和一个零售商组成的两阶段绿色供应链系统中，绿色制造商生产绿色产品，普通制造商生产普通产品，两种产品可相互替代，并且通过同一个零售商销售给消费者。两个制造商在市场中占主导地位，零售商为跟随者，且两个制造商在市场中的地位相同。为鼓励制造商生产绿色产品，政府将给予绿色产品一定的财政补贴 s，假设政府补贴方式有两种：(1) 补贴给绿色制造商；(2) 补贴给绿色消费者。绿色产品和普通产品的单位生产成本为 c_1 和 c_2，同样地，考虑绿色产品的环保性较高，生产工艺比较复杂，有 $c_1 > c_2$。

消费市场划为两个市场，两个市场的消费者为绿色消费者和普通消费者。其中，绿色消费者的收入水平较高，对产品的价格敏感度较低，且具有一定的环保意识，在购买时首先考虑购买绿色产品，由于受其环保意识水平的影响，如果普通产品的价格足够低，这部分消费者也会考虑购买普通产品，这也是普通产品打折促销产生的效果，而且更符合现实情况。由于这部分消费者具有一定的环保意识，而且更偏向于购买绿色产品，加之其消费活动促进了绿色产品的销售，把具有这些偏好行为的消费者称为绿色消费者。普通消费者的收入水平较低，对产品的价格敏感度较高，同样具有一定的环保意识，在购买过程中也会优先考虑购买绿色产品，但是受收入水平的影响，如果绿色产品的价格太高，这部分消费者可能会选择购买普通产品或者放弃购买活动。这部分消费者虽然也具有一定的环保意识，但其消费活动并没有对绿色产品的销售产生太大影响，反而受其收入水平的影响，偏向于购买普通产品，把具有这些购买偏好行为的消费者称为普通消费者。

绿色消费者的比例为 t_1，普通消费者的比例为 t_2，$t_1+t_2=1$。同样地，绿色消费者对绿色产品的估价为 v，v 在[0,1]上均匀分布，绿色消费者对普通产品的估价为 δv，普通消费者对绿色产品的估价为 λv，普通消费者对普通产品的估价为 $\lambda\delta v$，δ 反映消费者的环保意识水平，λ 反映普通消费者的消费水平，$0<\delta<1$，$0<\lambda<1$。

在定价策略的选择上，制造商采取单一价格策略，零售商有两种定价策略：单一定价策略和歧视定价策略。单一定价策略下，绿色产品和普通产品的批发价格为 $w_{1,i}$ 和 $w_{2,i}$，零售价格为 $p_{1,i}$ 和 $p_{2,i}$，市场需求量为 $q_{1,i}$ 和 $q_{2,i}$；歧视定价策略下，绿色产品和普通产品的批发价格为 $w_{1m,i}$ 和 $w_{2m,i}$，零售价格为 $p_{1m,i}$ 和 $p_{2m,i}$，市场需求量为 $q_{1m,i}$ 和 $q_{2m,i}$，其中 $i=\{N,G,C\}$，N 代表无政府补贴，G 代表政府补贴给绿色制造商，C 代表政府补贴给绿色消费者；$m=1,2$，1 代表绿色消费市场，2 代表普通消费市场。

4.2　无政府补贴下的定价决策模型

无政府补贴时绿色供应链的结构如图 4-1 所示，单一定价和歧视定价策略下，绿色产品和普通产品的需求量见引理 4.1 和引理 4.2[同第 2 章的研究，为简化公式，令 $T=\lambda t_1+t_2$，或 $T=1-t_1(1-\lambda)$，或 $T=\lambda+t_2(1-\lambda)$，所以 $\lambda \leqslant T \leqslant 1$，且适用于全文]。

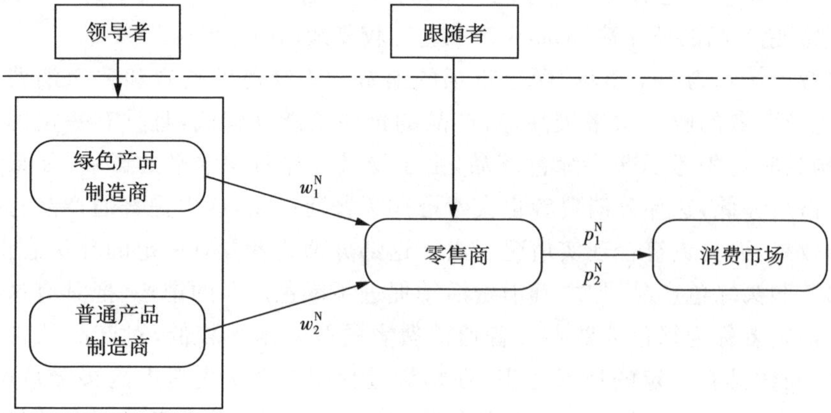

图 4-1　无政府补贴时绿色供应链的结构

(1) 单一定价策略

根据消费者剩余理论，绿色消费者购买绿色产品和普通产品的剩余为 $v-p_{1,N}$ 和 $\delta v-p_{2,N}$，普通消费者购买绿色产品和普通产品的剩余为 $\lambda v-p_{1,N}$ 和 $\lambda\delta v-p_{2,N}$。根据效用最大化原则，可得引理 4.1。

引理 4.1　单一定价策略下，绿色产品和普通产品的需求量分别为：

$$q_{1,N}=1-\frac{T(p_{1,N}-p_{2,N})}{\lambda(1-\delta)},q_{2,N}=\frac{T(\delta p_{1,N}-p_{2,N})}{\lambda\delta(1-\delta)}$$

$$\text{s. t. } p_{2,N}\leqslant \delta p_{1,N}$$

引理 4.1 的证明同 2.1 节的研究。证略。

由引理 4.1 可得绿色制造商、普通制造商和零售商的利润函数分别为：

$$\Pi_{1,N}=(w_{1,N}-c_1)q_{1,N} \tag{4-1}$$

$$\Pi_{2,N}=(w_{2,N}-c_2)q_{2,N} \tag{4-2}$$

$$\Pi_{r,N}=(p_{1,N}-w_{1,N})q_{1,N}+(p_{2,N}-w_{2,N})q_{2,N} \tag{4-3}$$

定理 4.1　(4-3) 式是关于变量 $p_{1,N}$、$p_{2,N}$ 的凹函数，(4-2) 式是关于变量 $w_{2,N}$ 的凹函数，(4-1) 式是关于 $w_{1,N}$ 的凹函数。

证明：根据 Stackelberg 博弈，首先，把 $q_{1,N}$、$q_{2,N}$ 的表达式代入(4-3) 式，可得 (4-3) 式关于 $p_{1,N}$、$p_{2,N}$ 的 Hessian 矩阵

$$H_1=\begin{bmatrix}\frac{\partial^2 \Pi_{r,N}}{\partial {p_{1,N}}^2} & \frac{\partial^2 \Pi_{r,N}}{\partial p_{1,N}\partial p_{2,N}} \\ \frac{\partial^2 \Pi_{r,N}}{\partial p_{2,N}\partial p_{1,N}} & \frac{\partial^2 \Pi_{r,N}}{\partial {p_{2,N}}^2}\end{bmatrix}=\begin{bmatrix}-\frac{2T}{\lambda(1-\delta)} & \frac{2T}{\lambda(1-\delta)} \\ \frac{2T}{\lambda(1-\delta)} & -\frac{2T}{\lambda\delta(1-\delta)}\end{bmatrix}$$

H_1 的一阶顺序主子式 $D_1=-\frac{2T}{\lambda(1-\delta)}<0$，二阶顺序主子式 $D_2=\frac{4T^2}{\lambda^2\delta(1-\delta)^2}>0$，所以 Hessian 矩阵 H_1 为负定矩阵，(4-3) 式关于 $p_{1,N}$、$p_{2,N}$ 是凹函数；其次，通过(4-3) 式对 $p_{1,N}$、$p_{2,N}$ 求一阶条件可得：$p_{1,N}=\frac{\lambda+Tw_{1,N}}{2T}$，$p_{2,N}=\frac{\lambda\delta+Tw_{2,N}}{2T}$，分别代入 $q_{1,N}$ 和 $q_{2,N}$，有：

$$q_{1,N}=\frac{\lambda(1-\delta)-T(w_{1,N}-w_{2,N})}{2\lambda(1-\delta)},q_{2,N}=\frac{T(\delta w_{1,N}-w_{2,N})}{2\lambda\delta(1-\delta)}$$

上式再代入(4-1) 式和(4-2) 式可得：

$$\Pi_{1,N}=\frac{\lambda(1-\delta)-T(w_{1,N}-w_{2,N})}{2\lambda(1-\delta)}(w_{1,N}-c_1),$$

$$\Pi_{2,N}=\frac{T(\delta w_{1,N}-w_{2,N})}{2\lambda\delta(1-\delta)}(w_{2,N}-c_1)$$

由于$\frac{\partial^2 \Pi_{1,N}}{\partial (w_{1,N})^2}=-\frac{T}{\lambda(1-\delta)}<0$，$\frac{\partial^2 \Pi_{2,N}}{\partial (w_{2,N})^2}=-\frac{T}{\lambda\delta(1-\delta)}<0$，所以(4-1) 式关于 $w_{1,N}$ 是凹函数，(4-2) 式关于 $w_{2,N}$ 是凹函数。证毕。

在极大化问题中，如果目标函数是凹函数且约束条件是线性函数，该规划属于凸规划，可通过 Kuhn-Tucker 条件进行求解。根据 $p_{2,N}\leqslant \delta p_{1,N}$，首先构造(4-3) 式的拉格朗日函数如下：

$$L(p_1,p_2)=(p_{1,N}-w_{1,N})q_{1,N}+(p_{2,N}-w_{2,N})q_{2,N}-\lambda_1(p_2^N-\delta p_{1,N})$$

根据 Kuhn-Tucker 条件

$$\frac{\partial L}{\partial p_{1,N}}=\frac{\Delta[\lambda(1-\delta)-2T(p_{1,N}-p_{2,N})+T(w_{1,N}-w_{2,N})]}{\lambda(1-\delta)}+\delta\lambda_1=0$$

$$\frac{\partial L}{\partial p_{2,N}}=\frac{\Delta[2T(\delta p_{1,N}-p_{2,N})-T(\delta w_{1,N}-w_{2,N}+\delta c_1-c_2)]}{\lambda\delta(1-\delta)}-\lambda_1=0$$

$$\lambda_1(p_{2,N}-\delta p_{1,N})=0,\lambda_1\geqslant 0$$

λ_1 的取值为：$\lambda_1 > 0$ 或 $\lambda_1 = 0$。$\lambda_1 > 0$ 时，有 $p_{2,N} - \delta p_{1,N} = 0 \Rightarrow p_{2,N}^* = \delta p_{1,N}^*$，同 2.1 节的分析，此时有 $q_{2,N}^* = 0$。所以，如果普通产品的定价 $p_{2,N} \geqslant \delta p_{1,N}$，则普通产品的需求量为零，普通制造商的利润为负，从最优化的角度考虑，普通制造商会放弃该种定价策略，所以舍去该解。

$\lambda_1 = 0$ 时，则有 $p_{2,N} - \delta p_{1,N} < 0$，根据定理 4.1 的证明过程，可求得绿色产品和普通产品的最优批发价格和零售价格的决策为：

$$w_{1,N}^* = \frac{2\lambda(1-\delta) + T(2c_1 + c_2)}{T(4-\delta)}, w_{2,N}^* = \frac{\lambda\delta(1-\delta) + T(\delta c_1 + 2c_2)}{T(4-\delta)}$$

$$p_{1,N}^* = \frac{3\lambda(2-\delta) + T(2c_1 + c_2)}{2T(4-\delta)}, p_{2,N}^* = \frac{\lambda\delta(5-2\delta) + T(\delta c_1 + 2c_2)}{2T(4-\delta)}$$

$\lambda_1 = 0$ 和 $p_{2,N}^* < \delta p_{1,N}^*$ 得到满足的条件为：$c_2 < \delta[\lambda(1-\delta) + Tc_1]/T(2-\delta)$。

把 $p_{1,N}^*$、$p_{2,N}^*$ 代入 $q_{1,N}^*$、$q_{2,N}^*$ 可得绿色产品和普通产品的需求量为：

$$q_{1,N}^* = \frac{2\lambda(1-\delta) - T(2c_1 - \delta c_1 - c_2)}{2\lambda(1-\delta)(4-\delta)}, q_{2,N}^* = \frac{\lambda\delta(1-\delta) + T(\delta c_1 + \delta c_2 - 2c_2)}{2\lambda\delta(1-\delta)(4-\delta)}$$

通过对上述决策结果的分析，可得定理 4.2 和定理 4.3。

定理 4.2　无政府补贴且单一定价策略下，绿色消费者比例对批发价格、零售价格和市场需求量的影响如下：

$$\frac{\partial w_{1,N}^*}{\partial t_1} > 0, \frac{\partial w_{2,N}^*}{\partial t_1} > 0, \frac{\partial p_{1,N}^*}{\partial t_1} > 0, \frac{\partial p_{2,N}^*}{\partial t_1} > 0, \frac{\partial q_{1,N}^*}{\partial t_1} > 0, \frac{\partial q_{2,N}^*}{\partial t_1} < 0$$

定理 4.2 表明，绿色产品和普通产品的定价都与 t_1 呈正相关关系。因为绿色消费者对绿色产品和普通产品的估价大于普通产品对这两种产品的估价，因此当绿色消费者比例增大的时候，绿色产品和普通产品提高定价不会影响其产品的销量，所以两种产品的定价都随 t_1 增大而增大。

绿色产品的销量与 t_1 呈正相关关系，普通产品的销量与 t_1 呈负相关关系。很明显，绿色消费者比例的增加更有利于绿色产品的销售，由假设可知，只有绿色产品的定价合适，基本上所有的绿色消费者均会选择购买绿色产品。

定理 4.3　无政府补贴且单一定价策略下，普通消费者的消费水平对批发价格、零售价格和市场需求量的影响如下：

$$\frac{\partial w_{1,N}^*}{\partial \lambda} > 0, \frac{\partial w_{2,N}^*}{\partial \lambda} > 0, \frac{\partial p_{1,N}^*}{\partial \lambda} > 0, \frac{\partial p_{2,N}^*}{\partial \lambda} > 0, \frac{\partial q_{1,N}^*}{\partial \lambda} > 0, \frac{\partial q_{2,N}^*}{\partial \lambda} < 0$$

证明：由 $T = \lambda + t_2(1-\lambda)$ 有，$\frac{\partial w_{1,N}^*}{\partial \lambda} = \frac{2t_2(1-\delta)}{T^2(4-\delta)} > 0$，$\frac{\partial w_{2,N}^*}{\partial \lambda} = \frac{\delta t_2(1-\delta)}{T^2(4-\delta)} > 0$，

$\frac{\partial p_{1,N}^*}{\partial \lambda}=\frac{3t_2(2-\delta)}{2T^2(4-\delta)}>0$，$\frac{\partial p_{2,N}^*}{\partial \lambda}=\frac{\delta t_2(5-2\delta)}{2T^2(4-\delta)}>0$，$\frac{\partial q_{2,N}^*}{\partial \lambda}=-\frac{t_2(\delta c_1+\delta c_2-2c_2)}{2\lambda^2\delta(1-\delta)(4-\delta)}<0$，$\frac{\partial q_{2,N}^*}{\partial \lambda}=\frac{t_2(2c_1-\delta c_1-c_2)}{2\lambda^2(1-\delta)(4-\delta)}>0$。证毕。

定理 4.3 说明，绿色产品和普通产品的定价都与 λ 呈正相关关系，因为普通消费者消费水平的提高，意味着普通消费者对绿色产品和普通产品的估价在增大，所以两种产品的定价逐渐增大；绿色产品的市场需求量与 λ 呈正相关关系，普通产品的市场需求量与 λ 呈负相关关系，由假设可知，普通消费者对价格比较敏感，愿意购买普通产品，而随着消费水平的提高，普通消费者有足够的经济实力购买绿色产品，所以绿色产品的市场需求量逐渐增加，而普通产品的市场需求量逐渐降低。

定理 4.4 和定理 4.4 给出了无政府补贴且单一定价策略下，绿色产品和普通产品的市场竞争关系。

定理 4.4　绿色产品和普通产品的市场竞争关系如下：

(1) 当 $\delta \geqslant \frac{2\lambda-T(2c_1-c_2)}{2\lambda-Tc_1}$ 时，绿色产品的销量为零；

(2) 当 $\delta \leqslant \frac{2Tc_2-\lambda}{T(c_1+c_2)-\lambda}$ 时，普通产品的销量为零；

(3) 当 $\frac{2Tc_2-\lambda}{T(c_1+c_2)-\lambda} \leqslant \delta \leqslant \frac{2\lambda-T(2c_1-c_2)}{2\lambda-Tc_1}$ 时，两种产品均有销量产生。

证明：绿色产品有销量的条件为 $q_{1,N}^*>0$，只需要满足

$$2\lambda(1-\delta)-T(2c_1-\delta c_1-c_2)>0$$

可求得：$\delta<\frac{2\lambda-T(2c_1-c_2)}{2\lambda-Tc_1}$；同理可证当满足 $\frac{2Tc_2-\lambda}{T(c_1+c_2)-\lambda} \leqslant \delta \leqslant 1$ 时，可得(2)，由(1) 和(2) 证明可知(3) 成立。证毕。

定理 4.4 说明，相对于绿色产品的定价，当 $\delta \geqslant \frac{2\lambda-T(2c_1-c_2)}{2\lambda-Tc_1}$ 时，绿色产品制造商不再生产绿色产品，因为随着绿色产品生产成本的增加，绿色产品的零售价格也会越来越高，从而导致所有的消费者购买普通产品。

定理 4.5　当绿色消费者环保偏好满足 $0<\delta<\min\{\Gamma,1\}$ 时，$q_{1,N}^*>q_{2,N}^*$，否则 $q_{1,N}^* \leqslant q_{2,N}^*$，其中，$\Gamma=\frac{-b+\sqrt{b^2-4ac}}{2a}$。

证明：$q_{1,N}^*-q_{2,N}^*=\frac{a\delta^2+b\delta+c}{2\lambda\delta(1-\delta)(4-\delta)}$，其中，$a=-(2\lambda+Tc_1)$，$b=3(\lambda+Tc_1)$，$c=-(\lambda+2Tc_2)$，要使 $q_{1,N}^*-q_{2,N}^*>0$，只需要满足 $a\delta^2+b\delta+c>0$ 即可，由一元二

次函数的性质可知，即满足：

$$\frac{-b-\sqrt{b^2-4ac}}{2a}<\delta<\frac{-b+\sqrt{b^2-4ac}}{2a}$$

因为$\frac{-b-\sqrt{b^2-4ac}}{2a}<0$，所以只需满足$0<\delta<\max\{\Gamma,1\}$。证毕。

定理4.5说明，在消费者环保意识满足$0<\delta<\min\{\Gamma,1\}$时，绿色产品的市场需求量大于普通产品，此时最有利于绿色产品制造商的发展，该结论同样说明企业或者政府加强绿色产品的宣传工作、提高消费者的环保意识的重要性；定理4.5给出了市场中只有绿色消费者或普通消费者时，制造商和零售商的决策情况，以及他们之间的关系。

定理4.6 无政府补贴且单一定价策略下，当市场中只有绿色消费者时，即$t_1=1$，或当市场中只有普通消费者时，即$t_2=1$，制造商和零售商的决策为：

(1)$t_1=1$

$$w_{1,\mathrm{N}}^{t_1}=\frac{2(1-\delta)+(2c_1+c_2)}{(4-\delta)},w_{2,\mathrm{N}}^{t_1}=\frac{\delta(1-\delta)+(\delta c_1+2c_2)}{(4-\delta)}$$

$$p_{1,\mathrm{N}}^{t_1}=\frac{3(2-\delta)+(2c_1+c_2)}{2(4-\delta)},p_{2,\mathrm{N}}^{t_1}=\frac{\delta(5-2\delta)+(\delta c_1+2c_2)}{2(4-\delta)}$$

$$q_{1,\mathrm{N}}^{t_1}=\frac{2(1-\delta)-(2c_1-\delta c_1-c_2)}{2(1-\delta)(4-\delta)},q_{2,\mathrm{N}}^{t_1}=\frac{(1-\delta)+(\delta c_1+\delta c_2-2c_2)}{2\delta(1-\delta)(4-\delta)}$$

(2)$t_2=1$

$$w_{1,\mathrm{N}}^{t_2}=\frac{2\lambda(1-\delta)+(2c_1+c_2)}{(4-\delta)},w_{2,\mathrm{N}}^{t_2}=\frac{\lambda\delta(1-\delta)+(\delta c_1+2c_2)}{(4-\delta)}$$

$$p_{1,\mathrm{N}}^{t_2}=\frac{3\lambda(2-\delta)+(2c_1+c_2)}{2(4-\delta)},p_{2,\mathrm{N}}^{t_2}=\frac{\lambda\delta(5-2\delta)+(\delta c_1+2c_2)}{2(4-\delta)}$$

$$q_{1,\mathrm{N}}^{t_2}=\frac{2\lambda(1-\delta)-(2c_1-\delta c_1-c_2)}{2\lambda(1-\delta)(4-\delta)},q_{2,\mathrm{N}}^{t_2}=\frac{\lambda(1-\delta)+(\delta c_1+\delta c_2-2c_2)}{2\lambda\delta(1-\delta)(4-\delta)}$$

且满足：$w_{1,\mathrm{N}}^{t_2}<w_{1,\mathrm{N}}^{*}<w_{1,\mathrm{N}}^{t_1}$，$w_{2,\mathrm{N}}^{t_2}<w_{2,\mathrm{N}}^{*}<w_{2,\mathrm{N}}^{t_1}$；$p_{1,\mathrm{N}}^{t_2}<p_{1,\mathrm{N}}^{*}<p_{1,\mathrm{N}}^{t_1}$，$p_{2,\mathrm{N}}^{t_2}<p_{2,\mathrm{N}}^{*}<p_{2,\mathrm{N}}^{t_1}$；$q_{1,\mathrm{N}}^{t_2}<q_{1,\mathrm{N}}^{*}<q_{1,\mathrm{N}}^{t_1}$，$q_2^{\mathrm{N}t_1}<q_2^{\mathrm{N}}<q_2^{\mathrm{N}t_2}$。

证明：由上述结论可知$w_{1,\mathrm{N}}^{t_1}-w_{1,\mathrm{N}}^{*}=\frac{2(1-\delta)(T-\lambda)}{T(4-\delta)}$，因为$T-\lambda=t_2(1-\lambda)>0$，所以$w_{1,\mathrm{N}}^{t_1}-w_{1,\mathrm{N}}^{*}>0$。同样，$w_{1,\mathrm{N}}^{*}-w_{1,\mathrm{N}}^{t_2}=\frac{2\lambda(1-\delta)(1-T)}{T(4-\delta)}$，因为$1-T_2=$

$t_1(1-\lambda)>0$，所以 $w_{1,N}^{*}-w_{1,N}^{t_2}>0$。同理可证其他结论。证毕。

定理 4.6 说明，当 $t_1=1$ 时，即市场中只有绿色消费者，由绿色消费者的特征可知，绿色消费者对产品价格不敏感，且对产品的估价大于普通消费者，所以相对于 $t_2=1$ 的情况，在 $t_1=1$ 情况下绿色产品和普通产品的定价都较高，但是由于绿色消费者对绿色产品的估价大于对普通产品的估价，所以当市场中只有绿色消费者时，绿色产品的销量明显增加，因此绿色产品制造商利润在 $t_1=1$ 情况下最大。

相反，当 $t_2=1$ 时，市场中只有普通消费者，普通消费者受收入水平的影响，对产品的估价较低，所以导致了绿色产品和普通产品的定价都较低。从普通消费者的角度考虑，更愿意购买普通产品，所以相对于 $t_1=1$ 的情况，在 $t_2=1$ 情况下普通产品制造商的利润更高。所以，从环保的角度考虑，提高绿色消费者比例有利于增加绿色产品制造商的收入，从而提高绿色产品的市场占有量。而这需要依靠企业加强绿色产品的宣传工作，或者政府通过对绿色产品补贴提高绿色消费者比例。

(2) 歧视定价策略

歧视定价策略下，绿色消费者购买绿色产品的剩余为 $v-p_{11,N}$，绿色消费者购买普通产品的剩余为 $\delta v-p_{21,N}$；普通消费者购买绿色产品的剩余为 $\lambda v-p_{12,N}$，普通消费者购买普通产品的剩余为 $\lambda\delta v-p_{22,N}$。根据效用最大化原则，可得引理 4.2。

引理 4.2　歧视定价策略下，绿色产品和普通产品的需求量分别为：

$$q_{1M,N}=\sum_{m=1}^{2}t_m\Delta\left(1-\frac{p_{1m,N}-p_{2m,N}}{\lambda^{m-1}(1-\delta)}\right),q_{2M,N}=\sum_{m=1}^{2}t_m\Delta\left[\frac{\delta p_{1m,N}-p_{2m,N}}{\lambda^{m-1}\delta(1-\delta)}\right]$$

$$\text{s.t. } p_{2m,N}\leqslant\delta p_{1m,N}$$

引理 4.2 的证明同 2.1 节的研究。

由引理 4.2 可得绿色制造商、普通制造商和零售商的利润函数分别为：

$$\Pi_{1M,N}=(w_{12}^{N}-c_1)\sum_{m=1}^{2}t_m\left[1-\frac{p_{1m,N}-p_{2m,N}}{\lambda^{m-1}(1-\delta)}\right]\tag{4-4}$$

$$\Pi_{2M,N}=(w_{22}^{N}-c_2)\sum_{m=1}^{2}t_m\left[\frac{\delta p_{1m,N}-p_{2m,N}}{\lambda^{m-1}\delta(1-\delta)}\right]\tag{4-5}$$

$$\begin{aligned}\Pi_{rM,N}=&\sum_{m=1}^{2}t_m(p_{1m,N}-w_{12,N})\left[1-\frac{p_{1m,N}-p_{2m,N}}{\lambda^{m-1}(1-\delta)}\right]\\&+\sum_{m=1}^{2}t_m(p_{2m,N}-w_{22,N})\left[\frac{\delta p_{1m,N}-p_{2m,N}}{\lambda^{m-1}\delta(1-\delta)}\right]\end{aligned}\tag{4-6}$$

根据第二章的定理 2.2，模型(4－6)式的最大值就等于每个市场最大值之和，因此先求第 m 个市场的最优定价问题：

$$\Pi_{rm}^{N}=t_m(p_{1m,N}-w_{12,N})\left[1-\frac{p_{1m,N}-p_{2m,N}}{\lambda^{m-1}(1-\delta)}\right]+t_m(p_{2m,N}-w_{22,N})\left[\frac{\delta p_{1m,N}-p_{2m,N}}{\lambda^{m-1}\delta(1-\delta)}\right] \tag{4-7}$$

同定理 4.1 的证明，在(4－7)式中，目标函数的 Hessian 矩阵

$$H_2=\begin{bmatrix} -\dfrac{2t_m}{\lambda(1-\delta)} & \dfrac{2t_m}{\lambda(1-\delta)} \\ \dfrac{2t_m}{\lambda(1-\delta)} & -\dfrac{2t_m}{\lambda\delta(1-\delta)} \end{bmatrix}$$

H_2 的一阶顺序主子式 $D_3=-\dfrac{2t_m}{\lambda(1-\delta)}<0$，二阶顺序主子式 $D_4=\dfrac{4t_m{}^2}{\lambda^2\delta(1-\delta)^2}>0$，所以 Hessian 矩阵 H_2 为负定矩阵，(4－7)式关于 $p_{1m,N}$、$p_{2m,N}$ 是凹函数，同样通过构造(4－7)式的拉格朗日函数，并根据 Kuhn-Tucker 条件和 Stackelberg 博弈，可求得 $p_{1m,N}=(\lambda^{m-1}+w_{12,N})/2$，$p_{2m,N}=(\lambda^{m-1}\delta+w_{22,N})/2$，代入(4－4)式和(4－5)式后，根据 Nash 博弈，可求得绿色产品和普通产品的定价决策为：

$$w_{12,N}^{*}=\frac{2\lambda(1-\delta)+T(2c_1+c_2)}{T(4-\delta)},\ w_{22,N}^{*}=\frac{\lambda\delta(1-\delta)+T(\delta c_1+2c_2)}{T(4-\delta)}$$

上式分别代入 $p_{1m,N}$ 和 $p_{2m,N}$ 可得：

$$p_{1m,N}^{*}=\frac{2\lambda(1-\delta)+T[\lambda^{m-1}(4-\delta)+(2c_1+c_2)]}{2T(4-\delta)}$$

$$p_{2m,N}^{*}=\frac{\lambda\delta(1-\delta)+T[\lambda^{m-1}\delta(4-\delta)+(\delta c_1+2c_2)]}{2T(4-\delta)}$$

根据约束条件 $p_{2m,N}^{*}\leqslant\delta p_{1m,N}^{*}$，有：$c_2<\delta[\lambda(1-\delta)+Tc_1]/T(2-\delta)$。

把 $p_{1m,N}^{*}$、$p_{2m,N}^{*}$ 代入 $q_{1m,N}^{*}$、$q_{2m,N}^{*}$ 可得，第 m 市场绿色产品和普通产品的市场需求量为：

$$q_{1m,\mathrm{N}}^{*}=\frac{t_m[2\lambda^{m-1}(1-\delta)-(2c_1-\delta c_1-c_2)]}{2\lambda^{m-1}(1-\delta)(4-\delta)},$$

$$q_{2m,\mathrm{N}}^{*}=\frac{t_m[\lambda^{m-1}\delta(1-\delta)+(\delta c_1+\delta c_2-2c_2)]}{2\lambda^{m-1}\delta(1-\delta)(4-\delta)}$$

可求得绿色产品和普通产品的总需求量为：

$$q_{12,\mathrm{N}}^{*}=\frac{2\lambda(1-\delta)-T(2c_1-\delta c_1-c_2)}{2\lambda(1-\delta)(4-\delta)},q_{22,\mathrm{N}}^{*}=\frac{\lambda\delta(1-\delta)+T(\delta c_1+\delta c_2-2c_2)}{2\lambda\delta(1-\delta)(4-\delta)}$$

根据上述计算结果，可以得出单一定价和歧视定价策略下产品定价和需求量存在以下大小关系：

定理 4.7　两种定价策略下，产品定价和需求量满足以下关系：

(1) $w_{1,\mathrm{N}}^{*}=w_{12,\mathrm{N}}^{*},w_{2,\mathrm{N}}^{*}=w_{22,\mathrm{N}}^{*}$

(2) $p_{12,\mathrm{N}}^{*}\leqslant p_{1,\mathrm{N}}^{*}\leqslant p_{11,\mathrm{N}}^{*},p_{22,\mathrm{N}}^{*}\leqslant p_{2,\mathrm{N}}^{*}\leqslant p_{21,\mathrm{N}}^{*}$

(3) $q_{1,\mathrm{N}}^{*}=q_{12,\mathrm{N}}^{*},q_{2,\mathrm{N}}^{*}=q_{22,\mathrm{N}}^{*}$

证明：(1) 和(3) 的结果由上述计算结果直接观察可得，现证明(2)，由上述结果有：$p_{11,\mathrm{N}}^{*}-p_{1,\mathrm{N}}^{*}=\frac{T-\lambda}{2T}$，$p_{12,\mathrm{N}}^{*}-p_{1,\mathrm{N}}^{*}=\frac{\lambda(T-1)}{2T}$，因为 $\lambda\leqslant T\leqslant 1$，所以 $p_{11,\mathrm{N}}^{*}-p_{1,\mathrm{N}}^{*}\geqslant 0$，$p_{12,\mathrm{N}}^{*}-p_{1,\mathrm{N}}^{*}<0$。证毕。

定理 4.7 的结论和第二章的研究结果相同，说明单一价格策略采取适中价格，基本上能够做到供求双方都比较单一；而歧视定价策略，针对不同用户的支付能力，制定了不同的定价，从而使各类用户都能购买该商品，最大化地占有消费者剩余，是一种以客户为核心的定价策略。

4.3　政府补贴下的定价决策模型

4.3.1　补贴给绿色产品制造商的定价决策模型

补贴给绿色产品制造商情况下绿色供应链的结构如图 4-2 所示，该补贴策略下，绿色产品制造商生产单位产品获得的利润为 $w_{1,\mathrm{G}}-c_1+s$，由于政府的补贴没有影响消费者的剩余，因此，单一定价和歧视定价策略下，绿色产品和普通产品的需求量同引理 4.1 和引理 4.2，即 $q_{1,\mathrm{G}}=q_{1,\mathrm{N}}$，$q_{2,\mathrm{G}}=q_{2,\mathrm{N}}$，$q_{12,\mathrm{G}}=q_{12,\mathrm{N}}$，$q_{22,\mathrm{G}}=q_{22,\mathrm{N}}$。

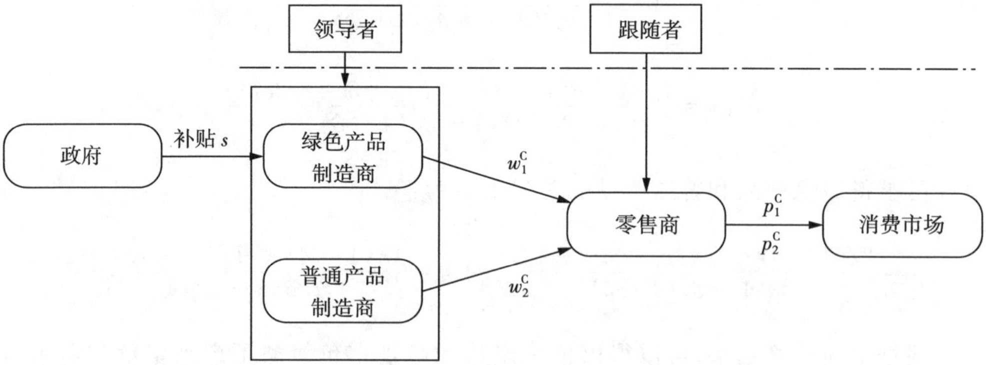

图 4-2 补贴给绿色产品制造商时绿色供应链的结构

(1) 单一定价策略

该定价策略下,绿色产品和普通产品的需求量同无政府补贴的情形,有:

$$q_{1,G}=1-\frac{T(p_{1,G}-p_{2,G})}{\lambda(1-\delta)},q_{2,G}=\frac{T(\delta p_{1,G}-p_{2,G})}{\lambda\delta(1-\delta)}$$

$$\text{s. t. } p_{2,G}\leqslant\delta p_{1,G}$$

由上述分析,可得绿色制造商、普通制造商和零售商的利润函数分别为:

$$\Pi_{1,G}=(w_{1,G}-c_1+s)q_{1,G}\tag{4-8}$$

$$\Pi_{2,G}=(w_{2,G}-c_2)q_{2,G}\tag{4-9}$$

$$\Pi_{r,G}=(p_{1,G}-w_{1,G})q_{1,G}+(p_{2,G}-w_{2,G})q_{2,G}\tag{4-10}$$

同无政府补贴的情况,根据 Kuhn-Tucker 条件和 Stackelberg-Nash 博弈进行求解,可得政府补贴给绿色产品制造商情况下,绿色产品制造商、普通产品制造商和零售商的定价决策为:

$$w_{1,G}^*=\frac{2\lambda(1-\delta)+T(2c_1+c_2-2s)}{T(4-\delta)},w_{2,G}^*=\frac{\lambda\delta(1-\delta)+T(\delta c_1+2c_2-\delta s)}{T(4-\delta)}$$

$$p_{1,G}^*=\frac{3\lambda(2-\delta)+T(2c_1+c_2-2s)}{2T(4-\delta)},p_{2,G}^*=\frac{\lambda\delta(5-2\delta)+T(\delta c_1+2c_2-\delta s)}{2T(4-\delta)}$$

根据约束条件 $p_{2,G}^*\leqslant\delta p_{1,G}^*$,有:$c_2<\delta[\lambda(1-\delta)+T(c_1-s)]/T(2-\delta)$。

从而可得绿色产品和普通产品的需求量为:

$$q_{1,G}^*=\frac{2\lambda(1-\delta)-T(2c_1-\delta c_1-c_2-2s+\delta s)}{2\lambda(1-\delta)(4-\delta)},$$

$$q_{2,\mathrm{G}}^{*}=\frac{\lambda(1-\delta)+T(\delta c_1+\delta c_2-2c_2-\delta s)}{2\lambda\delta(1-\delta)(4-\delta)}$$

政府补贴系数对批发价格、零售价格以及市场需求量的影响，见定理4.8。

定理4.8　政府补贴给绿色产品制造商且单一定价策略下，政府补贴系数对批发价格、零售价格和市场需求量的影响如下：

$$\frac{\partial w_{1,\mathrm{G}}^{*}}{\partial s}<0,\frac{\partial w_{2,\mathrm{G}}^{*}}{\partial s}<0,\frac{\partial p_{1,\mathrm{G}}^{*}}{\partial s}<0,\frac{\partial p_{2,\mathrm{G}}^{*}}{\partial s}<0,\frac{\partial q_{1,\mathrm{G}}^{*}}{\partial s}>0,\frac{\partial q_{2,\mathrm{G}}^{*}}{\partial s}<0$$

定理4.8说明，政府补贴给绿色产品制造商情况下，绿色产品和普通产品的定价都与s呈负相关关系。因为随着政府补贴的增大，绿色产品制造商选择继续降低价格分摊政府的补贴，从而提高其产品的市场占有率，而普通产品为了适应市场环境，只能选择降低价格来增强其竞争力。

绿色产品的需求量与s呈正相关关系，普通产品的需求量与s呈负相关关系。因为绿色产品的定价随着s的增大逐渐降低，所以市场需求量也逐渐增加，而普通产品虽然也采取了降价策略，但是缺乏资金支持，其产品只能逐渐被市场淘汰。

(2) 歧视定价策略

同样地，歧视定价策略下，绿色产品和普通产品的需求量同无政府补贴的情形，有：

$$q_{1M,\mathrm{G}}=\sum_{m=1}^{2}t_m\Delta\left(1-\frac{p_{1m,\mathrm{G}}-p_{2m,\mathrm{G}}}{\lambda^{m-1}(1-\delta)}\right),q_{2M,\mathrm{G}}=\sum_{m=1}^{2}t_m\Delta\left[\frac{\delta p_{1m,\mathrm{G}}-p_{2m,\mathrm{G}}}{\lambda^{m-1}\delta(1-\delta)}\right]$$

$$\text{s. t. } p_{2m,\mathrm{G}}\leqslant\delta p_{1m,\mathrm{G}}$$

由上述分析，可得绿色制造商、普通制造商和零售商的利润函数分别为：

$$\Pi_{1M,\mathrm{G}}=(w_{12,\mathrm{G}}-c_1+s)\sum_{m=1}^{2}t_m\left[1-\frac{p_{1m,\mathrm{G}}-p_{2m,\mathrm{G}}}{\lambda^{m-1}(1-\delta)}\right]\tag{4-11}$$

$$\Pi_{2M,\mathrm{G}}=(w_{22,\mathrm{G}}-c_2)\sum_{m=1}^{2}t_m\left[\frac{\delta p_{1m,\mathrm{G}}-p_{2m,\mathrm{G}}}{\lambda^{m-1}\delta(1-\delta)}\right]\tag{4-12}$$

$$\Pi_{rM,\mathrm{G}}=\sum_{m=1}^{2}t_m(p_{1m,\mathrm{G}}-w_{12,\mathrm{G}})\left[1-\frac{p_{1m,\mathrm{G}}-p_{2m,\mathrm{G}}}{\lambda^{m-1}(1-\delta)}\right]+\sum_{m=1}^{2}t_m(p_{2m,\mathrm{G}}-w_{22,\mathrm{G}})\left[\frac{\delta p_{1m,\mathrm{G}}-p_{2m,\mathrm{G}}}{\lambda^{m-1}\delta(1-\delta)}\right]\tag{4-13}$$

同样地，根据定理2.2，模型(4-13)式的最大值就等于每个市场最大值之和，因此先求第m市场的最优定价问题，根据Kuhn-Tucker条件和Stackelberg-Nash

博弈进行求解，可求得绿色产品和普通产品的定价决策为：

$$w_{12,G}^{*}=\frac{2\lambda(1-\delta)+T(2c_1+c_2-2s)}{T(4-\delta)},w_{22,G}^{*}=\frac{\lambda\delta(1-\delta)+T(\delta c_1+2c_2-\delta s)}{T(4-\delta)}$$

$$p_{1m,G}^{*}=\frac{2\lambda(1-\delta)+T[\lambda^{m-1}(4-\delta)+(2c_1+c_2)-2s]}{2T(4-\delta)}$$

$$p_{2m,G}^{*}=\frac{\lambda\delta(1-\delta)+T[\lambda^{m-1}\delta(4-\delta)+(\delta c_1+2c_2)-\delta s]}{2T(4-\delta)}$$

根据约束条件 $p_{2m,G}^{*}\leqslant\delta p_{1m,G}^{*}$，有：$c_2<\delta[\lambda(1-\delta)+T(c_1-s)]/T(2-\delta)$。

第 m 市场绿色产品和普通产品的市场需求量为：

$$q_{1m,G}^{*}=\frac{t_m[2\lambda^{m-1}(1-\delta)-(2c_1-\delta c_1-c_2-2s+\delta s)]}{2\lambda^{m-1}(1-\delta)(4-\delta)}$$

$$q_{2m,G}^{*}=\frac{t_m[\lambda^{m-1}\delta(1-\delta)+(\delta c_1+\delta c_2-2c_2-\delta s)]}{2\lambda^{m-1}\delta(1-\delta)(4-\delta)}$$

可求得绿色产品和普通产品的总需求量为：

$$q_{12,G}^{*}=\frac{2\lambda(1-\delta)-T(2c_1-\delta c_1-c_2-2s+\delta s)}{2\lambda(1-\delta)(4-\delta)}$$

$$q_{22,G}^{*}=\frac{\lambda(1-\delta)+T(\delta c_1+\delta c_2-2c_2-\delta s)}{2\lambda\delta(1-\delta)(4-\delta)}$$

根据上述计算结果，可以得出单一定价策略和歧视定价策略下的定价和需求量存在以下大小关系：

定理 4.9 两种定价策略下，产品定价和需求量满足以下关系：

(1) $w_{1,G}^{*}=w_{12,G}^{*}$，$w_{2,G}^{*}=w_{22,G}^{*}$。

(2) $p_{12,G}^{*}\leqslant p_{1,G}^{*}\leqslant p_{11,G}^{*}$，$p_{22,G}^{*}\leqslant p_{2,G}^{*}\leqslant p_{21,G}^{*}$。

(3) $q_{1,G}^{*}=q_{12,G}^{*}$，$q_{2,G}^{*}=q_{22,G}^{*}$。

证明同定理 4.7。证略

4.3.2 补贴给绿色消费者的定价决策模型

补贴给绿色消费者情况下绿色供应链的结构如图 4-3 所示。

(1) 单一定价策略

单一定价策略下，绿色消费者购买绿色产品的消费盈余为 $v-p_{1,C}+s$，绿色消费者购买普通产品的消费盈余为 $\delta v-p_{2,C}$；普通消费者购买绿色产品的消费盈余

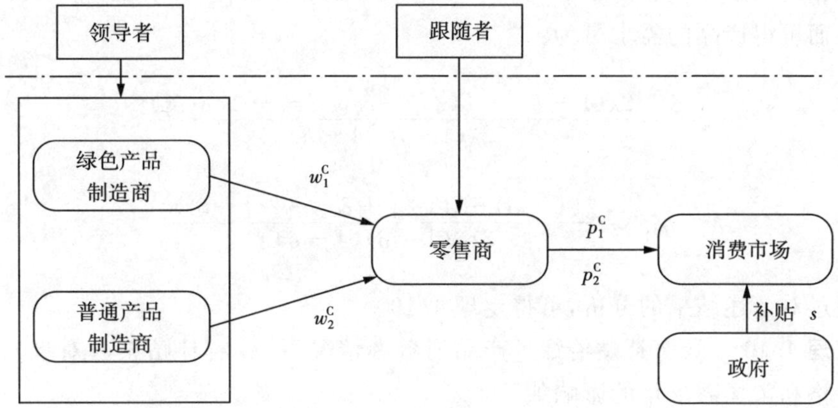

图 4-3　补贴给绿色产品消费者时绿色供应链的结构

为 $\lambda v-p_{1,\mathrm{C}}+s$，普通消费者购买普通产品的消费盈余为 $\lambda\delta v-p_{1,\mathrm{C}}$。根据效用最大化原则，可得引理 4.3。

引理 4.3　政府补贴给消费者情况下，由于政府的补贴增加了消费者剩余，所以绿色产品和普通产品的需求量分别为：

$$q_{1,\mathrm{C}}=1-\frac{T(p_{1,\mathrm{C}}-p_{2,\mathrm{C}}-s)}{\lambda(1-\delta)},q_{2,\mathrm{C}}=\frac{T(\delta p_{1,\mathrm{C}}-p_{2,\mathrm{C}}-\delta s)}{\lambda\delta(1-\delta)}$$

$$\text{s.t. } p_{2,\mathrm{C}}\leqslant\delta p_{1,\mathrm{C}}$$

引理 4.3 的证明同 2.1 节的研究。

由引理 4.3 可得绿色制造商、普通制造商和零售商利润函数分别为：

$$\Pi_{1,\mathrm{C}}=(w_{1,\mathrm{C}}-c_1)q_{1,\mathrm{C}} \tag{4-14}$$

$$\Pi_{2,\mathrm{C}}=(w_{2,\mathrm{C}}-c_2)q_{2,\mathrm{C}} \tag{4-15}$$

$$\Pi_{r,\mathrm{C}}=(p_{1,\mathrm{C}}-w_{1,\mathrm{C}})q_{1,\mathrm{C}}+(p_{2,\mathrm{C}}-w_{2,\mathrm{C}})q_{2,\mathrm{C}} \tag{4-16}$$

同无政府补贴的情况，根据 Kuhn-Tucker 条件和 Stackelberg-Nash 博弈进行求解，可得政府补贴给绿色产品消费者情况下，绿色产品制造商、普通产品制造商和零售商的定价决策为：

$$w_{1,\mathrm{C}}^*=\frac{2\lambda(1-\delta)+T(2c_1+c_2-\delta s+2s)}{T(4-\delta)},w_{2,\mathrm{C}}^*=\frac{\lambda\delta(1-\delta)+T(\delta c_1+2c_2-\delta s)}{T(4-\delta)}$$

$$p_{1,\mathrm{C}}^*=\frac{3\lambda(2-\delta)+T(2c_1+c_2+6s-2\delta s)}{2T(4-\delta)},p_{2,\mathrm{C}}^*=\frac{\lambda\delta(5-2\delta)+T(\delta c_1+2c_2-\delta s)}{2T(4-\delta)}$$

根据约束条件 $p_{2,\mathrm{C}}^{*} \leqslant \delta p_{1,\mathrm{C}}^{*}$，有：$c_2 < \delta[\lambda(1-\delta)+T_2(c_1+7s-2\delta s)]/T_2(2-\delta)$。从而可得产品的需求量为：

$$q_{1,\mathrm{C}}^{*}=\frac{2\lambda(1-\delta)-T(2c_1-\delta c_1-c_2-2s+\delta s)}{2\lambda(1-\delta)(4-\delta)},$$

$$q_{2,\mathrm{C}}^{*}=\frac{\lambda(1-\delta)+T(\delta c_1+\delta c_2-2c_2-\delta s)}{2\lambda\delta(1-\delta)(4-\delta)}$$

通过对上述结果的分析，可得定理 4.10。

定理 4.10　政府补贴给绿色产品消费者情况下，政府补贴系数对批发价格、零售价格和市场需求量的影响如下：

$$\frac{\partial w_{1,\mathrm{C}}}{\partial s}>0,\frac{\partial w_{1,\mathrm{C}}}{\partial s}<0,\frac{\partial p_{1,\mathrm{C}}}{\partial s}>0,\frac{\partial p_{1,\mathrm{C}}}{\partial s}<0,\frac{\partial q_{1,\mathrm{C}}}{\partial s}>0,\frac{\partial q_{2,\mathrm{C}}}{\partial s}<0$$

定理 4.10 说明，政府补贴给绿色产品消费者情况下，绿色产品的定价与 s 呈正相关关系，普通产品的定价与 s 呈负相关关系。很明显，绿色产品制造商是通过提高批发价格分享政府的补贴，普通产品制造商为提高竞争力，只能选择降价策略。政府补贴给绿色产品消费者同样有利于提高绿色产品的市场占有率。

(2) 歧视定价策略

歧视定价策略下，绿色产品消费者购买绿色产品的剩余为 $v-p_{11,\mathrm{C}}^{*}+s$，绿色产品消费者购买普通产品的剩余为 $\delta v-p_{21,\mathrm{C}}^{*}$；普通产品消费者购买绿色产品的剩余为 $\lambda v-p_{12,\mathrm{C}}^{*}+s$，普通产品消费者购买普通产品的剩余为 $\lambda\delta v-p_{22,\mathrm{C}}^{*}$。根据效用最大化原则，可得引理 4.4。

引理 4.4　政府补贴给消费者情况下，由于政府的补贴增加了消费者剩余，所以绿色产品和普通产品的需求量分别为：

$$q_{1M,\mathrm{C}}=\sum_{m=1}^{2}t_m\Delta\left(1-\frac{p_{1m,\mathrm{C}}-p_{2m,\mathrm{C}}-s}{\lambda^{m-1}(1-\delta)}\right),q_{2M,\mathrm{C}}=\sum_{m=1}^{2}t_m\Delta\left[\frac{\delta p_{1m,\mathrm{C}}-p_{2m,\mathrm{C}}-\delta s}{\lambda^{m-1}\delta(1-\delta)}\right]$$

$$\text{s.t. } p_{2m,\mathrm{C}}\leqslant\delta p_{1m,\mathrm{C}}$$

引理 4.4 的证明同 2.1 节的研究。

由引理 4.4 可得绿色制造商、普通制造商和零售商利润函数分别为：

$$\Pi_{1M,\mathrm{C}}=(w_{12,\mathrm{C}}-c_1)\sum_{m=1}^{2}t_m\left[1-\frac{p_{1m,\mathrm{C}}-p_{2m,\mathrm{C}}-s}{\lambda^{m-1}(1-\delta)}\right] \tag{4-17}$$

$$\Pi_{2M,C}=(w_{22,C}-c_2)\sum_{m=1}^{2}t_m\left[\frac{\delta p_{1m,C}-p_{2m,C}-\delta s}{\lambda^{m-1}\delta(1-\delta)}\right] \tag{4-18}$$

$$\Pi_{rM,C}=\sum_{m=1}^{2}t_m(p_{1m,C}-w_{12,C})\left[1-\frac{p_{1m,C}-p_{2m,C}-s}{\lambda^{m-1}(1-\delta)}\right]$$

$$+\sum_{m=1}^{2}t_m(p_{2m,C}-w_{22}^{C})\left[\frac{\delta p_{1m,C}-p_{2m,C}-\delta s}{\lambda^{m-1}\delta(1-\delta)}\right] \tag{4-19}$$

同样地，根据定理 2.2，模型(4 - 19) 式的最大值就等于每个市场最大值之和，因此先求第 m 个市场的最优定价问题，根据 Kuhn-Tucker 条件和 Stackelberg-Nash 博弈进行求解，可求得绿色产品和普通产品的定价决策为：

$$w_{12,C}^{*}=\frac{2\lambda(1-\delta)+T(2c_1+c_2-\delta s+2s)}{T(4-\delta)},w_{22,C}^{*}=\frac{\lambda\delta(1-\delta)+T(\delta c_1+2c_2-\delta s)}{T(4-\delta)}$$

$$p_{1M,C}^{*}=\frac{2\lambda(1-\delta)+T[\lambda^{m-1}(4-\delta)+(2c_1+c_2)+6s-2\delta s]}{2T(4-\delta)}$$

$$p_{2m,C}^{*}=\frac{\lambda\delta(1-\delta)+T[\lambda^{m-1}\delta(4-\delta)+(\delta c_1+2c_2)-\delta s]}{2T(4-\delta)}$$

由约束条件 $p_{2m,C}^{*}\leqslant\delta p_{1M,C}^{*}$，有：$c_2<\delta[\lambda(1-\delta)+T(c_1+7s-2\delta s)]/T(2-\delta)$。

第 m 市场绿色产品和普通产品的市场需求量为：

$$q_{1m,C}^{*}=\frac{t_m[2\lambda^{m-1}(1-\delta)-(2c_1-\delta c_1-c_2+2s-\delta s)]}{2\lambda^{m-1}(1-\delta)(4-\delta)}$$

$$q_{2m,C}^{*}=\frac{t_m[\lambda^{m-1}\delta(1-\delta)+(\delta c_1+\delta c_2-2c_2-\delta s)]}{2\lambda^{m-1}\delta(1-\delta)(4-\delta)}$$

可求得绿色产品和普通产品的总需求量为：

$$q_{12,C}^{*}=\frac{2\lambda(1-\delta)-T(2c_1-\delta c_1-c_2+2s-\delta s)}{2\lambda(1-\delta)(4-\delta)}$$

$$q_{22,C}^{*}=\frac{\lambda(1-\delta)+T(\delta c_1+\delta c_2-2c_2-\delta s)}{2\lambda\delta(1-\delta)(4-\delta)}$$

根据上述计算结果，可以得出单一定价策略和歧视定价策略下的定价和需求量存在以下大小关系：

定理 4.11　两种定价策略下，产品定价和需求量满足以下关系：

(1) $w_{1,C}^{*}=w_{12,C}^{*}$，$w_{2,C}^{*}=w_{22,C}^{*}$。

(2) $p_{12,C}^{*}\leqslant p_{1,C}^{*}\leqslant p_{11,C}^{*}$，$p_{22,C}^{*}\leqslant p_{2,C}^{*}\leqslant p_{21,C}^{*}$。

(3)$q_{1,C}^{*}=q_{12,C}^{*},q_{2,C}^{*}=q_{22,C}^{*}$。

证明同定理 4.7。证略。

4.4 结果比较

通过对三种补贴策略下定价、需求量及利润的分析，有定理 4.12。

定理 4.12 无政府补贴、补贴给绿色产品制造商、补贴给绿色产品消费者三种情况下批发价格、零售价格和需求量和的比较如下：

(1) 单一定价策略

$$w_{1,G}^{*}<w_{1,N}^{*}<w_{1,C}^{*},w_{2,C}^{*}=w_{2,G}^{*}<w_{2,N}^{*},p_{1,G}^{*}<p_{1,N}^{*}<p_{1,C}^{*},p_{2,G}^{*}=p_{2,C}^{*}<p_{2,N}^{*}$$

$$q_{1,N}^{*}<q_{1,G}^{*}=q_{1,C}^{*},q_{2,G}^{*}=q_{2,C}^{*}<q_{2,N}^{*}$$

(2) 歧视定价策略

$$w_{12,G}^{*}<w_{12,N}^{*}<w_{12,C}^{*},w_{22,C}^{*}=w_{22,G}^{*}<w_{22,N}^{*},p_{11,G}^{*}<p_{11,N}^{*}<p_{11,C}^{*},$$

$$p_{12,G}^{*}<p_{12,N}^{*}<p_{12,C}^{*}$$

$$p_{21,G}^{*}=p_{21,C}^{*}<p_{21,N}^{*},p_{22,G}^{*}=p_{22,C}^{*}<p_{22,N}^{*},q_{12,N}^{*}<q_{12,G}^{*}=q_{12,C}^{*},$$

$$q_{22,G}^{*}=q_{22,C}^{*}<q_{22,N}^{*}$$

证明：单一定价策略下有：

$$w_{1,C}^{*}-w_{1,N}^{*}=\frac{s(2-\delta)}{4-\delta}\geqslant 0,w_{1,N}^{*}-w_{1,G}^{*}=\frac{2s}{4-\delta}\geqslant 0$$

$$w_{2,N}^{*}-w_{2,G}^{*}=\frac{\delta s}{4-\delta}\geqslant 0,w_{2,G}^{*}-w_{2,G}^{*}=\frac{\lambda\delta(1-\delta)+T(\delta c_1+2c_2-\delta s)}{T(4-\delta)}$$

$$p_{1,C}^{*}-p_{1,N}^{*}=\frac{s(3-\delta)}{4-\delta}\geqslant 0,p_{1,N}^{*}-p_{1,G}^{*}=\frac{s}{4-\delta}\geqslant 0$$

$$p_{2,N}^{*}-p_{2,C}^{*}=\frac{\delta s}{2(4-\delta)}\geqslant 0,p_{2,G}^{*}=p_{2,C}^{*}=\frac{\lambda\delta(5-2\delta)+T(\delta c_1+2c_2-\delta s)}{2T(4-\delta)}$$

$$q_{1,G}^{*}-q_{1,N}^{*}=\frac{sT(2-\delta)}{2\lambda(1-\delta)(4-\delta)}\geqslant 0,$$

$$q_{1,G}^{*}=q_{1,C}^{*}=\frac{2\lambda(1-\delta)-T(2c_1-\delta c_1-c_2-2s+\delta s)}{2\lambda(1-\delta)(4-\delta)}$$

$$q_{2,\mathrm{N}}^{*}-q_{2,\mathrm{C}}^{*}=\frac{Ts}{2\lambda(1-\delta)(4-\delta)}\geqslant 0,$$

$$q_{2,\mathrm{G}}^{*}=q_{2,\mathrm{C}}^{*}=\frac{\lambda(1-\delta)+T(\delta c_{1}+\delta c_{2}-2c_{2}-\delta s)}{2\lambda\delta(1-\delta)(4-\delta)}$$

同理可证歧视定价策略下的结论。证毕。

定理 4.12 说明，政府补贴给绿色产品制造商情况时绿色产品的定价最小，无政府补贴次之，补贴给绿色产品消费者情况下最大，而且无论制造商补贴绿色产品制造商还是消费者，绿色产品和普通产品的需求量都没有变化，普通产品的批发价格也没有变化，但是均小于无政府补贴的批发价格；政府补贴给绿色产品制造商时，制造商通过降低批发价格分享政府的补贴；政府补贴给消费者时，制造商通过提高批发价格转移政府的补贴；政府补贴情况下，绿色产品的需求量大于无政府补贴时的需求量，普通产品的需求量最小，由此可见政府的补贴降低了普通产品的市场需求量。

由此可见，政府在对新能源汽车进行补贴时，补贴给制造商和消费者不影响新能源汽车的市场需求量，而补贴给消费者可以增加消费者的剩余，增强了消费者购买的欲望。如果制造商能根据细分的消费者市场，进行精准营销，无疑能增加新能源汽车的市场份额。

4.5　数值算例

上述构建了三种补贴模式下绿色供应链的定价决策模型，给出了三种补贴模式下的均衡解，分析了消费者偏好及政府补贴对于决策的影响，为验证模型的有效性，现引入数值算例，直观地分析三种补贴模式下消费者环保意识和政府补贴系数对决策的影响。模型中的参数取值如下：$c_1=0.15$，$c_2=0.02$，$t_1=t_2=0.5$，$\lambda=0.5$。

(1) 无政府补贴的情形

δ以 0.1 为步长从 0.1 到 0.9 变化，图 4-4 显示，随着δ的逐渐增加，绿色产品的批发价格随之降低，普通产品的批发价格随之增加，且两种定价策略下产品的批发价格不变。随着δ值的增强，消费者的环保意识逐渐降低，意味着消费者对普通产品的支付意愿增强，又因为普通产品的价格低于绿色产品，此时绿色产品制造商选择降价销售，普通产品制造商则逐渐提高普通产品的价格。

图 4-5 显示，随着δ的逐渐增加，绿色产品的零售价格随之降低，普通产品的零售价格随之增加，且单一定价策略下，绿色产品和普通产品的定价介于歧视定价之间，充分体现了歧视定价策略是以顾客为核心，根据消费者的需求价格弹性，制

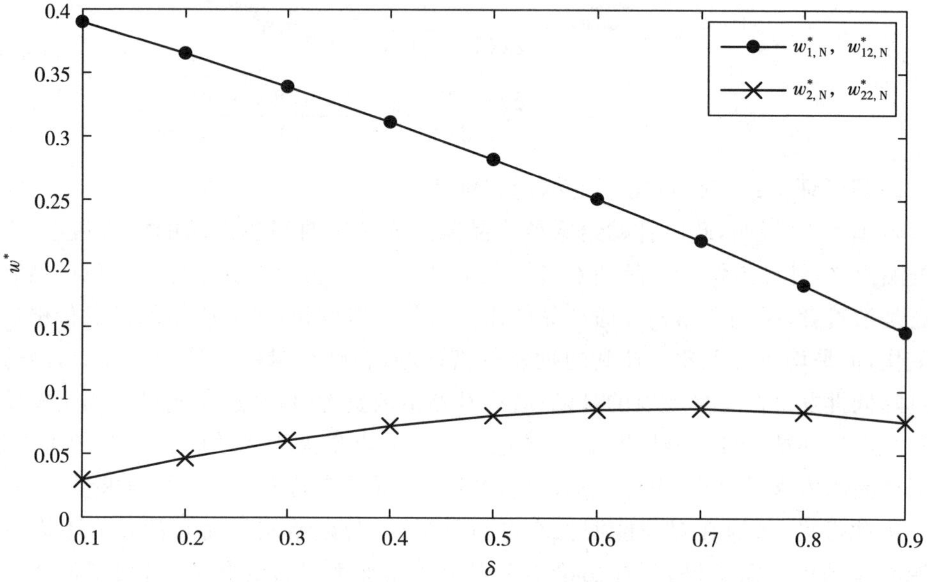

图 4-4　无政府补贴下消费者环保意识对批发价格的影响

定不同的价格，在实行高价格的市场上获得超额利润。同样地，随着 δ 值的增加，消费者的环保意识逐渐降低，此时，消费者对普通产品的支付意愿增强，绿色产品制造商选择降价销售，普通产品制造商则逐渐提高普通产品的价格。

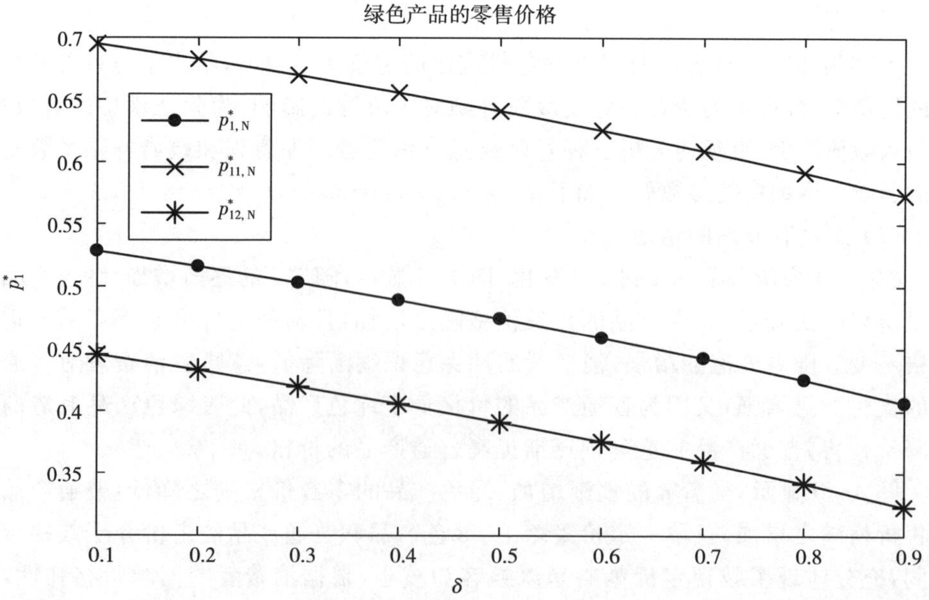

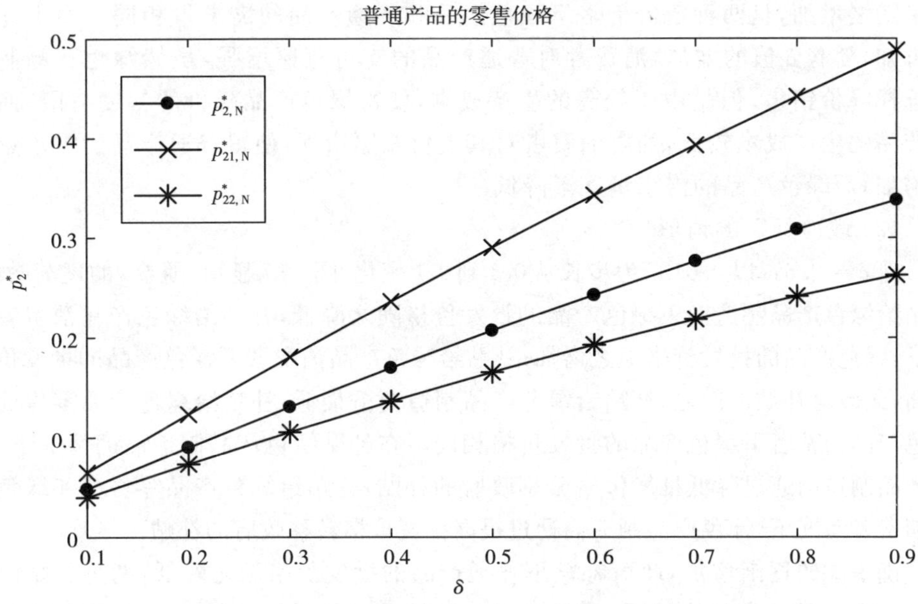

图 4－5　无政府补贴下消费者环保意识对零售价格的影响

图 4－6 显示，随着 δ 的逐渐增加，绿色产品的需求量随之降低，普通产品的需

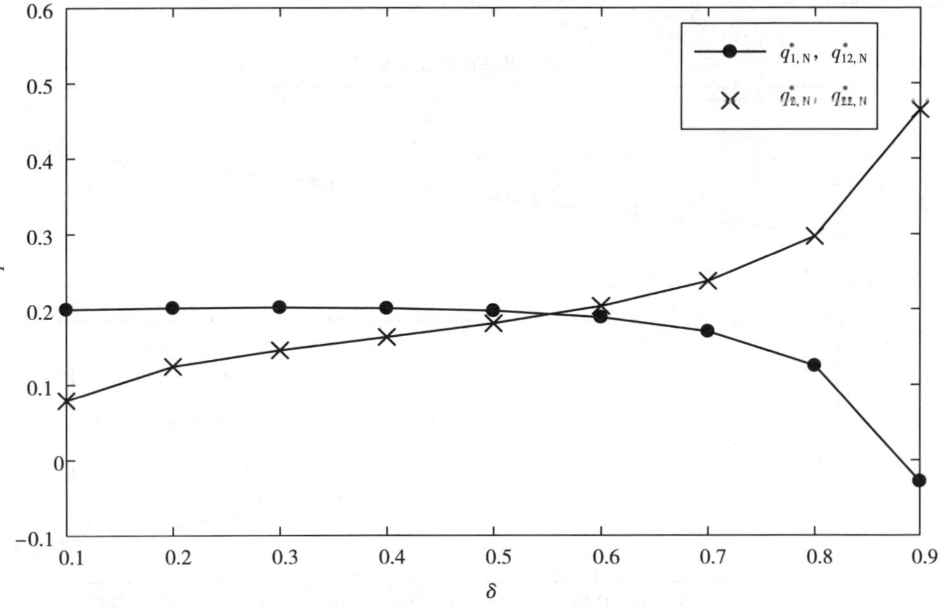

图 4－6　无政府补贴下消费者环保意识对需求量的影响

求量随之增加，且两种定价策略下绿色产品和普通产品的需求量相同。由上述分析可知，随着 δ 值的增加，消费者对普通产品的支付意愿增强，虽然绿色产品制造商选择降价销售，但是由于较高的生产成本，使得绿色产品降价的幅度有限，而普通产品的生产成本较低，加之消费者对其支付意愿增强，使得普通产品的需求量随之增加，而绿色产品的需求量逐渐降低。

(2) 政府补贴的情形

令 $\delta=0.5$，s 以 0.0125 为步长从 0.1 到 0.2 变化，图 4-7 显示，随着 s 的逐渐增加，补贴给绿色产品制造商下绿色产品的批发价格随之降低，补贴给绿色产品消费者情况下，绿色产品的批发价格随之增加；补贴给绿色产品消费者下绿色产品的批发价格最高，无政府补贴下次之，补贴给绿色产品制造商下最低；补贴给绿色产品零售商和绿色产品消费者下绿色产品的批发价格相同。在补贴绿色产品制造商的情况下，绿色产品制造商通过降低批发价格分享政府的补贴，补贴给绿色产品零售商和绿色产品消费者情况下，绿色产品制造商通过提高批发价格转移政府的补贴。

随着 s 的逐渐增加，政府补贴下普通产品的批发价格随之降低，两种补贴模式下普通产品的批发价格相同，且低于无政府补贴下的批发价格。由于政府的补贴只针对绿色产品，因此政府的不同的补贴模式下普通产品的批发价格相同，且通过降低普通产品的批发价格提高其在市场中的竞争力。由于零售商采取歧视定价策略，产品的批发价格在两种定价策略下相同。

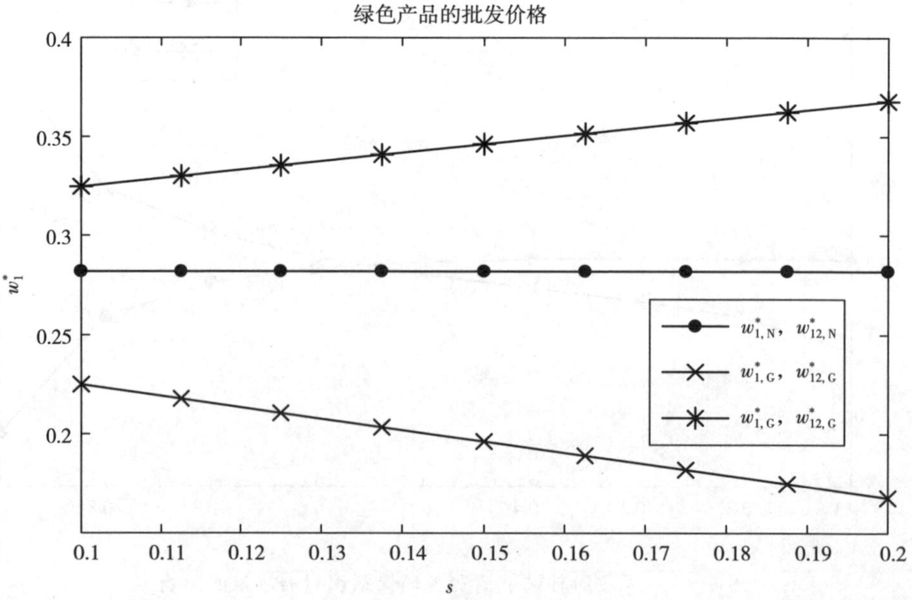

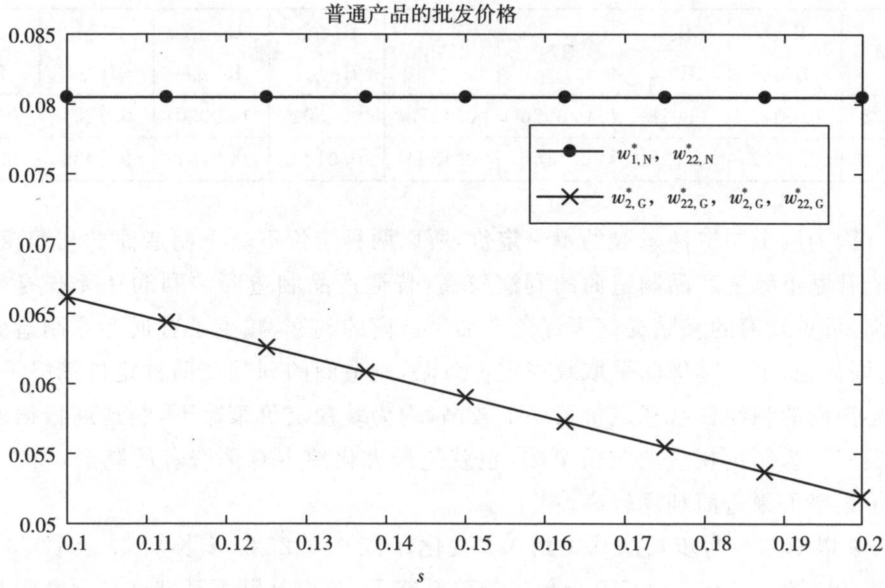

图 4-7　补贴系数对批发价格的影响

表 4-1 显示，随着 δ 的逐渐增加，绿色产品制造商的利润随之降低，普通产品制造商的利润随之增加。根据图 4-4、图 4-5 和图 4-6 的结果，随着 δ 的逐渐增加，绿色产品的零售价格和需求量随之降低，普通产品的零售价格和需求量随之增加，所以绿色制造商利润逐渐降低，普通产品制造商的利润随之增加；零售商同时销售绿色产品和普通产品，随着消费者的环保意识逐渐降低，零售商的利润随之增加，由此可见，零售商销售普通产品获得利润相对较高。

表 4-1　三种补贴模式下消费者环保意识对制造商和零售商利润的影响

δ	$\Pi_{1,N}^*$ $\Pi_{12,N}^*$	$\Pi_{2,N}^*$ $\Pi_{22,N}^*$	$\Pi_{r,N}^*$	$\Pi_{r2,N}^*$	$\Pi_{1/12,G}^*$ $\Pi_{1/12,C}^*$	$\Pi_{2/22,G}^*$ $\Pi_{2/22,C}^*$	$\Pi_{r,G}^*$ $\Pi_{r,C}^*$	$\Pi_{r2,G}^*$ $\Pi_{r2,C}^*$
0.1	0.0479	0.0008	0.0291	0.0400	0.0815	0.0003	0.0471	0.0679
0.2	0.0433	0.0033	0.0358	0.0566	0.0767	0.0016	0.0552	0.0760
0.3	0.0382	0.0059	0.0433	0.0641	0.0711	0.0029	0.0642	0.0850
0.4	0.0324	0.0085	0.0517	0.0725	0.0649	0.0040	0.0742	0.0950
0.5	0.0261	0.0110	0.0610	0.0818	0.0577	0.0046	0.0853	0.1061
0.6	0.0191	0.0133	0.0715	0.0923	0.0497	0.0047	0.0976	0.1184
0.7	0.0116	0.0157	0.0833	0.1041	0.0405	0.0068	0.1112	0.1321

（续表）

δ	$\Pi_{1,N}^*$ $\Pi_{12,N}^*$	$\Pi_{2,N}^*$ $\Pi_{22,N}^*$	$\Pi_{r,N}^*$	$\Pi_{r2,N}^*$	$\Pi_{1/12,G}^*$ $\Pi_{1/12,C}^*$	$\Pi_{2/22,G}^*$ $\Pi_{2/22,C}^*$	$\Pi_{r,G}^*$ $\Pi_{r,C}^*$	$\Pi_{r2,G}^*$ $\Pi_{r2,C}^*$
0.8	0.0042	0.0188	0.0970	0.1178	0.0301	0.0090	0.1264	0.1473
0.9	0.0001	0.0260	0.1145	0.1354	0.0183	0.0101	0.1435	0.1643

因为两个制造商采取的单一定价，所以两种定价策略下制造商的利润相同，且政府补贴下绿色产品制造商的利润较高，普通产品制造商的利润在无政府补贴下较高，可见政府的补贴提高了绿色产品制造商的利润，减少了普通产品制造商的利润；同样地，由于零售商采取歧视定价策略，制造商的利润在两种定价策略下相同；而零售商的利润在歧视定价策略下较高，因为歧视定价策略下，制造商根据消费者的偏好行为制定相应的定价策略，也就是最大化地占有消费者的剩余，所以，歧视定价策略下制造商利润较高。

δ 以 0.025 为步长从 0.1 到 0.5 变化，s 以 0.0125 为步长从 0.1 到 0.2 变化，图 4-8、图 4-9 和图 4-10 为单一定价策略下，政府补贴下消费者环保意识与补贴系数对绿色制造商利润、普通制造商利润及零售商利润的影响。图 4-8 显示，绿色产品制造商的利润与 δ 呈负相关关系，与 s 呈正相关关系，且随着 δ 和 s 的增加，绿色产品制造商的利润呈上升趋势。由此可见，当市场中消费者的环保意识较低时，政府的补贴有效地提高了绿色产品制造商的利润；图 4-9 显示，普通产品制造商的利润与 δ 呈正相关关系，与 s 呈负相关关系，且随着 δ 和 s 的增加，普通产品制造商的利润呈上升趋势；图 4-10 显示，零售商的利润与 δ 呈正相关关系，与 s 呈正相关关系，且随着 δ 和 s 的增加，零售商的利润呈上升趋势。

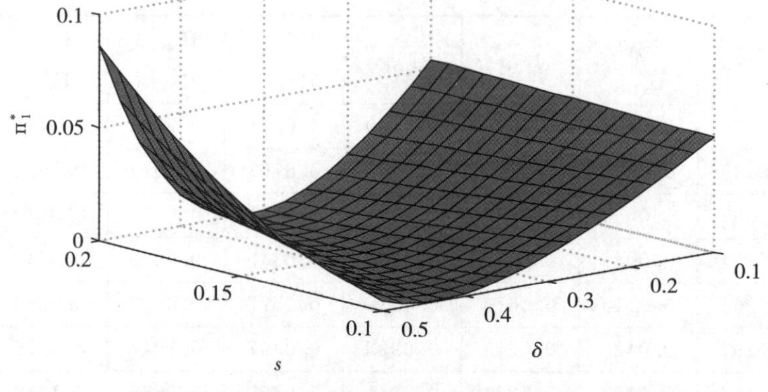

图 4-8　消费者环保意识与补贴系数对绿色产品制造商利润的影响

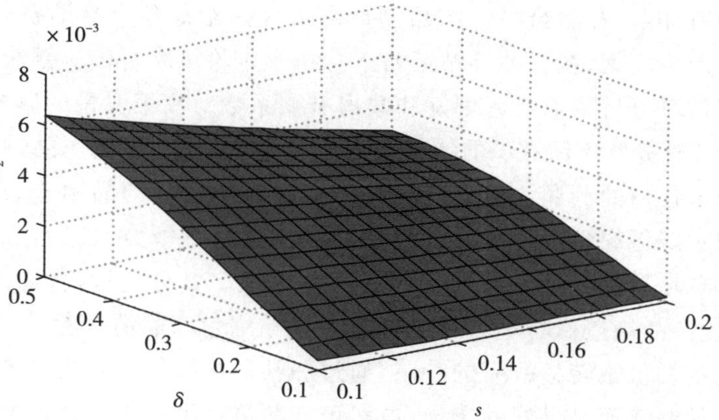

图 4－9　消费者环保意识与补贴系数对普通产品制造商利润的影响

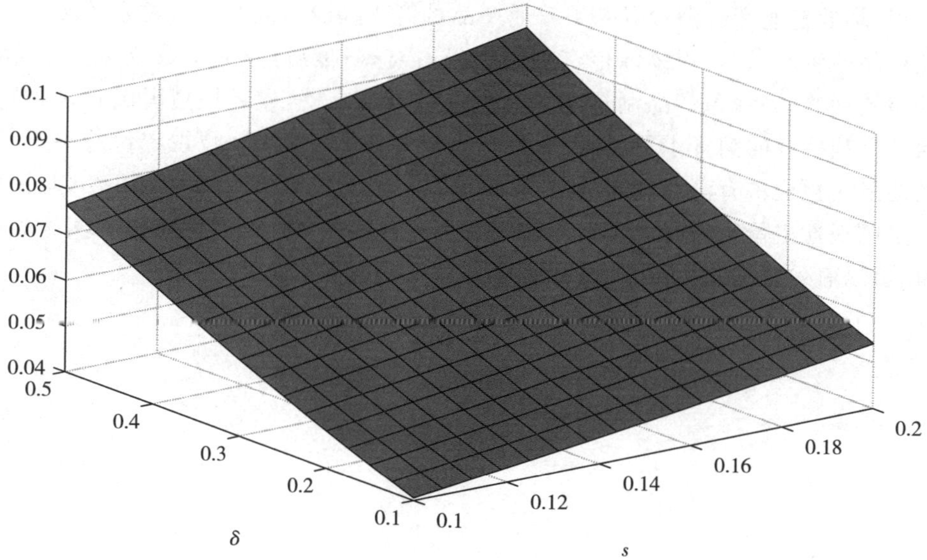

图 4－10　消费者环保意识与补贴系数对零售商利润的影响

4.6　本章小结

本章研究了消费者偏好和政府补贴并存对绿色供应链定价决策的影响。考虑需求受消费者偏好行为的影响，构建了政府补贴下绿色供应链的定价决策模型。

比较了无政府补贴、补贴给绿色产品制造商或补贴给绿色产品消费者三种情况的绿色供应链定价决策，在三种补贴策略下分析了定价策略对供应链决策的影响，最后运用数值仿真分析了消费者偏好和政府补贴系数对决策变量的影响。主要结论如下：① 随着消费者环保意识的增强和政府补贴的增加，绿色产品制造商、普通产品制造商和零售商的利润均呈上升趋势。② 补贴给绿色产品制造商时，绿色产品制造商会通过降低绿色产品批发价格提高绿色产品竞争力，虽然普通产品制造商为适应市场环境，同样选择降低批发价格，由于缺少资金支持，普通产品逐渐被市场淘汰，绿色产品制造商将垄断市场。③ 补贴给绿色产品消费者时，绿色产品制造商通过提高批发价格转移政府的补贴，通过和补贴给绿色产品消费者进行比较，补贴给绿色产品制造商是最好的选择，虽然该补贴策略没有增加绿色产品的需求量，但是可以降低绿色产品和普通产品的定价，提高消费者的效用。④ 政府在制定政策促进绿色环保企业发展时，首先，加强绿色经济的宣传工作，提高消费者的环保意识，降低普通产品消费者购买普通产品的意识；其次，同时通过技术革新，降低绿色产品的生产成本，提高绿色产品的市场占有率；最后，企业争取政府或相关机构的财政补贴，为绿色产品制造商的发展提供资金支持，或者提高国民收入，提高普通产品消费者的消费水平，壮大绿色产品消费者的队伍；⑤ 歧视定价策略下，制造商能最大化地占有消费者剩余，获得更高的利润，且消费者之间存在收入水平的差异是歧视性定价策略有效实施的前提条件，所以，在条件满足的情况下实施歧视定价，可以有效地提高生产企业的竞争力。

第 5 章　考虑资金约束的低碳供应链融资策略研究

随着全球经济的快速发展，日益严重的环境问题引起了各国政府和公共部门的高度重视。《京都议定书》要求所有成员国降低温室气体排放，并对碳排放标准做出限定。发展低碳经济已经成为世界各国的共识，许多国家和地区颁布了各种低碳政策以减少企业经营活动对环境的影响。近年来，我国政府也出台了一系列与节能减排相关的政策，主要包括碳限额、碳税收、碳限额与交易机制、碳补偿等政策，目的是促使企业主动降低在生产制造过程中的碳排放。其中，碳限额政策是指政府规定生产企业总的碳排放量上限，当企业在生产过程中产生的碳排放量超过该上限时，将受到重罚。

从宏观角度来看，碳限额政策可以达到减排目标，控制温室气体的排放总量。从微观角度来看，企业若不采用减排技术，则面临巨大的惩罚；若采用减排技术，又会面临极大的技术成本的挑战，增加了企业的资金压力。尤其是一些中小型企业，经常会出现营运资金有限的情况，而这些中小型企业由于信用评级低、违约风险大，很难从传统银行获得融资。为了缓解企业在绿色投资时面临的融资问题，全球各国的银行推出了绿色金融服务，为从事低碳运营的企业提供资金支持。供应链成员内部融资也为中小型企业的融资开辟了新的道路，例如，京东金融为其平台上的中小微供应商提供融资服务，本田汽车为其零部件供应商提供财务支持。随着消费者环保意识的逐渐增强，更多的消费者愿意为低碳环保产品支付溢价，也激励了生产企业主动减排。

基于此，本章基于碳限额政策，考虑下游制造商减排资金受到约束，研究了供应链企业的融资决策问题。为进一步探讨供应链上下游企业间的融资合作行为，在供应链上下游企业均面临资金约束情况下，探讨了供应链企业的合作融资策略。

5.1　碳限额政策下考虑制造商资金约束的供应链融资策略

5.1.1　问题描述与基本假设

考虑在由单一供应商和单一制造商构成的二级供应链系统中，供应商资金充足，制造商减排资金受到约束，其流动资金只能维持正常的采购和生产。因此，制造商需融资进行减排活动，考虑制造商的两种融资方式：一是制造商向银行融资，称之为银行融资，银行的贷款利息为 r。由于制造商的融资是用于减排活动，银行提供专项绿色金融服务，所以制造商很容易从银行借款。另一种是制造商向其上游供应商融资，称之为供应商融资。在本书的研究中，假设供应商和银行提供的贷款利息相同。市场需求是确定型，逆需求函数为 $p=a-q+\theta e$，其中，$a(a>0)$ 为市场潜力，q 为产品的生产量，θ 代表消费者环保意识水平，e 为制造商的减排量，相应的减排成本为 $\frac{1}{2}ke^2$，其中 k 为碳减排成本系数。

该供应链系统的碳排放量受到政府的监督，当制造商生产过程中产生的碳排放量超过碳排放上限时，政府将给予制造商重罚，所以理性的制造商会考虑投资减排，减排后供应链的碳排量满足条件 $e_0q-e\leqslant T$，其中 e_0 为制造商在生产过程中单位产品的初始碳排量，T 为政府针对该制造商设定的碳排放上限。

下标 $i=1,2$ 代表银行融资和供应商融资。文中用到其他的符号解释和定义如下：w_i 为供应商单位产品的批发价格，π_{s_i} 为供应商的利润，π_{m_i} 为制造商的利润，π_i 为供应链系统的利润。假设制造商是一家长期运行且信誉良好的企业，如果制造商的收入不足以偿还贷款，他将以负现金流继续经营，全额偿还贷款。决策顺序为：供应商作为市场主导者优先决策产品的批发价，然后制造商决策生产量和减排量。

5.1.2　融资模型

(1) 银行融资

在销售季开始前，制造商从银行借款 $\frac{1}{2}ke_1^2$ 用于减排，银行提供贷款的利率为 r。销售季结束以后，制造商偿还银行贷款和利息 $\frac{1+r}{2}ke_1^2$，制造商减排后的碳排量

$T_{m_1}=e_0q_1-e_1$。供应商和制造商的目标函数为：

$$\pi_{s_1}=\max_{w_1}\{(w_1-c)q_1\} \tag{5-1}$$

$$\pi_{m_1}=\max_{q_1,e_1}\left\{(a-q_1+\theta e_1-w_1)q_1-\frac{1+r}{2}ke_1^2\right\} \tag{5-2}$$

$$\text{s. t. } e_0q_1-e_1\leqslant T$$

为保证利润函数的凹性及决策变量的非负性。假设 $4k(1+r)^2-\theta^2(2+3r)>0$、$k(1+r)[e_0^2k(1+r)+4]-e_0\theta k(2+3r)-\theta^2>0$ 及 $ke_0(1+r)-\theta>0$。

通过逆向归纳法可以求出银行融资时的最优解，见定理5.1。

定理5.1　银行融资时，根据碳排放上限 T 的取值范围有：

(1) $T\geqslant T_1^G$ 时，最优批发价格 $w_1^*=\frac{a+c}{2}$，最优减排量 $e_1^*=\frac{\theta(a-c)}{2[2k(1+r)-\theta^2]}$，最优生产量 $q_1^*=\frac{k(a-c)(1+r)}{2[2k(1+r)-\theta^2]}$。

(2) $T<T_1^G$ 时，最优批发价格 $w_1^*=\frac{ck(1+r)[e_0^2k(1+r)-2e_0\theta+2]+[2k(1+r)-\theta^2]\{T[e_0k(1+r)-\theta]+a\}}{k(1+r)[e_0^2k(1+r)-2e_0\theta+4]-\theta^2}$，最优减排量 $e_1^*=\frac{k(1+r)[e_0(a-c)+Te_0\theta-4T]+T\theta^2}{k(1+r)[e_0^2k(1+r)-2e_0\theta+4]-\theta^2}$，最优生产量 $q_1^*=\frac{k(1+r)[a-c+Te_0k(1+r)-T\theta]}{k(1+r)[e_0^2k(1+r)-2e_0\theta+4]-\theta^2}$。

其中，$T_1^G=\frac{(a-c)[ke_0(1+r)-\theta]}{2[2k(1+r)-\theta^2]}$。

证明：首先确定碳排放约束下制造商的最优生产量和减排水平，在(5-2)式中，目标函数的Hesse矩阵

$$H_1=\begin{bmatrix}-2 & \theta \\ \theta & -k(1+r)\end{bmatrix}$$

H_1 的一阶顺序主子式 $D_1=-2<0$，二阶顺序主子式 $D_2=2k(1+r)-\theta^2$，由假设 $2k(1+r)-\theta^2>0$，可知 $D_2>0$，所以Hessian矩阵 H_1 为负定矩阵，此外，约束条件均为线性函数。在极大化问题中，如果目标函数是严格凹函数，约束条件是线性函数，这个规划就是凸规划。对于凸规划来说，Kuhn-Tucker条件是确定最优点的充要条件。

构建(5-2)式的拉格朗日函数：

$$L(q_1,e_1,\lambda)=(a-q_1+\theta e_1-w_1)q_1-L_1(1+r)+\lambda(T+e_1-e_0q_1)$$

根据 Kuhn-Tucker 条件，制造商最优生产量和减排量的确定，需要满足以下条件：

$$\begin{cases}\dfrac{\partial L}{\partial q_1}=a-2q_1-w_1+\theta e_1-\lambda e_0\\[2ex]\dfrac{\partial L}{\partial e_1}=\theta q_1-e_1k(1+r)+\lambda\\[2ex]\lambda(T+e_1-e_0q_1)=0\\[1ex]\lambda\geqslant 0\end{cases}$$

只有当 $\lambda=0$ 或 $T+e_1-e_0q_1=0$ 时，等式 $\lambda(T+e_1-e_0q_1)=0$ 才成立。

当 $\lambda=0$ 时，$T+e_1-e_0q_1>0$，根据 $\dfrac{\partial L}{\partial q_1}=\dfrac{\partial L}{\partial e_1}=0$，得到：$q_1^*=\dfrac{k(a-w_1)(1+r)}{2k(1+r)-\theta^2}$，$e_1^*=\dfrac{\theta(a-w_1)}{2k(1+r)-\theta^2}$；把 q_1^* 和 e_1^* 代入（5-1）式可得：$\pi_{s_1}=\max\limits_{w_1}\{\dfrac{k(a-w_1)(c-w_1)(1+r)}{2k(1+r)-\theta^2}\}$，可求得 $\dfrac{\partial^2\pi_{s_1}}{\partial {w_1}^2}=-\dfrac{2k(1+r)}{2k(1+r)-\theta^2}<0$，所以 π_{s_1} 关于 w_1 是凹函数，由 $\dfrac{\partial\pi_{s_1}}{\partial w_1}=0$，可求得最优解 $w_1^*=\dfrac{a+c}{2}$，将 w_1^* 代入 q_1^* 和 e_1^* 可得上述结论(1)；根据约束条件 $T+e_1-e_0q_1>0$，有 $T\geqslant T_1^G$。

当 $\lambda>0$ 时，e_1 和 q_1 满足关系式 $T+e_1-e_0q_1=0$，根据 $\dfrac{\partial L}{\partial q_1}=\dfrac{\partial L}{\partial e_1}=0$，可求得：

$$q_1^*=\frac{k(1+r)(a-w_1)-\lambda[e_0k(1+r)-\theta]}{2k(1+r)-\theta^2},e_1^*=\frac{\theta(a-w_1)-\lambda(e_0\theta-2)}{2k(1+r)-\theta^2}$$

把 q_1^* 和 e_1^* 代入(5-1)式可得：$\dfrac{\partial^2\pi_{s_1}}{\partial {w_1}^2}=-\dfrac{2k(1+r)}{2k(1+r)-\theta^2}<0$，所以由 $\dfrac{\partial\pi_{s_1}}{\partial w_1}=0$，可求得 $w_1^*=\dfrac{k(1+r)(a+c)-\lambda[e_0k(1+r)-\theta]}{2k(1+r)}$，将 w_1^* 分别代入 q_1^* 和 e_1^* 可得：

$$q_1^*=\frac{k(1+r)(a-c)-\lambda[e_0k(1+r)-\theta]}{2[2k(1+r)-\theta^2]}$$

$$e_1^*=\frac{\theta k(1+r)(a-c)+\lambda\{4k(1+r)-\theta[ke_0(1+r)+\theta]\}}{2k(1+r)[2k(1+r)-\theta^2]}$$

根据约束条件 $T+e_1-e_0q_1=0$，有：

$$\lambda=\frac{k(1+r)\{[e_0k(1+r)-\theta]-2T[2k(1+r)-\theta^2]\}}{k(1+r)[e_0^2k(1+r)-2e_0\theta+4]-\theta^2}$$

由 $\lambda>0$，有 $T<T_1^G$。证毕。

定理 5.1 显示，供应商和制造商的最优决策受碳排放上限的影响；$T\geqslant T_1^G$ 说明碳限额政策比较宽松，称之为高碳排放条件；$T<T_1^G$ 说明碳限额政策相对收紧，称之为低碳排放条件。存在碳排放阈值 T_1^G，当碳排放上限高于该阈值时，制造商的最优生产量和减排量取决于运营参数，即制造商可以在其利润最大化的基础上设定其生产量和减排量。当碳排放上限低于该阈值时，制造商不能将其生产量和减排量设定为极值，必须将碳排放上限设定为排放上限，并根据碳排放上限最大化其利润。

高碳排放条件（碳限额宽松政策）用上标 L 表示，低碳排放条件（碳限额收紧政策）用上标 T 表示。根据定理 5.1 可得推论 5.1 和推论 5.2。

推论 5.1　银行融资时，在低碳排放条件下，有如下结论：

(1) $\dfrac{\partial w_1^{T*}}{\partial T}>0$。

(2) 当 $e_0>E_1$，有 $\dfrac{\partial e_1^{T*}}{\partial T}>0$；当 $e_0<E_1$，有 $\dfrac{\partial e_1^{T*}}{\partial T}<0$。

(3) $\dfrac{\partial q_1^{T*}}{\partial T}>0$。

其中，$E_1=\dfrac{4k(1+r)-\theta^2}{\theta k(1+r)}$。

证明：根据定理 5.1 有：

$$\frac{\partial w_1^{T*}}{\partial T}=\frac{[2k(1+r)-\theta^2][e_0k(1+r)-\theta]}{k(1+r)[e_0^2k(1+r)-2e_0\theta+4]-\theta^2}>0$$

$$\frac{\partial e_1^{T*}}{\partial T}=\frac{k(1+r)(e_0\theta-4)+\theta^2}{k(1+r)[e_0^2k(1+r)-2e_0\theta+4]-\theta^2}$$

当 $k(1+r)(e_0\theta-4)+\theta^2>0$ 时，即 $e_0>\dfrac{4k(1+r)-\theta^2}{\theta k(1+r)}$ 时，有 $\dfrac{\partial e_1^{T*}}{\partial T}>0$。

$$\frac{\partial q_1^{T*}}{\partial T}=\frac{k(1+r)[e_0k(1+r)-\theta]}{k(1+r)[e_0^2k(1+r)-2e_0\theta+4]-\theta^2}>0$$

证毕。

推论 5.1 说明，在低碳排放条件下，随着碳限额政策逐渐放松，制造商会提高产量，只有当单位产品的初始碳排量较高时（$e_0\geqslant E_1$），制造商才会加大减排力度。制造商可以通过两种方式降低碳排量:减少生产量和提高减排量。当政府逐渐放松碳限额政策时,为获得更多的收益,制造商会提高生产量,如果初始碳排量较高,此时生产量的提高会导致碳排量超过政府规定的阈值,所以制造商必须同时加大减排投入。如果初始碳排量较低($e_0 < E_1$),随着碳限额政策的逐渐放宽,即使制造商提高一定的生产量,也不会产生碳排量超过政府规定的阈值的情况,所以制造商不会加大减排力度,相反,会适当降低减排投入减少成本支出。

推论 5.2 银行融资时,两种碳限额政策下,批发价格、减排量和生产量满足以下关系:

(1)$w_1^{L*} \geqslant w_1^{T*}$。

(2) 当 $e_0 > E_1$ 时,$e_1^{L*} \geqslant e_1^{T*}$;当 $e_0 < E_1$ 时,$e_1^{L*} < e_1^{T*}$。

(3)$q_1^{L*} \geqslant q_1^{T*}$。

证明:由推论 5.1 可知,$\frac{\partial w_1^{T*}}{\partial T} > 0$,且当 $T = T_1^G$ 时,有 $w_1^{T*} = w_1^{L*}$,所以由 $T < T_1^G$,可得到 $w_1^{T*} < w_1^{L*}$。同理可证结论(2)、(3)。证毕。

推论 5.2 说明,当政府收紧碳限额政策时,为防止制造商大幅度减产和激励制造商减排,供应商选择降低产品的批发价格;为避免受到惩罚,制造商降低生产量减少碳排放,只有当单位产品的初始碳排量较低时($e_0 < E_1$),制造商才会考虑加大减排投入。因为当单位产品的初始碳排量相对较高时($e_0 \geqslant E_1$),制造商需要投入更多的资金用于减排,导致提高减排量产生的利润小于提高减排量产生的成本,此时,制造商只选择通过降低产量减少碳排量。

由推论 5.1 和推论 5.2 可以看出,政府在制定碳限额政策时,需要考虑企业当前的碳排放水平。当企业当前的碳排放量比较高的情况下,政府在制定碳限额政策时应该适当放宽,否则,由于巨大的减排压力,企业可能会退出市场;当企业当前的碳排量比较低时,收紧的碳限额政策能更好地引导企业减排。

(2) 供应商融资

在销售季开始前,制造商从供应商处借款$\frac{1}{2}ke_2^2$ 用于减排,供应商提供贷款的利率同样为 r。销售季结束以后,制造商偿还供应商贷款和利息$\frac{1+r}{2}ke_2^2$,减排后的碳排量 $T_{m_2} = e_0 q_2 - e_2$。供应商和制造商的目标函数为:

$$\pi_{s_2} = \max_{w_2}\left\{(w_2 - c)q_2 + \frac{r}{2}ke_2^2\right\} \tag{5-3}$$

$$\pi_{m_2} = \max\left\{_{q_2, e_2}(a - q_2 + \theta e_2 - w_2)q_2 - \frac{1+r}{2}ke_2^2\right\} \tag{5-4}$$

$$\text{s. t. } e_0 q_2 - e_2 \leqslant T$$

同样地，根据逆向归纳法可以求出供应商融资策略时的最优解，见定理 5.2。

定理 5.2　供应商融资时，根据碳排放上限 T 的取值范围有：

(1) $T \geqslant T_2^{\mathrm{G}}$ 时，最优批发价格 $w_2^* = \dfrac{(a+c)[2k(1+r)^2 - \theta^2] - \theta^2 r(2a+c)}{4k(1+r)^2 - \theta^2(2+3r)}$，

最优减排量 $e_2^* = \dfrac{\theta(a-c)(1+r)}{4k(1+r)^2 - \theta^2(2+3r)}$，最优生产量 $q_2^* = \dfrac{k(a-c)(1+r)^2}{4k(1+r)^2 - \theta^2(2+3r)}$。

(2) $T < T_2^{\mathrm{G}}$ 时，最优批发价格 $w_2^* = \dfrac{k(1+r)[2(a+c) - ce_0(2\theta - e_0)] - a\theta(e_0 kr + \theta) + T[2e_0 k^2(^1+r)2 - e_0 k\theta^2(1+2r) - 2k\theta + \theta^3]}{k(1+r)[e_0^2 k(1+r)+4] - e_0\theta k(2+3r) - \theta^2}$，

最优减排量 $e_2^* = \dfrac{k(1+r)[e_0(a-c) + Te_0\theta - 4T] + T\theta^2}{k(1+r)[e_0^2 k(1+r)+4] - e_0\theta k(2+3r) - \theta^2}$，最优生产量 $q_2^* = \dfrac{k(1+r)(a-c) + kT[e_0 k(1+r)^2 - \theta(1+2r)]}{k(1+r)[e_0^2 k(1+r)+4] - e_0\theta k(2+3r) - \theta^2}$。

其中，$T_2^{\mathrm{G}} = \dfrac{(a-c)(1+r)[e_0 k(1+r) - \theta]}{4k(1+r)^2 - \theta^2(2+3r)}$

证明同定理 5.1。证略。

根据定理 5.2 可得推论 5.3 和推论 5.4。

推论 5.3　供应商融资时，在低碳排放条件下，有如下结论：

(1) 当 $e_0 > E_2$，有 $\dfrac{\partial w_2^{\mathrm{T}*}}{\partial T} > 0$；当 $e_0 < E_2$，有 $\dfrac{\partial w_2^{\mathrm{T}*}}{\partial T} < 0$。

(2) 当 $e_0 > E_1$，有 $\dfrac{\partial e_2^{\mathrm{T}*}}{\partial T} > 0$；当 $e_0 < E_1$，有 $\dfrac{\partial e_2^{\mathrm{T}*}}{\partial T} < 0$。

(3) 当 $e_0 > E_3$，有 $\dfrac{\partial q_2^{\mathrm{T}*}}{\partial T} > 0$；当 $e_0 < E_3$，有 $\dfrac{\partial q_2^{\mathrm{T}*}}{\partial T} < 0$。

其中，$E_2 = \dfrac{\theta(2k - \theta^2)}{k[k(1+r)^2 - \theta^2(1+2r)]}$，$E_3 = \dfrac{\theta(1+2r)}{k(1+r)^2}$。

证明同推论 5.1。证略。

通过比较推论 5.3 与推论 5.2 可以发现，供应商融资时，在低碳排放条件下，随着碳限额政策的逐渐放松，供应商和制造商的决策均取决于单位产品的初始碳排量。这是因为供应商融资时，供应商是碳减排活动的投资者，其决策受到碳排量决策的影响，而碳排量的决策又受到单位产品的初始碳排量的影响。

推论 5.4　供应商融资时，两种碳限额政策下，批发价格、减排量和生产量满

足以下关系：

(1) 当 $e_0 > E_2$ 时，$w_2^{L*} > w_2^{T*}$；当 $e_0 < E_2$ 时，$w_2^{L*} < w_2^{T*}$。

(2) 当 $e_0 > E_1$ 时，$e_2^{L*} > e_2^{T*}$；当 $e_0 < E_1$ 时，$e_2^{L*} < e_2^{T*}$。

(3) 当 $e_0 > E_3$ 时，$q_2^{L*} > q_2^{T*}$；当 $e_0 < E_3$ 时，$q_2^{L*} < q_2^{T*}$。

证明同推论 5.2。证略。

同推论 5.3 的结果类似，政府收紧碳限额政策时，如果单位产品的初始碳排量较低($e_0 < \min\{E_1, E_3\}$)，制造商会加大减排的投入，同时提高生产量。

5.1.3 融资比较分析

本节主要比较银行融资和供应商融资下供应商和制造商的决策结果。

定理 5.3 两种融资策略下，减排后的碳排量满足以下关系：

(1) 在高碳排放条件下，有 $T_{m_1} < T_{m_2}$。

(2) 在低碳排放条件下，有 $T_{m_1} = T_{m_2}$。

证明：高碳排放条件下，银行融资时制造商的碳排放量 $T_{m_1} = T_1^G$，供应商融资时制造商的碳排放量为 $T_{m_2} = T_2^G$，且有：

$$T_1^G - T_2^G = -\frac{r_b\theta^2(a-c)[e_0k(1+r_b)-\theta]}{2[2k(1+r_b)-\theta^2][4k(1+r_b)^2-\theta^2(2+3r_b)]} < 0$$

所以 $T_1^G < T_2^G$，即 $T_{m_1} < T_{m_2}$；低碳排放条件下，银行融资时制造商的碳排放量 $T_{m_1} = T$，供应商融资时制造商的碳排放量为 $T_{m_2} = T$，所以有 $T_{m_1} = T_{m_2}$。证毕。

定理 5.3 说明，在政府放宽碳限额政策时，银行融资策略下制造商的碳排量小于供应商融资。这和绿色信贷政策是相符的，绿色信贷的目的是严格执行碳排放要求，支持企业发展绿色经济、低碳经济和循环经济，引导银行业金融机构配合国家节能减排战略的实施。

根据定理 5.3，把政府的碳限额政策细分为碳限额宽松政策($T \geqslant T_2^G$)、碳限额适中政策($T_1^G \leqslant T < T_2^G$)和碳限额收紧政策($T < T_1^G$)等三种政策。

定理 5.4 两种融资策略下，批发价格、减排量和生产量满足以下关系：

(1) $T \geqslant T_2^G$

$$w_1^{L*} > w_2^{L*}, e_1^{L*} < e_2^{L*}, q_1^{L*} < q_2^{L*}$$

(2) $T_1^G \leqslant T < T_2^G$

$$w_1^{L*} > w_2^{T*}, e_1^{L*} < e_2^{T*}, q_1^{L*} < q_2^{T*}$$

(3) $T < T_1^G$

$$w_1^{T*} > w_2^{T*}, e_1^{T*} < e_2^{T*}, q_1^{T*} < q_2^{T*}$$

证明：为简化证明过程，令

$$A_1 = 2k(1+r) - \theta^2, A_2 = 4k(1+r)^2 - \theta^2(2+3r)$$

$$A_3 = k(1+r)[e_0^2 k(1+r) - 2e_0\theta + 4] - \theta^2$$

$$A_4 = k(1+r)[e_0^2 k(1+r) + 4] - e_0\theta k(2+3r) - \theta^2$$

(1) $T \geqslant T_2^G$

$$w_1^{L*} - w_2^{L*} = \frac{r\theta^2(a-c)}{2A_2} > 0$$

$$e_1^{L*} - e_2^{L*} = -\frac{r\theta^3(a-c)}{2A_1A_2} < 0$$

$$q_1^{L*} - q_2^{L*} = -\frac{kr\theta^2(a-c)(1+r)}{2A_1A_2} < 0$$

(2) $T_1^G \leqslant T < T_2^G$

$$w_1^{L*} - w_2^{T*} = \frac{e_0k(a-c)(1+r)[e_0k(1+r)-\theta] - 2T[2e_0k^2({}^1+r)2 + e_0k\theta^2(1+2r) + 2\theta k - \theta^3]}{2A_4}$$

令 $T_3^G = \frac{e_0k(a-c)(1+r)[e_0k(1+r)-\theta]}{2[2e_0k^2(1+r)^2 - e_0k\theta^2(1+2r) - 2\theta k + \theta^3]}$，当 $T < T_3^G$ 时，有 $w_1^{L*} - w_2^{T*} > 0$。因为 $T < T_2^G$，且有

$$T_2^G - T_3^G = -\frac{r\theta^2\{k(1+r)[e_0^2k(1+r)+4] - e_0\theta k(2+3r) - \theta^2\}}{2A_2[2e_0k^2(1+r)^2 - e_0k\theta^2(1+2r) - 2\theta k + \theta^3]} < 0$$

所以 $T_2^G < T_3^G$，从而可得 $T < T_3^G$，可证 $w_1^{L*} - w_2^{T*} > 0$。同理可证 $e_1^{L*} < e_2^{T*}$，$q_1^{L*} < q_2^{T*}$。

(3) $T < T_1^G$

$$w_1^{T*} - w_2^{T*} = \frac{\theta kr[e_0^2k(1+r) - 2e_0\theta + 2]\{k(1+r)[e_0(a-c) + Te_0\theta - 4T] + T\theta^2\}}{A_3A_4}$$

因为 $e_2^{T*} \geqslant 0$，所以由 e_2^{T*} 的表达式可得 $w_1^{T*} - w_2^{T*} > 0$。

同理有：

$$e_1^{T*} - e_2^{T*} = -\frac{e_0\theta kr\{k(1+r)[e_0(a-c) + Te_0\theta - 4T] + T\theta^2\}}{A_3A_4} < 0$$

$$q_1^{T*} - q_2^{T*} = -\frac{\theta kr\{k(1+r)[e_0(a-c)+Te_0\theta-4T]+T\theta^2\}}{A_3A_4} < 0$$

证毕。

定理 5.4 说明，相较于银行融资，供应商融资策略下，供应商会降低产品的批发价格，从而激励制造商加大减排力度和提升产量。这是因为供应商融资策略下，供应商不仅是制造商原材料的提供者，还是投资者，对制造商的减排活动进行投资，并获得一定的收益，所以供应商会降低批发价格激励制造商减排。即使是在一般碳限额政策下(对于供应商融资策略是碳排放收紧政策)，也不会影响上述供应商和制造商的决策结果。由此可以看出，供应商融资更有利于提升供应链整体的运营效率。

定理 5.5　碳排放宽松政策($T \geqslant T_2^G$) 下，供应商和制造商的利润满足以下关系：

$$\pi_{s_1}^{L*} < \pi_{s_2}^{L*}, \pi_{m_1}^{L*} < \pi_{m_2}^{L*}$$

证明：

$$\pi_{s_1}^{L*} - \pi_{s_2}^{L*} = -\frac{kr_b\theta^2(1+r_b)(a-c)^2}{A_1A_2} < 0$$

$$\pi_{m_1}^{L*} - \pi_{m_2}^{L*} = -\frac{kr_b\theta^2(1+r_b)(a-c)^2[8k(1+r_b)^2-\theta^2(4+5r_b)]}{A_3A_4} < 0$$

证毕。

定理5.5说明，碳限额宽松政策($T \geqslant T_2^G$)下，供应商融资对供应商和制造商都是有利的。

5.1.4　数值算例

由以上模型推演可知，供应商和制造商的决策结果主要受碳排放上限 T 的影响。因此，根据相关文献和实践，相关参数进行如下设定：$a=100$，$c=25$，$r=0.1$，$k=10$，$\theta=1$，$e_0=3$。通过计算可得：$E_1=3.9091$，$E_2=0.1743$，$E_3=0.0992$，$T_1^G=57.1429$，$T_2^G=57.2668$，所以有 $E_3<E_2<e_0<E_1$，这意味着在低碳排放条件下，当政府逐渐放宽碳限额政策时，供应商会提高批发价格，制造商会降低减排投入和增加产量，如图 5-1、图 5-2 和图 5-3 所示。$T<57.1429$ 是银行融资时的低碳排放条件，$T<57.2668$ 是供应商融资时的低碳排放条件。通过数值仿真进一步分析碳排放上限 T 对供应商和制造商决策结果的影响。

图 5-1 显示，供应商融资策略下的批发价格小于银行融资，因为供应商融资策略下，供应商作为减排活动的投资者，可以获得减排收益，所以供应商会降低批发价格以激励制造商加大减排投资。而且随着碳限额政策的逐渐宽松，制造商有提高生产量的碳排放空间，供应商也会适当地提升批发价格。当碳限额政策对于制造商来说是高碳排放条件时，供应商和制造商可以在其利润最大化的基础上进行决策，此时的批发价格处于均衡状态，不会随着碳限额政策的逐渐放宽发生变化。

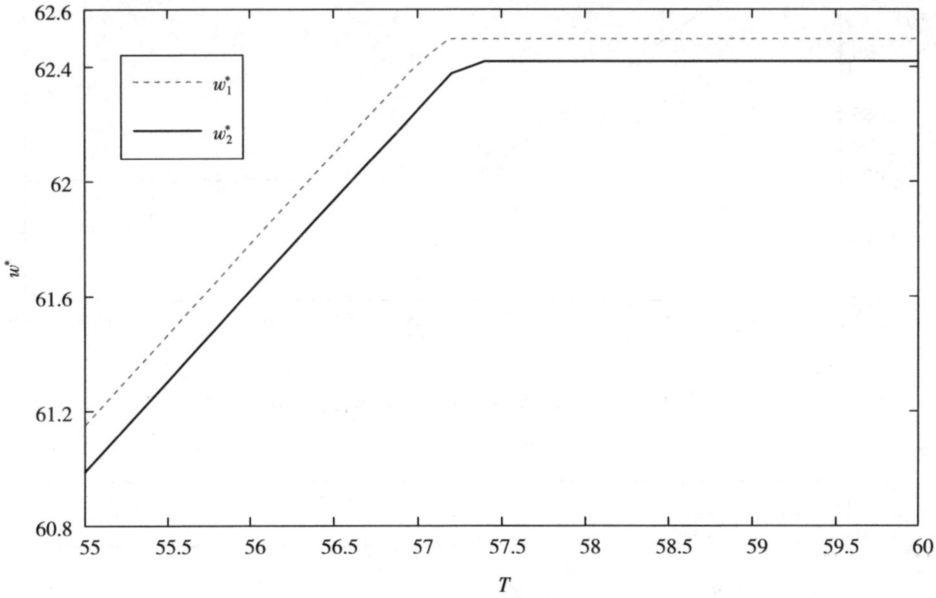

图 5-1　碳排放上限对批发价格的影响

图 5-2 显示，供应商融资策略下的减排量大于银行融资，因为供应商融资时，供应商降低批发价格的行为激励了制造商加大减排投入。而且由于满足 $e_0 < E_1$，即单位产品的初始碳排量较小，随着碳限额政策的逐渐宽松，即使制造商提高一定的生产量，也不会产生碳排量超过政府规定的阈值的情况，所以制造商降低了减排投入。由于市场中的消费者具有一定的环保意识，即减排活动是有利可图的，制造商不会无限制地降低减排量，在高碳排放条件下达到均衡。由此可见，市场中消费者的环保偏好和碳排放政策是直接影响企业减排的重要因素。

图 5-3 显示，供应商融资策略时的生产量高于银行融资策略，且随着碳限额政策逐渐放宽，制造商会增加生产量。这是因为供应商降低批发价格激励了制造商加大减排投入，此时制造商也会增加生产量以获得更多收益。随着碳限额政策逐

渐放宽，制造商了更多的碳排放空间，制造商也会增加生产量以获得更多收益。

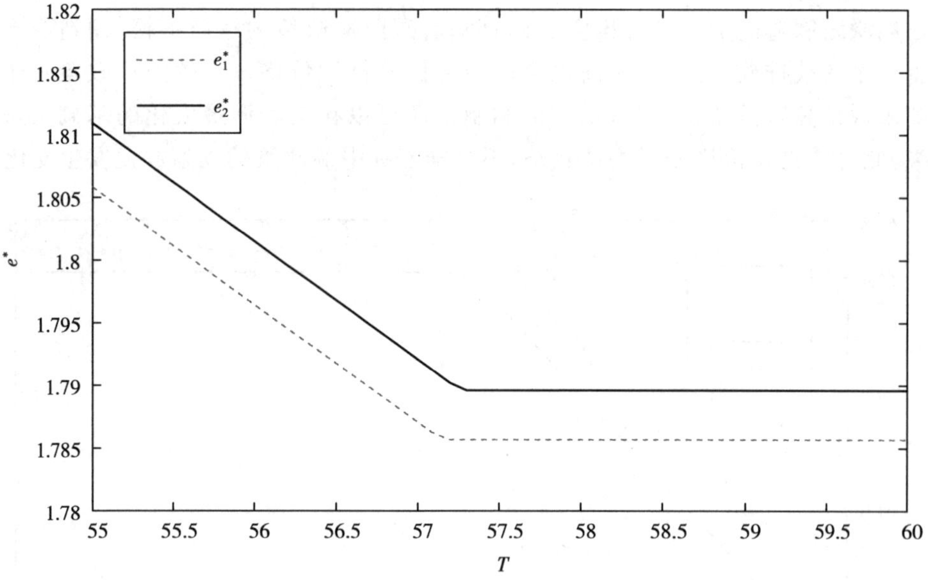

图 5-2　碳排放上限对减排量的影响

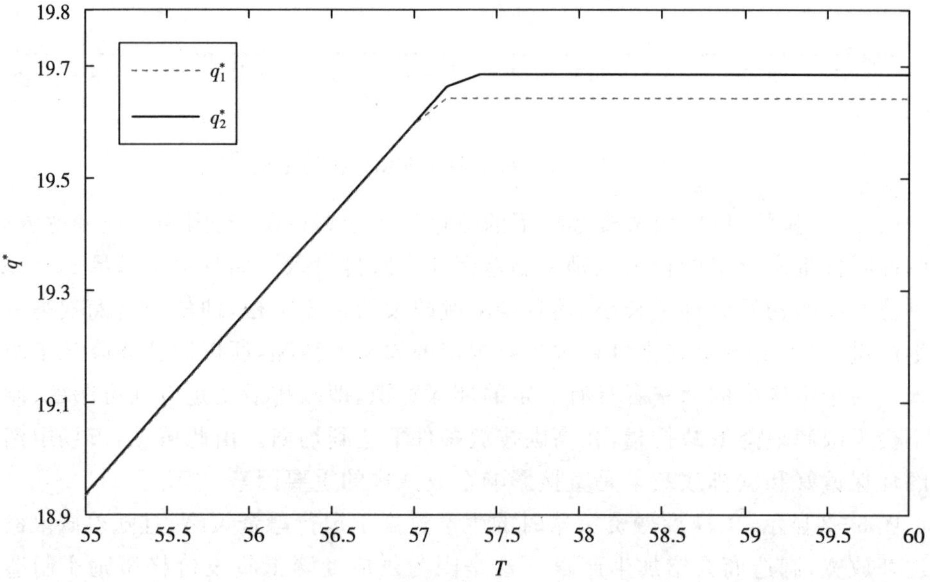

图 5-3　碳排放上限对生产量的影响

图 5-4 显示，在低碳排放条件下，银行融资对供应商是占优的，所以当政府收紧碳排放政策时，供应商不提供贷款给制造商。因为供应商融资时，供应商是减排活动的投资者，与制造商共担市场风险。因此，在低碳排放条件下，供应商为降低批发价格，激励制造商减排和增加产量，从而导致低碳排放条件下供应商的利润相对于银行融资较低。

在高碳排放条件下，制造商可以在最大化自身利润的基础上进行决策，此时供应商选择借款给制造商减排，也可以获得更多的收益，所以碳排放宽松政策下，供应商融资时供应商的利润相对于银行融资较高，该结论与定理 5.5 一致。

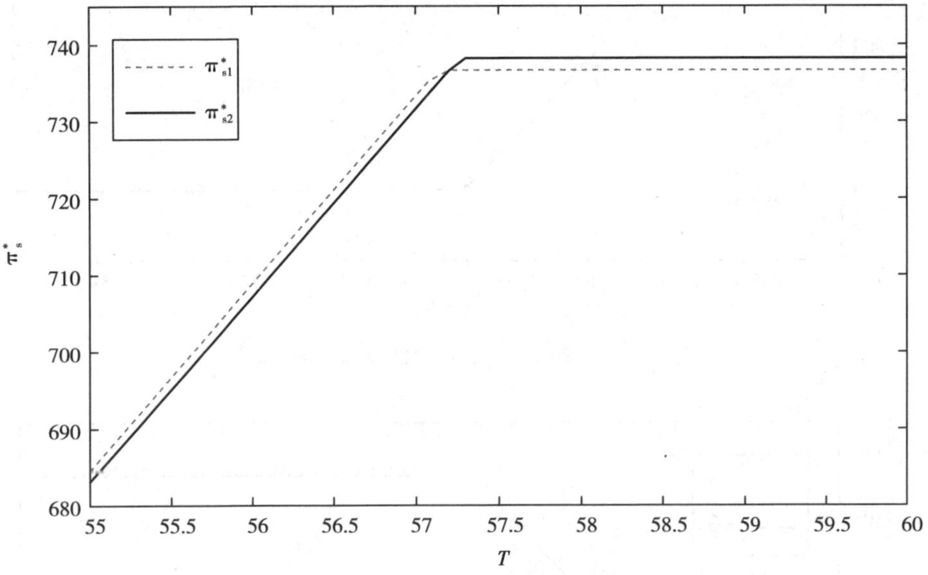

图 5-4　碳排放上限对供应商利润的影响

图 5-5 显示，无论何种碳限额政策，供应商融资都是制造商最优的选择。因为无论是低碳排放条件还是高碳排放条件，供应商融资策略时，供应商会降低批发价格，从而减少了制造商的成本支出。但是随着政府逐渐放宽碳限额政策，制造商的利润逐渐降低，因为在低碳排放条件下，随着碳限额政策的逐渐放松，供应商会提升批发价格，从而导致制造商的利润逐渐降低。这也说明批发价格对制造商利润的影响超过生产量。因此，制造商在减排和增加产量的同时，也应寻找与供应商的合作途径，降低批发价格。

图 5-6 显示，从供应链系统来看，供应商融资是占优的，因为供应商融资是上游供应商和下游制造商之间的内部融资，供应商降低批发价格的行为，激励了制造

商提高生产量，提高了供应链整体的运营效率，在一定程度上缓解了双重边际效用。

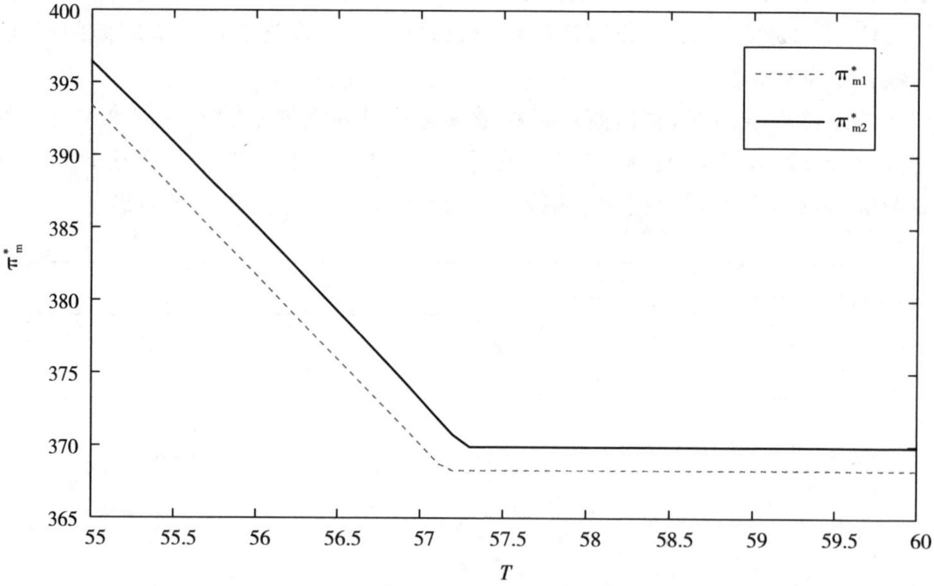

图 5-5　碳排放上限对制造商利润的影响

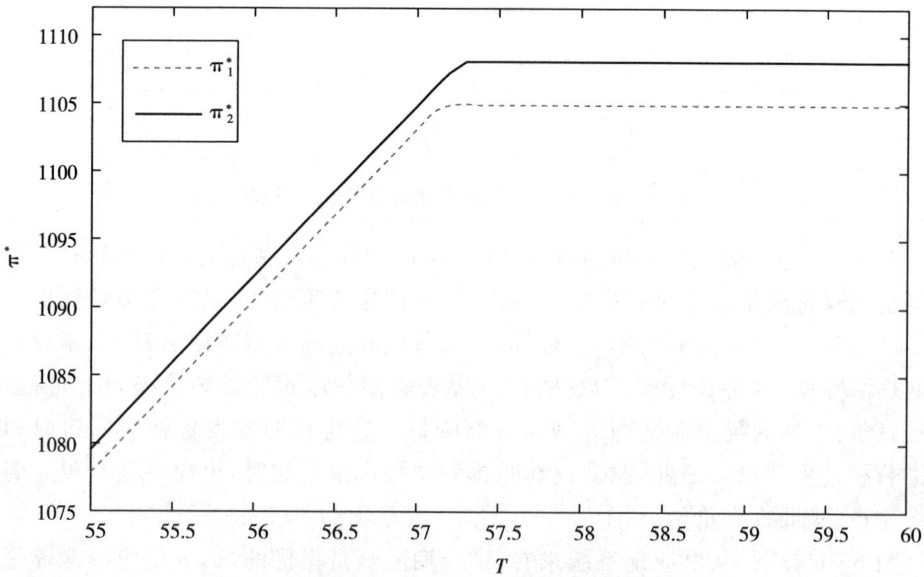

图 5-6　碳排放上限对供应链系统利润的影响

5.2 资金约束下低碳供应链合作融资策略

5.2.1 问题描述和基本假设

考虑由一个供应商和一个制造商组成的二级低碳供应链系统，供应商和制造商之间遵守 Stackelberg 博弈，其中供应商是领导者，制造商为服从者。假设供应商和制造商均面临减排资金短缺，且融资能力有限，他们可以分别从银行借款用于减排，或者通过合作贷款减排。因此，供应商和制造商有三种融资策略：(1)BFS 策略。供应商和制造商分别从银行借款用于减排活动，假设供应商和制造商向银行贷款的利息 r 相同。(2)MPB 策略。供应商从银行贷款用于减排，并提供免息贷款给制造商用于减排活动，由于供应商的融资能力有限，供应商只能提供部分免息贷款给制造商，所以制造商仍需向银行借款用于剩下的减排资金。供应商承担制造商的减排融资比例为 s_1(简称为分摊比例)，$0 \leqslant s_1 \leqslant 1$。(3)SPB 策略。与 MPB 策略对称，制造商从银行借款用于减排，并提供免息贷款给供应商用于减排活动，同样地，制造商的融资能力有限，制造商只能提供部分免息贷款给供应商，所以供应商仍需向银行借款用于剩下的减排资金。制造商承担供应商的减排融资比例为 s_2(简称为分摊比例)，$0 \leqslant s_2 \leqslant 1$。该低碳供应链系统的三种融资模式的运行如图 5－7 所示。

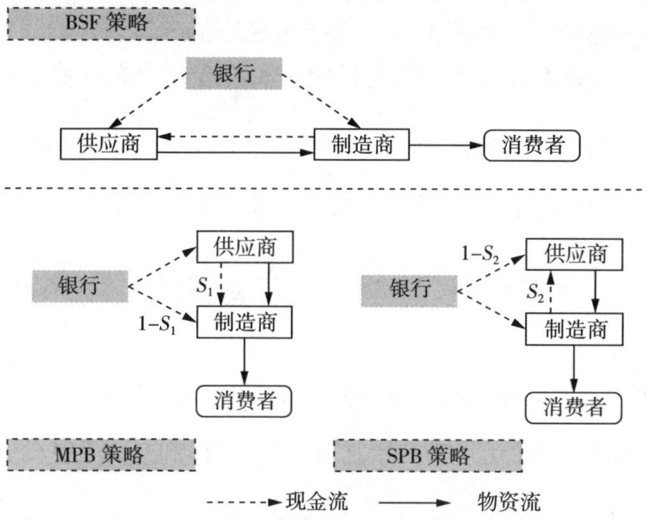

图 5－7　低碳供应链系统的三种融资模式

BFS 策略称为非合作策略，MPB 和 SPB 为合作策略。假设市场中的消费者具有一定的低碳偏好，合作融资有利于降低减排融资成本，因此供应商和制造商有动力选择合作融资。供应商和制造商是长期运行且信誉良好的企业，如果供应商和制造商的收入不足以偿还借款，他们将以负现金流继续经营，全额偿还借款。

市场需求是确定型，逆需求函数为 $p=a-q+\theta(e^{s}+e^{m})$，其中，$a$ 为潜在的市场需求，q 为产品的生产量，θ 为消费者低碳偏好系数，衡量了消费者环保意识水平，e^{s} 为供应商的减排量，e^{m} 为制造商的减排量，相应的减排成本分别为 $\frac{1}{2}k_1e^{s^2}$ 和 $\frac{1}{2}k_2e^{m^2}$，减排成本是减排量的二次函数，这意味着减排成本是凸的，减排的极限是有限的，k_1 和 k_2 为减排成本系数，与减排技术水平有关。假设供应商和制造商的减排技术水平相同，即有 $k_1=k_2=k$。供应商单位产品的生产成本为 c，且满足 $c<w<p$，w 为供应商单位产品的批发价格。

在本书的研究中，下标 $i=0,1,2$ 分别表示 BFS 策略、MPB 策略和 SPB 策略，上标 j 为 s，m，代表供应商和制造商。文中用到其他符号的定义和解释：π^{s} 为供应商的利润，π^{m} 为制造商的利润，π 为供应链系统的利润。作为市场主导者，供应商优先决策 w 和 e^{s}，然后制造商决策 q 和 e^{m}。

5.2.2 融资策略

首先考虑无减排情况下供应链的决策。该种情况下，供应商和制造商没有融资用于减排活动，他们的流动资产可以维持正常的生产和运营，此时产品的逆需求函数为 $p_N=a-q_N$。无减排活动情况供应商和制造商的决策模型为：

$$\max_{w_N>0}\pi_N^{s}=(w_N-c)q_N,\ \max_{q_N>0}\pi_N^{m}=(a-q_N-w_N)q_N$$

根据利润最大化原则，采用逆向归纳法可求得：

$$w_N^{*}=\frac{a+c}{2},q_N^{*}=\frac{a-c}{4},\pi_N^{s\,*}=\frac{(a-c)^2}{8},\pi_N^{m\,*}=\frac{(a-c)^2}{16}$$

(1)BFS 策略

在 BFS 策略下，供应商和制造商分别从银行借款用于减排，供应商和制造商的借款利息相同，均为 r。在销售季开始之前，供应商以利息 r 从银行借款 $\frac{1}{2}ke_0^{s^2}$ 用于减排，制造商以利息 r 从银行借款 $\frac{1}{2}ke_0^{m^2}$ 用于减排。销售季结束后，供应商偿还银行本金和利息$\frac{1}{2}k(1+r)e_0^{s^2}$，制造商偿还银行本金和利息$\frac{1}{2}k(1+r)e_0^{m^2}$。因此，供应商和制造商的决策模型为：

$$\max_{w_0>0,e_0^s\geqslant 0} \pi_0^s=(w_0-c)q_0-\frac{1}{2}k(1+r)e_0^{s^2} \tag{5-5}$$

$$\max_{q_0>0,e_0^m\geqslant 0} \pi_0^m=[a-q_0+\theta(e_0^s+e_0^m)-w_0]q_0-\frac{1}{2}k(1+r)e_0^{m^2} \tag{5-6}$$

为保证利润函数的凹性及决策变量的非负性。假设：

$$k>\max\left\{\frac{\theta^2[(1+r)(3+3r-5rs_1)+r^2{s_1}^2]}{4[1+3r-2rs_1-(1-s_1)(3-r-s_1+rs_1)r^2]},\frac{\theta^2(3+3r-2rs_2)}{4(1+r)(1+r-rs_2)}\right\}$$

上述约束确保了供应商和制造商的利润函数是凹规划。上述约束也适用于 MPB 和 SPB 策略。

定理 5.6　BFS 策略下的均衡解如下：

$$\begin{cases} w_0^*=\dfrac{k(a+c)(1+r)-\theta^2(a+2c)}{\Gamma_1} \\ e_0^{s\,*}=\dfrac{\theta(a-c)}{\Gamma_1} \\ e_0^{m\,*}=\dfrac{\theta(a-c)}{\Gamma_1} \\ q_0^*=\dfrac{k(a-c)(1+r)}{\Gamma_1} \end{cases}，其中，\Gamma_1=4k(1+r)-3\theta^2$$

证明：根据逆向归纳法进行求解，在(5-6)式中，目标函数的 Hesse 矩阵

$$H_2=\begin{bmatrix} -2 & \theta \\ \theta & -k(1+r) \end{bmatrix}$$

H_2 的一阶顺序主子式 $D_3=-2<0$，二阶顺序主子式 $D_4=2k(1+r)-\theta^2$，由假设可知 $D_2>0$，所以 Hessian 矩阵 H_2 为负定矩阵，(5-6) 式是关于 q 和 e^m 的凹函数，令$\frac{\partial \pi_0^m}{\partial q_0}=0$ 和$\frac{\partial \pi_0^m}{\partial e_0^m}=0$，可求得 $q_0^*(w_0,e_0^s)=\frac{k(1+r)(a-w_0+\theta e_0^s)}{2k(1+r)-\theta^2}$，$e_0^{m\,*}(w_0,e_0^s)=\frac{\theta(a-w_0+e_0^s\theta)}{2k(1+r)-\theta^2}$。上述计算结果说明制造商的利润首先随着产量 q_0 和减排量 e_0^m 的增加而增加，这意味着制造商可以从产量和减排的增加中获利。然而，市

场需求是有限的，减排成本是减排量的二次函数，这意味着减排成本是凸的，减排的极限是有限的。所以当 $q_0 \geqslant q_0^*(w_0, e_0^s)$ 及 $e_0^m \geqslant e_0^{m*}(w_0, e_0^s)$ 时，制造商的利润随着 q_0 和 e_0^m 的增加而减小。因此，制造商可以通过确定最优生产数量 $q_0^* = q_0^*(w_0, e_0^s)$ 和最优减排量 $e_0^{m*} = e_0^{m*}(w_0, e_0^s)$ 来实现利润最大化。将 $q_0^* = q_0^*(w_0, e_0^s)$ 和 $e_0^{m*} = e_0^{m*}(w_0, e_0^s)$ 带入(5-5)式有：

$$\pi_0^s(w_0, e_0^s) = \frac{k_2(c - w_0)(a - w_0 + \theta e_0^s)(1 + r) - k_1 e_0^{s\,2}(1 + r)/2}{2k(1 + r) - \theta^2} \quad (5-7)$$

在(5-7)式中，目标函数的 Hesse 矩阵

$$H_3 = \begin{bmatrix} -\dfrac{2k(1 + r)}{2k(1 + r) - \theta^2} & \dfrac{\theta k(1 + r)}{2k(1 + r) - \theta^2} \\ \dfrac{\theta k(1 + r)}{2k(1 + r) - \theta^2} & -k(1 + r) \end{bmatrix}$$

H_3 的一阶顺序主子式 $D_5 = -\dfrac{2k(1 + r)}{2k(1 + r) - \theta^2}$，二阶顺序主子式 $D_6 = \dfrac{k^2(1 + r)^2[4k(1 + r) - 3\theta^2]}{[2k(1 + r) - \theta^2]^2}$，由假设可知 $D_5 < 0$ 和 $D_6 > 0$，所以 Hessian 矩阵 H_3 为负定矩阵，(5-7)式是关于 w_0 和 e_0^s 的凹函数。令 $\dfrac{\partial \pi_0^s}{\partial w_0} = 0$ 和 $\dfrac{\partial \pi_0^s}{\partial e_0^s} = 0$ 可求得 $w_0^* = \dfrac{k(a + c)(1 + r) - \theta^2(a + 2c)}{\Gamma_1}$ 和 $e_0^{s*} = \dfrac{\theta(a - c)}{\Gamma_1}$。将 w_0^* 和 e_0^{s*} 代入 $q_0^*(w_0, e_0^s)$ 和 $e_0^{m*}(w_0, e_0^s)$，可得 q_0^* 和 e_0^{m*}。证毕。

通过比较定理 5.6 和无减排情况下的决策结果，可以发现：$w_0^* \geqslant w_N^*$，$q_0^* \geqslant q_N^*$，$\pi_0^{s*} \geqslant \pi_N^{s*}$，$\pi_0^{m*} \geqslant \pi_N^{m*}$。由此可以看出，融资减排可以提高供应链的运行效率，理智的投资者愿意实施减排活动。证明如下。

证明：根据定理 5.6 和上述计算结果，有：

$$w_N^* - w_0^* = -\frac{\theta^2(a - c)}{2\Gamma_1} < 0, q_N^* - q_0^* = -\frac{3\theta^2(a - c)}{4\Gamma_1} < 0,$$

$$\pi_N^{s*} - \pi_0^{s*} = -\frac{3\theta^2(a - c)^2}{8\Gamma_1} < 0$$

$$\pi_N^{m*} - \pi_0^{m*} = -\frac{\theta^2(a - c)^2[16k(1 + r) - 9\theta^2]}{16\Gamma_1^{\,2}}$$

根据假设 $k > \dfrac{3\theta^2}{4k(1 + r)}$，有 $k > \dfrac{9\theta^2}{16k(1 + r)}$，所以 $\pi_N^{m*} - \pi_0^{m*} < 0$。证毕。

由定理 5.6 可得推论 5.5。

推论 5.5　BFS 策略下，有：$\frac{\partial w_0^*}{\partial \theta} \geqslant 0$，$\frac{\partial e_0^{s*}}{\partial \theta} \geqslant 0$，$\frac{\partial e_0^{m*}}{\partial \theta} \geqslant 0$，$\frac{\partial q_0^*}{\partial \theta} \geqslant 0$。

证明：根据定理 5.6，计算可得：$\frac{\partial w_0^*}{\partial \theta} = \frac{4\theta k(1+r)(a-c)}{\Gamma_1^{\,2}} \geqslant 0$，$\frac{\partial e_0^{s*}}{\partial \theta} = \frac{(a-c)[4k(1+r)+3\theta^2]}{\Gamma_1^{\,2}} \geqslant 0$，$\frac{\partial e_0^{m*}}{\partial \theta} = \frac{(a-c)[4k(1+r)+3\theta^2]}{\Gamma_1^{\,2}} \geqslant 0$，$\frac{\partial q_0^*}{\partial \theta} = \frac{6\theta k(1+r)(a-c)}{\Gamma_1^{\,2}} \geqslant 0$。证毕。

推论 5.5 显示，消费者较高的环保意识水平有利于促进供应商和制造商加大减排力度。因为当消费者的环保意识水平较高时，制造商会增加生产量以获得更多的收入，供应商和制造商同时被诱导加大减排投入以提高批发价格，从而获得更多的利润。

(2)MPB 策略

在 MPB 策略下，供应商分摊部分制造商的减排融资成本，其中供应商承担制造商减排融资成本的比例为 s_1，由于供应商的融资能力有限，所以 $0 \leqslant s_1 \leqslant 1$。在销售季开始前，供应商以利息 r 从银行借款$\frac{1}{2}k(e_1^{s^2} + s_1 e_1^{m^2})$，并向制造商提供免息贷款$\frac{s_1}{2}ke_1^{m^2}$，制造商需向银行借款用于剩下的减排活动的支付，制造商向银行借款$\frac{1-s_1}{2}ke_1^{m^2}$，借款利息为 r。其中，$1-s_1$ 为制造商承担自己减排融资成本的比例。销售季结束以后，制造商向银行偿还贷款和利息$\frac{1-s_1}{2}k(1+r)e_1^{m^2}$，并还清供应商借款$\frac{s_1}{2}ke_1^{m^2}$。供应商偿还银行贷款和利息$\frac{1}{2}k(1+r)(e_1^{s^2} + s_1 e_1^{m^2})$。因此，供应商和制造商面临的决策问题为：

$$\max_{w_1>0,\,e_1^s\geqslant 0} \pi_1^s = (w_1 - c)q_1 - \frac{1}{2}k(1+r)e_1^{s^2} - \frac{s_1}{2}kre_1^{m^2} \tag{5-8}$$

$$\max_{q_1>0,\,e_1^m\geqslant 0} \pi_1^m = [a - q_1 + \theta(e_1^s + e_1^m) - w_1]q_1 - \frac{1-s_1}{2}ke_1^{m^2}(1+r) - \frac{s_1}{2}ke_1^{m^2} \tag{5-9}$$

定理 5.7　MPB 策略下的均衡解如下：

$$\begin{cases} w_1^* = \dfrac{2k(a+c)(1+r)(1+r-rs_1)^2-\theta^2[(a+3c)(1+r)^2-rs_1(2a+3c+2ar+3cr-crs_1)]}{\Gamma_2} \\ e_1^{s*} = \dfrac{\theta(a-c)(1+r-rs_1)^2}{\Gamma_2} \\ e_1^{m*} = \dfrac{\theta(a-c)(1+r)(1+r-rs_1)}{\Gamma_2} \\ q_1^* = \dfrac{\theta k(a-c)(1+r)(1+r-rs_1)^2}{\Gamma_2} \end{cases}$$

其中，$\Gamma_2=4k(1+r)(1+r-rs_1)^2-\theta^2[(1+r)(3+3r-5rs_1)+r^2s_1{}^2]$。

证明同定理 5.6。证略。由定理 5.7 可得推论 5.6。

推论 5.6 在 MPB 策略下，有：

(1) $\dfrac{\partial w_1^*}{\partial\theta}\geqslant 0,\dfrac{\partial e_1^{s*}}{\partial\theta}\geqslant 0,\dfrac{\partial e_1^{m*}}{\partial\theta}\geqslant 0,\dfrac{\partial q_1^*}{\partial\theta}\geqslant 0$。

(2) $$\begin{cases} \begin{cases} \dfrac{\partial w_1^*}{\partial s_1}\geqslant 0,\text{if } s_1<\zeta' \\ \dfrac{\partial w_1^*}{\partial s_1}<0,\text{otherwise} \end{cases},\text{if } k<\dfrac{\theta^2}{1+r}, \\ \begin{cases} \dfrac{\partial w_1^*}{\partial s_1}\geqslant 0,\text{if } s_1\geqslant\zeta'' \\ \dfrac{\partial w_1^*}{\partial s_1}<0,\text{otherwise} \end{cases},\text{otherwise} \end{cases},$$

$$\begin{cases} \dfrac{\partial e_1^{s*}}{\partial s_1}\geqslant 0,\dfrac{\partial q_1^*}{\partial s_1}\geqslant 0,\dfrac{\partial \pi_1^{s*}}{\partial s_1}\geqslant 0,\text{if } s_1<\dfrac{1+r}{3r} \\ \dfrac{\partial e_1^{s*}}{\partial s_1}<0,\dfrac{\partial q_1^*}{\partial s_1}<0,\dfrac{\partial \pi_1^{s*}}{\partial s_1}<0,\text{otherwise} \end{cases},$$

$$\begin{cases} \dfrac{\partial e_1^{m*}}{\partial s_1}\geqslant 0,\text{if } s_1<\zeta''' \\ \dfrac{\partial e_1^{m*}}{\partial s_1}<0,\text{otherwise} \end{cases},\begin{cases} \dfrac{\partial \pi_1^{m*}}{\partial s_1}\geqslant 0,\text{if } s_1<\zeta'''' \\ \dfrac{\partial \pi_1^{m*}}{\partial s_1}<0,\text{otherwise} \end{cases}$$

，其中，ζ'，ζ''，ζ''' 和 ζ'''' 见证明。

证明：推论 5.6(1) 的证明同定理 5.6，在此省略，下面证明推论 5.6(2)。根据定理 5.7，计算可得：

$$\frac{\partial w_1^*}{\partial s_1}=-\frac{r(1+r)(a-c)\theta^2}{\Gamma_2{}^3}2r^2s_1{}^2[k(1+r)-\theta^2]+2\theta^2rs_1(1+r)-$$

$(1+r)^2[2k(1+r)-\theta^2]$

$\frac{\partial w_1^*}{\partial s_1}$ 是关于 s_1 的二次函数，且 $0 \leqslant s_1 \leqslant 1$。根据二次函数的性质，当 $k \geqslant \frac{\theta^2}{1+r}$，如果 $s_1 < \zeta'$，有 $\frac{\partial w_1^*}{\partial s_1} \geqslant 0$，如果 $s_1 < \zeta'$，有 $\frac{\partial w_1^*}{\partial s_1} < 0$，其中 $\zeta' = \frac{\{2k(1+r)[2k(1+r)-\theta^2]\}^{\frac{1}{2}}+\theta^2\}}{2r[k(1+r)-\theta^2]}$。当 $k < \frac{\theta^2}{1+r}$，如果 $s_1 \geqslant \zeta''$，有 $\frac{\partial w_1^*}{\partial s_1} \geqslant 0$，如果 $s_1 < \zeta''$，有 $\frac{\partial w_1^*}{\partial s_1} < 0$，其中 $\zeta'' = \frac{\{\theta^2 - 2k(1+r)[2k(1+r)-\theta^2]\}^{\frac{1}{2}}}{2r[k(1+r)-\theta^2]}$。同理可以证明推论 5.6(2) 中的其他结论，其中 ζ''' 和 ζ'''' 的值如下：

$$\zeta''' = \frac{(1+r)\{4k(1+r)-\theta^2-\theta[4k(1+r)-\theta^2]^{\frac{1}{2}}\}}{r[4k(1+r)-\theta^2]},$$

$$\zeta'''' = \frac{8k(1+r)-\theta^2-\{16k(1+r)[4k(1+r)-3\theta^2]-3\theta^4\}^{\frac{1}{2}}}{2r[8k(1+r)+\theta^2]}$$

证毕。

推论 5.6 的结论类似于推论 5.5。另外，推论 5.6(2) 显示，随着 s_1 的增加，供应商的减排量先增加后降低。这意味着当 s_1 较小时，供应商可以从 s_1 的增加中获取一定的利益，但是随着 s_1 的持续增加，供应商的融资成本随之增加，从而导致其利润的降低，此时供应商选择降低减排投资以减少损失。随着 s_1 的增加，制造商的减排量也是先增加后降低，因为供应商的合作融资行为降低了制造商的减排成本，制造商会增加减排投资以占有更多的市场。随着 s_1 的不断增加，供应商的融资压力不断增加，供应商会通过提升批发价格转移融资压力，从而导致制造商不得不降低减排投资以减少损失，所以当 s_1 较高时（$s_1 \geqslant \zeta'''$），制造商会降低减排投资。

随着 s_1 的增加，供应商的利润也是先随之增加后降低。这意味着当 s_1 为某一特定值时，供应商的利润可以达到一个极大值。所以当 $s_1 = \frac{1+r}{3r}$ 且 $r \geqslant \frac{1}{2}$ 时，供应商的利润达到极大值；当 $s_1 = 1$ 且 $r < \frac{1}{2}$ 时，供应商的利润达到极大值。由此可见，MPB 策略下，当银行提供贷款的利息较低时，供应商愿意承担制造商所有的减排融资成本。

随着 s_1 的增加，制造商的利润也是先随之增加后降低。因为制造商的利润受到批发价格和减排成本的影响，而供应商的融资合作行为可以降低制造商的减排成本，同时，供应商也会通过提高批发价格转移融资压力。所以，当批发价格上涨导致的制造商成本低于供应商分担减排成本导致的成本降低时，制造商的利润就会增加。随着 s_1 的增加,供应商的融资压力增加,所以供应商会提升批发价格,从而产生批发价格上涨导致的制造商成本高于供应商分担减排成本导致的成本降低的情况,制造商的利润就会降低。

上述分析可以发现,共享比例对合作伙伴至关重要,适当的共享比例可以提高供应链的环境绩效和经济绩效。

(3)SPB 策略

在 SPB 策略下,制造商分摊部分供应商的减排融资成本,其中,制造商承担制造商减排融资成本的比例为 s_2,由于制造商的融资能力有限,有 $0 \leqslant s_2 \leqslant 1$。在销售季开始前,制造商以利息 r 从银行借款 $\frac{1}{2}k(s_2 e_2^{s^2} + e_2^{m^2})$,并向供应商提供免息贷款 $\frac{s_2}{2}ke_2^{s^2}$,供应商需向银行借款用于剩下的减排活动的支付,供应商向银行借款 $\frac{1-s_2}{2}ke_2^{s^2}$,借款利息为 r。其中,$1-s_2$ 为供应商承担自己减排融资成本的比例。销售季结束以后,供应商向银行偿还贷款和利息 $\frac{1-s_2}{2}k(1+r)e_2^{s^2}$,还清制造商借款 $\frac{s_2}{2}ke_2^{s^2}$。制造商偿还银行贷款和利息 $\frac{1}{2}k(1+r)(s_2 e_2^{s^2} + e_2^{m^2})$。因此,供应商和制造商面临的决策问题为:

$$\max_{w_2>0,e_2^s\geqslant 0} \pi_2^s = (w_2 - c)q_2 - \frac{1-s_2}{2}k(1+r)e_2^{s^2} - \frac{s_2}{2}ke_2^{s^2} \tag{5-10}$$

$$\max_{q_2>0,e_2^m\geqslant 0} \pi_2^m = [a - q_2 + \theta(e_2^s - e_2^m) - w_2]q_2 - \frac{s_2}{2}kre_2^{s^2} - \frac{1}{2}k(1+r)e_2^{m^2} \tag{5-11}$$

定理 5.8 SPB 策略下的均衡解如下:

$$\begin{cases} w_2^* = \dfrac{(a+c)(1+r-rs_2)[2k(1+r)-\theta^2]-c(1+r)\theta^2}{\Gamma_3} \\ e_2^{s\,*} = \dfrac{\theta(1+r)(a-c)}{\Gamma_3} \\ e_2^{m\,*} = \dfrac{\theta(1+r-rs_2)(a-c)}{\Gamma_3} \\ q_2^{\,*} = \dfrac{k(a-c)(1+r)(1+r-rs_2)}{\Gamma_3} \end{cases}$$

其中,$\Gamma_3 = 4k(1+r)(1+r-rs_2) - \theta^2(3+3r-2rs_2)$。

证明同定理 5.6。证略。由定理 5.8 可得推论 5.7。

推论 5.7　在 SPB 策略下，有：

(1) $\frac{\partial w_2^*}{\partial \theta} \geqslant 0, \frac{\partial e_2^{s*}}{\partial \theta} \geqslant 0, \frac{\partial e_2^{m*}}{\partial \theta} \geqslant 0, \frac{\partial q_2^*}{\partial \theta} \geqslant 0$。

(2) $\frac{\partial w_2^*}{\partial s_2} \geqslant 0$，$\frac{\partial e_2^{s*}}{\partial s_2} \geqslant 0$，$\frac{\partial e_2^{m*}}{\partial s_2} \geqslant 0$，$\frac{\partial q_2^*}{\partial s_2} \geqslant 0$，$\frac{\partial \pi_2^{s*}}{\partial s_2} \geqslant 0$；当 $s_2 < \frac{\theta^2(1+r)}{4r[2k(1+r)-\theta^2]}$ 时，有 $\frac{\partial \pi_2^{m*}}{\partial s_2} \geqslant 0$，否则 $\frac{\partial \pi_2^{m*}}{\partial s_2} < 0$。

证明同推论 5.5。证略。

推论 5.7(1) 和推论 5.5 类似。推论 5.7(2) 显示随着 s_2 增加，批发价格、减排量、生产量以及供应商的利润均随之增加。因为随着 s_2 的增加，供应商的减排成本随之降低，所以供应商会加大减排力度以占有更多市场，同时也会提高产品的批发价格以获取更多利润。为占有更多市场，制造商也会加大减排投资。由于 s_2 的增加会导致制造商融资成本的增加，所以当 s_2 较低时，融资成本分摊导致的成本增加小于供应商的减排量增加产生的收益，该融资合作行为增加了制造商的利润；随着 s_2 的增加，制造商的融资压力剧增，由于融资成本分摊导致的成本增加大于供应商的减排量增加产生的收益，此时该融资合作行为降低了制造商的利润。由此可见，制造商的利润在 $s_2 = \frac{\theta^2(1+r)}{4r[2k(1+r)-\theta^2]}$ 和 $r \geqslant \frac{5\theta^2 - 8k + \sqrt{64k^2 - 48k\theta^2 + 25\theta^4}}{16k}$ 条件下达到极大值；或者在 $s_2 = 1$ 和 $r < \frac{5\theta^2 - 8k + \sqrt{64k^2 - 48k\theta^2 + 25\theta^4}}{16k}$ 条件下达到极大值。因此，当银行利率较低的情况下，制造商愿意分摊供应商所有的减排融资成本。

5.2.3　比较和分析

定理 5.9　批发价格、减排量和生产量的比较如下：

(1) $\begin{cases} w_2^* \geqslant w_1^* \geqslant w_0^*, \text{if } s_2 \geqslant S' \\ w_1^* \geqslant w_2^* \geqslant w_0^*, \text{otherwise} \end{cases}$，

$$S' = \frac{s_1(1+r)^2[2k(1+r) - \theta^2(1+r-rs_1)]}{[2k(1+r)-\theta^2][(1+r)(1+r-rs_1) + r^2 {s_1}^2]}$$。

(2) $\begin{cases} e_2^{s*} \geqslant e_1^{s*} > e_0^{s*}, \text{if } s_2 \geqslant S'' \\ e_1^{s*} \geqslant e_2^{s*} > e_0^{s*}, \text{otherwise} \end{cases}$，

$$S'' = \frac{\theta^2 s_1(1+r)(1+r-2rs_1)}{2(1+r)^2[2k(1+r)-\theta^2] - 2rs_1(2+2r-rs_1)(2k-\theta^2)}$$。

$$(3)\begin{cases}e_2^{m*} \geqslant e_1^{m*} > e_0^{m*}, \text{if } s_2 \geqslant S''' \\ e_1^{m*} \geqslant e_2^{m*} > e_0^{m*}, \text{otherwise}\end{cases},$$

$$S''' = \frac{s_1(1+r)[4k(1+r-rs_1)+\theta^2(2+2r+rs_1)]}{4krs_1(1+r)(1+r-rs_1)+\theta^2[(1+r)(1+r-3rs_1)+r^2s_1^2]}。$$

$$(4)\begin{cases}q_2{}^* \geqslant q_1^* \geqslant q_0^*, \text{if } s_2 \geqslant S'''' \\ q_1^* \geqslant q_2{}^* \geqslant q_0^*, \text{otherwise}\end{cases},$$

$$S'''' = \frac{s_1(1+r)(1+r-2rs_1)}{(1+r)(1+r-rs_1)-r^2{s_1}^2}。$$

证明：根据定理 5.6、定理 5.7 和定理 5.8，计算可得

$$e_1^{s*} - e_0^{s*} = \frac{\theta^3 rs_1[1+r(1-s_1)](a-c)}{\Gamma_1\Gamma_2} \geqslant 0$$

$$e_2^{s*} - e_0^{s*} = \frac{2\theta rs_2(a-c)[2kr(1+r)-\theta^2]}{\Gamma_1\Gamma_3} \geqslant 0$$

$$e_2^{s*} - e_1^{s*} = \frac{s_2[2k(1+r)-\theta^2][(1+r)(1+r-rs_1)+r^2{s_1}^2] - s_1(1+r)^2[2k(1+r)-\theta^2(1+r-rs_1)]}{\Gamma_2\Gamma_3}$$

所以有 $e_1^{s*} \geqslant e_0^{s*}, e_2^{s*} \geqslant e_0^{s*}$，当 $s_2 \geqslant \dfrac{s_1(1+r)^2[2k(1+r)-\theta^2(1+r-rs_1)]}{[2k(1+r)-\theta^2][(1+r)(1+r-rs_1)+r^2{s_1}^2]}$ 时，$e_2^{s*} \geqslant e_1^{s*}$。

同理可证定理 5.9 中的其他结论。证毕。

定理 5.9 显示合作融资策略下的绩效优于非合作融资策略，通过企业之间的合作降低了减排成本，从而产生更高的减排和更高的产量。因此，合作融资策略可以提高供应链的环境绩效和经济绩效，MPB 策略与 SPB 策略相比可能更具吸引力，这主要具体取决于共享比例。

通过比较发现，合作融资下供应商和制造商的减排量高于非合作融资，这说明供应商和制造商的减排成本在合作融资策略下较低，所以供应商和制造商愿意加大减排。此外，在合作融资策略下，当 $s_2 \geqslant \max\{S'', S'''\}$ 时，SPB 策略下的减排量高于 MPB 策略下的减排量。这也表明，当上 / 下游愿意并且有能力为下 / 上游分担更多减排成本时，SPB 战略可以更好地激励企业增大减排力度。通过对生产量的比较表明，合作融资策略下的生产量高于非合作融资策略，同样地，在合作融资策略下，当 $s_2 \geqslant S''''$ 时，SPB 策略下的生产量高于 MPB 策略下的生产量。

定理 5.10　三种融资策略下，供应商的利润比较如下：

$$\begin{cases}\pi_2^{s*} \geqslant \pi_1^{s*} \geqslant \pi_0^{s*}, \text{if } s_2 \geqslant S'''' \\ \pi_1^{s*} \geqslant \pi_2^{s*} \geqslant \pi_0^{s*}, \text{otherwise}\end{cases}$$

证明同定理 5.9。证略。

定理5.10显示，合作融资策略提高了供应商的利润并使供应商受益。在MPB策略下，供应商分摊了制造商的减排成本，该分摊行为鼓励了制造商加大减排力度，从而提高了产品的市场需求量。在SPB策略下，制造商分摊了供应商的减排成本，该分摊行为同样鼓励了供应商加大减排力度，同时降低了供应商的减排成本，因此供应商从中获利。此外，在合作融资策略下，当制造商承担供应商融资成本比例 $s_2 \geqslant S''''$ 时，SPB策略对供应商更有利。

5.2.4　数值算例

为进一步分析不同融资策略对供应链的环境绩效和经济绩效的影响，现引入数值算例。模型中的参数取值如下：$a=100$，$c=1$，$\theta=1.5$，$r=0.04$，$k=25$，当 $s_1=0.4$ 时，计算可得：$S''=0.0090$，$S'''=10.5247$，$S''''=0.3938$。

s_1 以 0.1 为步长从 0.1 到 1 变化时 $s_2=0.4$；s_2 以 0.1 为步长从 0.1 到 1 变化时 $s_1=0.4$。其中，s_1 为供应商分摊制造商的融资成本比例，s_2 为制造商承担供应商的融资成本比例。图 5-8 显示，供应商和制造商的减排量均与分摊比例 s_1 和 s_2 正相关，且合作融资策略下的减排量大于非合作融资策略。如推论 5.6 和推论 5.7 所示，条件 $s_1<\frac{1+r}{3r}$ 和 $s_1<\zeta'''$ 得到满足，供应商和制造商均被激励加大减排力度。

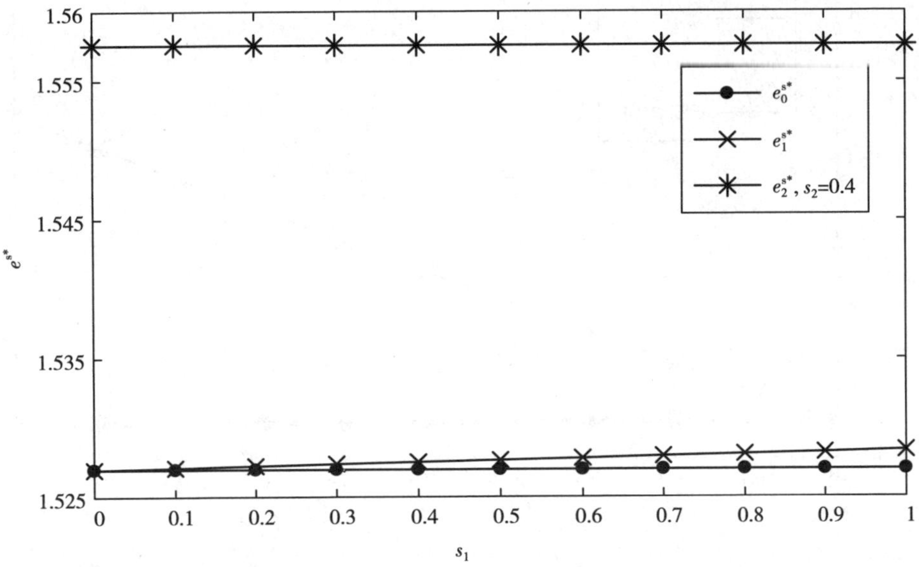

(a) s_2=0.4

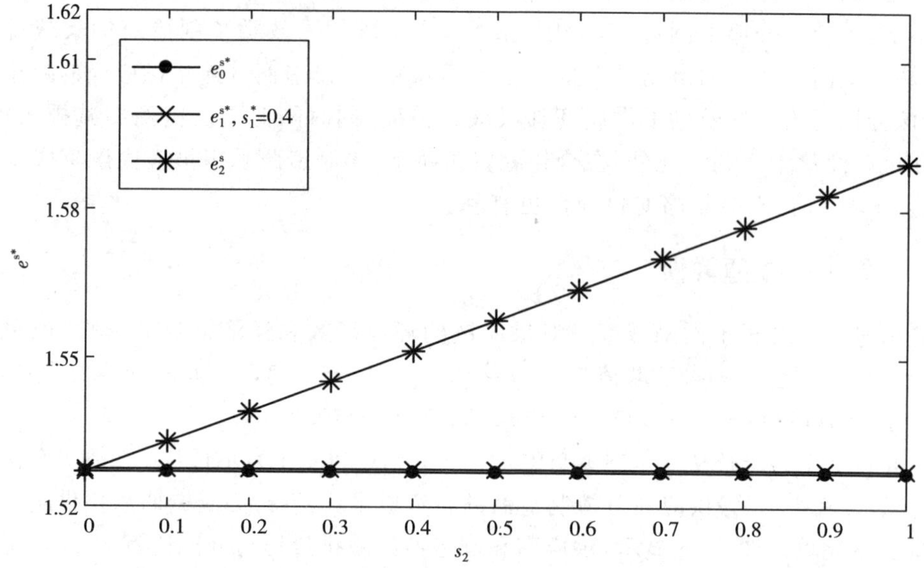
1.62
1.61
1.58
1.55
1.52
0
0.1
0.2
0.3
0.4
0.5
0.6
0.7
0.8
0.9
1
e^{s*}
s_2
e_0^{s*}
e_1^{s*}, s_1^*=0.4
e_2^s

（b）s_1=0.4

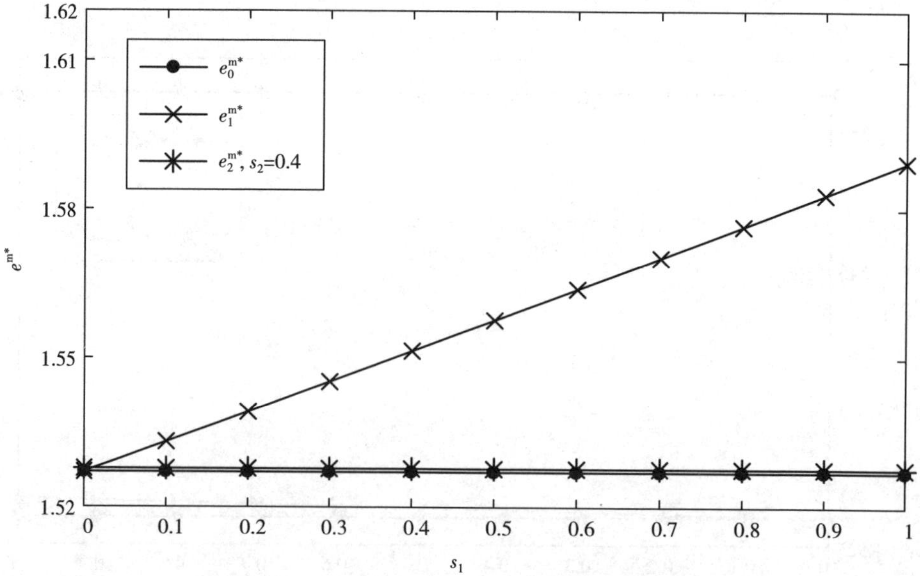
1.62
1.61
1.58
1.55
1.52
0
0.1
0.2
0.3
0.4
0.5
0.6
0.7
0.8
0.9
1
e^{m*}
s_1
e_0^{m*}
e_1^{m*}
e_2^{m*}, s_2=0.4

（c）s_2=0.4

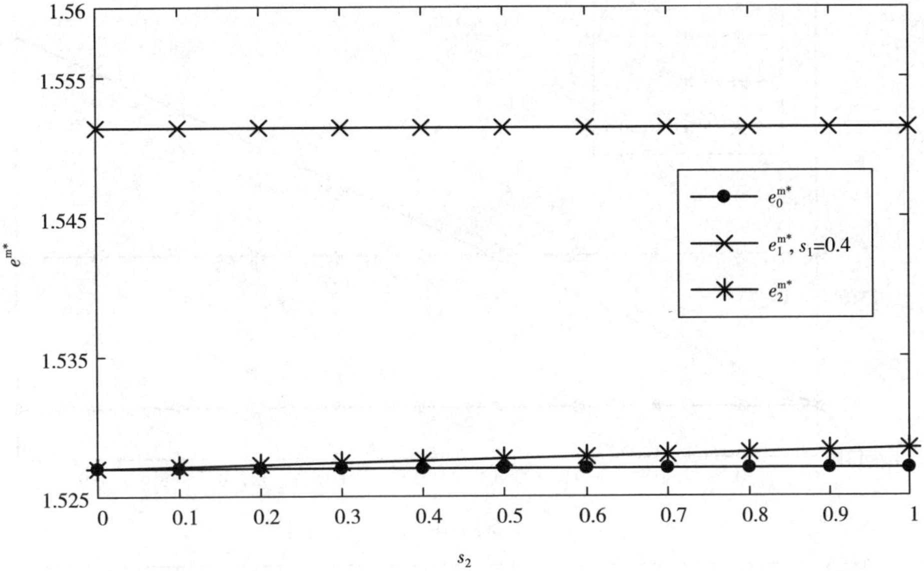

（d）s_1=0.4

图 5－8　共享比例对减排量的影响

把合作融资策略中的分摊减排融资成本的一方叫共享者，另一方叫接受者，由图 5－8 可以看出，供应链中的企业为共享者时的减排量小于其为接受者时的减排量，很明显，为合作伙伴分担减排成本的行为增加了共享者的财政压力，所以共享者减少了减排投资，从而导致其减排量的降低。

图 5－9 显示，供应商的利润均与 s_1 和 s_2 呈正相关关系，相较于非合作融资，合作融资策略下供应商的利润更高。此外，合作融资策略下，MPB 策略相对于 SPB 策略的优势主要取决于共享比例。

图 5-9(a) 显示，当 $s_1 \geqslant 0.4064$ 且 $s_2 = 0.4$ 时，供应商的利润在 MPB 策略下高于 SPB 策略，这说明当供应商有能力承担 $s_1 \geqslant 0.4064$，且在 SPB 策略下制造商只愿意承担 $s_2 = 0.4$ 时，供应商才愿意分摊制造商的部分减排融资成本。当 $s_2 \geqslant S'''' = 0.3938$ 且 $s_1 = 0.4$ 时，供应商的利润在 SPB 策略下高于 MPB 策略，这说明只有制造商分摊融资成本比例 $s_2 \geqslant S''''$，且在 MPB 策略下供应商只有能力承担 $s_1 = 0.4$ 时，供应商才愿意接受制造商的融资成本分摊行为。另外，当分摊比例 $s_1 = s_2 = 1$ 时，SPB 策略对供应商更有利。

由此可见，与非合作融资策略相比，合作融资策略对供应商更有利，如果制造商愿意为供应商分摊所有融资成本，则供应商更倾向于 SPB 策略。

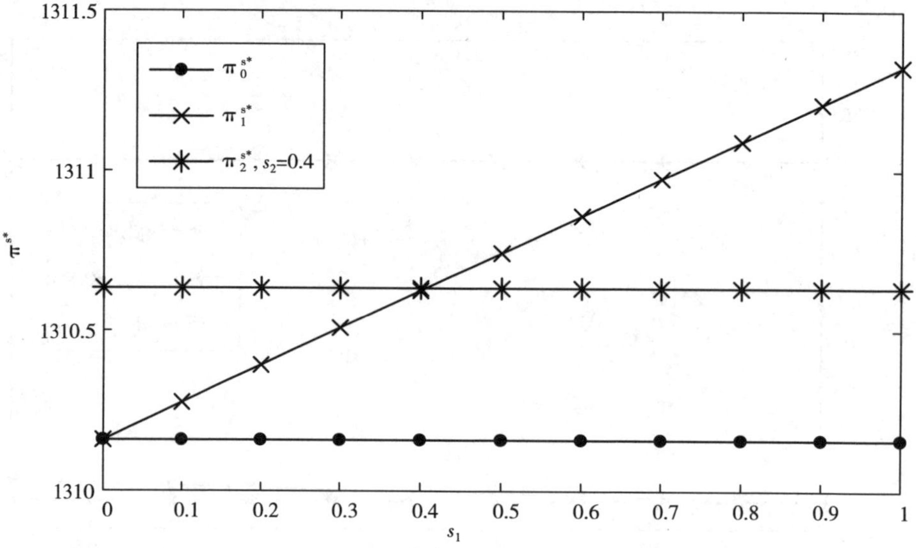

(a) s_2=0.4

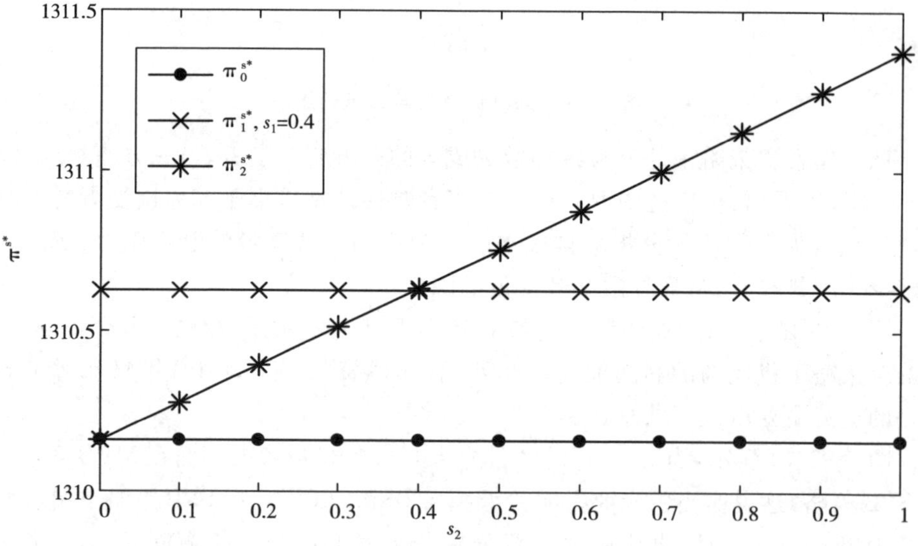

(b) s_1=0.4

图 5－9　共享比例对供应商利润的影响

图 5－10 显示，制造商的利润随 s_1 和 s_2 的增加先增加，后随之降低。图 5－10(a)显示，当 $0.1909 \leqslant s_1 < 0.3835$ 时，MPB 策略下制造商的利润高于 SPB 策略下制造商的利润，当 $s_1 < 0.5688$ 时，MPB 策略下制造商的利润高于 BFS 策略下制造商的利润。这是因为在 MPB 策略下，供应商会提高批发价格转移分摊的融资

成本，当供应商的分摊比例 $0.1909 \leqslant s_1 < 0.3835$，对于制造商来说，供应商批发价格增加导致的制造商成本增加小于供应商分摊减排成本导致的成本降低，所以制造商的利润增加，从而使得 MPB 策略下的制造商利润高于 SPB 策略下。但是随着 s_1 的逐渐增加，供应商的融资压力剧增，此时供应商会大幅度提高批发价格以转移资金压力，从而产生由于供应商批发价格增加导致的制造商成本增加大于由于供应商分担减排成本导致的成本降低，最终导致制造商的利润降低，所以当 $s_1 \geqslant 0.3835$ 时，MPB 策略制造商的利润小于 SPB 策略下制造商的利润，尤其是当 $s_1 \geqslant 0.5688$ 时，MPB 策略制造商的利润还会小于 BFS 策略下制造商的利润。因此，只有当供应商的分摊比例 $0.1909 \leqslant s_1 < 0.3835$，且 SPB 策略下制造商的分摊比例 $s_2 = 0.4$ 时，制造商才愿意接受供应商的分摊融资成本的行为。

图 5-10(b) 的结果类似于上述分析。当制造商的分摊比例 $0.1713 \leqslant s_2 < 0.4154$，且 MPB 策略下供应商的分摊比例 $s_1 = 0.4$ 时，制造商才愿意分摊供应商的部分融资成本。上述结果表明，从制造商的角度来看，MPB 策略、SPB 策略相对于 BFS 策略的优势主要取决于共享比例和合作伙伴的借贷能力。

通过图 5-9 和图 5-10 的结果，我们可以提出一个对供应商和制造商都有利的共享比例的范围。例如，当 $0 < s_1 < 0.5688$ 时，MPB 策略下的供应商和制造商的利润均高于 BFS 策略下的利润，这是一个对供应商和制造商均有利的取值范围。当 $0 < s_2 < 0.5812$ 时，SPB 策略均提高了供应商和制造商的利润。由此可见，在一定条件下，合作融资策略是供应链的均衡策略。

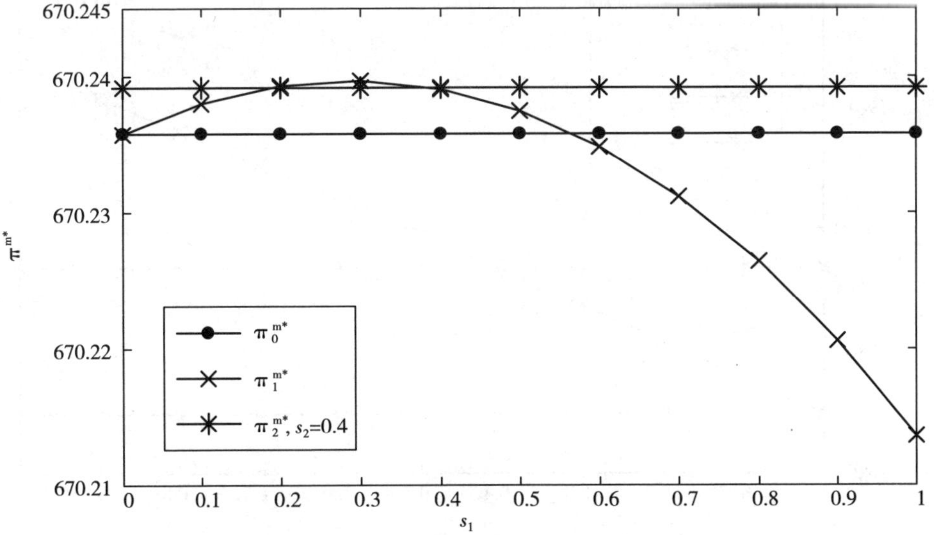

(a) s_2=0.4

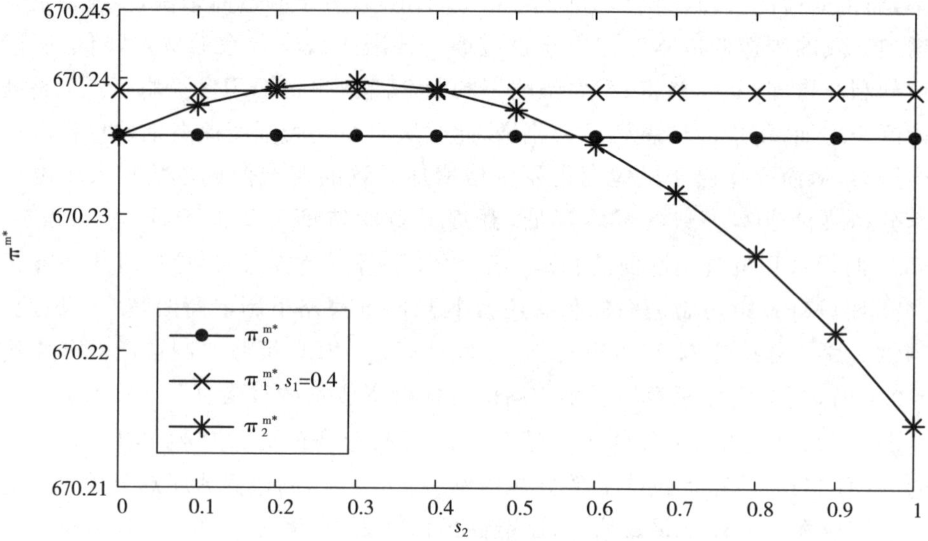

（b）s_1=0.4

图 5-10　共享比例对制造商利润的影响

图5-11显示，合作融资策略下的供应链利润高于非合作融资策略。这是因为合作融资策略下供应链的绩效优于非合作融资策略，通过企业之间的融资合作降低了减排成本，从而鼓励供应商和制造商加大减排力度和生产力度。

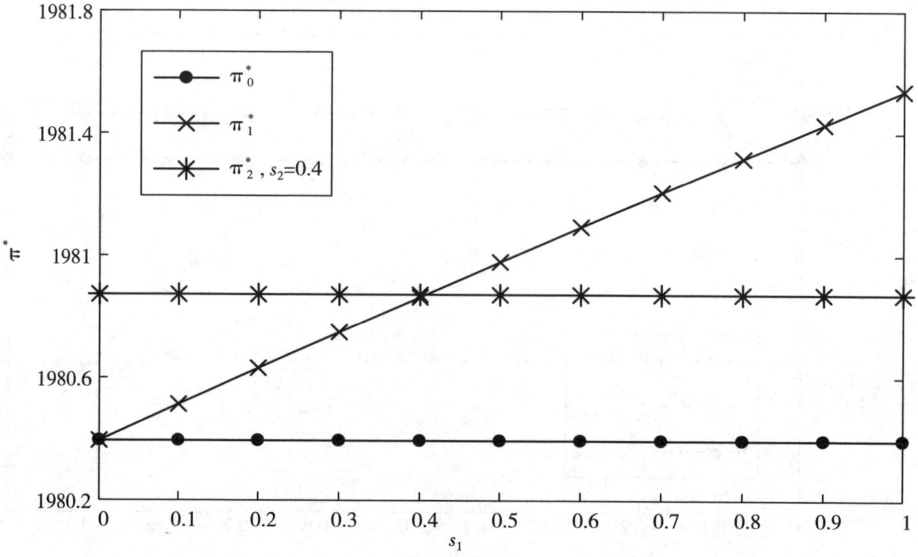

（a）s_2=0.4

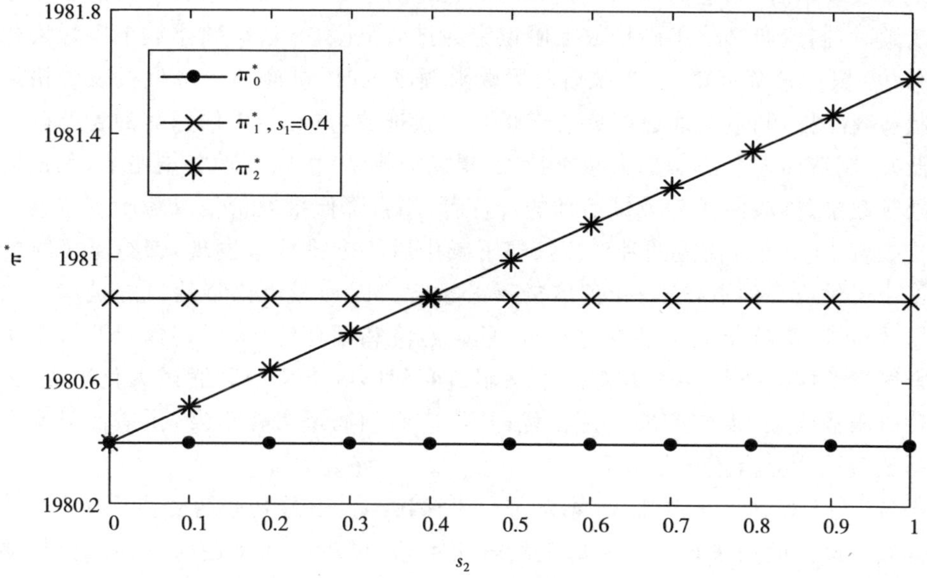

（b）s_1=0.4

图 5 - 11　共享比例对供应链利润的影响

另外，当 $s_1 \geqslant 0.4066$ 和 $s_2 = 0.4$ 时，MPB 策略下供应链的利润大于 SPB 策略下的利润，当 $s_2 \geqslant 0.3937$ 和 $s_1 = 0.4$ 时，SPB 策略下供应链的利润大于 MPB 策略下的利润。特殊地，当 $s_1 = s_2 = 1$ 时，SPB 策略对供应链更有利。因此，合作融资策略提高了供应链的环境绩效和经济绩效，如果制造商与供应商愿意分摊对方所有融资成本，则 SPB 策略是供应链的最佳选择。

5.3　本章小结

从宏观角度来看，碳排放相关政策的实施，可以控制温室气体的排放总量。从微观角度来看，碳排放政策的实施增加了企业的资金压力，本章考虑减排企业资金受到约束，研究了低碳供应链的融资策略问题，主要内容和结论如下：

（1）在碳限额政策下，考虑制造商受到减排资金约束，分别构建银行融资和供应商融资策略下的供应链决策模型，分析了不同碳限额政策对供应链的减排与生产决策的影响，并对两种融资策略下供应链的决策结果进行了比较。主要结论如下：① 两种融资策略下，供应商和制造商的最优决策取决于碳排放上限。当政府放宽碳排放政策时，制造商可以在其利润最大化的基础上进行决策；当政府收紧碳排放政策时，制造商必须将碳排放上限设定为排放上限，并根据碳排放上限最大化其利润；② 银行融资策略下，当政府收紧碳限额政策时，供应商会降低批发价格以激励制造商减排，制造商通过降低生产量减少碳排放，只有当单位产品的初始碳排量较低时，制造商才会考虑加大减排投入，提高减排量；供应商融资策略下，无论何种碳限额政策，供应商作为减排活动的投资者，均会降低批发价格以激励制造商加大减排投资。③ 通过比较两种融资策略下减排后的碳排放量发现，银行融资时的碳排量小于供应商融资，这与绿色信贷政策相符。因为绿色信贷的目的是严格执行碳排放要求，支持企业发展绿色经济、低碳经济和循环经济，引导银行业金融机构配合国家节能减排战略的实施。④ 从制造商和供应链系统利润最大化出发，无论何种碳限额政策，供应商融资更占优；从供应商利润最大化出发，供应商只有在高碳排放条件才会借款给制造商。

(2) 在上述研究的基础上，本章进一步探讨当上下游企业均面临减排资金约束时低碳供应链的决策情况。考虑三种融资策略：供应商和制造商分别从银行融资(BFS)，供应商向银行融资，并提供部分无息贷款给制造商(MPB)；制造商向银行融资，并提供部分无息贷款给供应商(SPB)。BFS 称之为非合作融资策略，MPB 和 SPB 为合作融资策略。分别对 BFS、MPB 和 SPB 策略下供应链的决策进行了建模，并分析了这三种融资策略如何影响供应链的决策。主要结论如下：① 合作融资策略的绩效优于非合作融资策略，通过企业之间的合作降低了减排成本，从而激励供应商和制造商加大减排力度和生产力度。因此，合作融资策略提高了供应链的环境绩效和经济绩效；② 对非合作和合作融资策略下供应商和制造商的利润进行比较表明，合作融资策略是供应商和整个供应链的最佳选择。对于制造商来说，合作融资策略相对于非合作融资策略的优势主要取决于分摊比例；③ 此外，通过数值仿真，提出了一个有利于供应商和制造商的共享比例值范围，这表明，在一定条件下，合作融资策略是供应链的均衡策略。

第 6 章　资金约束下竞争制造商融资博弈分析

制造企业作为碳排放的主要来源，在实现“零排放”目标方面发挥着关键作用，因此受到碳上限监管的约束。例如，为了减少汽车行业的碳排放，“fit for 55”一揽子计划要求汽车制造商提供纯电动汽车，以取代传统的燃油（汽油和柴油）汽车（ACEA 2021）。随着一系列环保法规的宣传和实施，消费者的环保意识水平也得到了极大的提升，2022 年，Accenture 在一项消费调查中表示，全球有超过 50% 的消费者愿意为了可持续包装而埋单甚至支付更多的金钱。因此，政府碳排放监管的压力和日益提高的消费者环保意识都激励了制造企业的低碳减排行为。

然而，低碳减排活动往往伴随着低碳投资，如新技术、新工艺的应用等给诸多制造企业带来了资金压力。在实际生产中，低碳金融机构更愿意与大型企业进行合作减排，将更多的资金投入大型企业的低碳减排活动中，一些中小型企业由于信用评级低、违约风险大，很难获得低碳融资。由于推动中小企业减排对我国社会减排和低碳经济建设尤为重要，对深入探究资金受限的中小企业减排运作机制、充分利用低碳金融推动中小企业减排具有重要意义。

在此背景下，考虑企业间的地位差异影响博弈中出手顺序，本章在由低碳金融机构和两个竞争制造商构成的低碳投资供应链中，将通过不同出手顺序下的博弈均衡，研究大小型企业之间的融资博弈问题。

6.1　问题描述和基本假设

在由低碳金融机构和两个竞争制造商组成的低碳投资供应链中，考虑两个制造商面临的各种低碳政策压力和消费者低碳偏好对市场需求的影响，制造商实施低碳减排才能更好地适应市场发展要求。由于低碳减排需要大量的资金投入，制造商的流动资金只能维持正常的采购和生产，需向外界金融机构融资后进行减排。

两个制造商生产两种可相互替代的产品，为分析方便，将两个制造商称为制造商 $i(i=1,2)$。市场需求是确定型，且两个制造商的生产能力是无限的，这意味着制造商的生产可以满足全部的市场需求。由于市场竞争逐渐转变为产品质量竞争，随着消费者环保意识的逐渐增强，产品的环保性也逐渐成为衡量产品质量的重要标准。周艳菊等(2017) 假设低碳产品的市场价格趋于完全竞争，因此将销售价格作为一个外生参数，销售价格固定为 p_i，市场需求 $d_i=a+\delta(e_i-\beta e_{3-i})$，其中，$a$ 为潜在的市场规模，$a>0$；δ 表示消费者的环保意识水平，$\delta>0$；β 表示两个制造商之间的竞争系数，β 越大，说明制造商之间的竞争越激烈；e_i 为制造商 i 的单位产品的减排量，$0<\beta<1$；市场需求 $d_i=a+\delta(e_i-\beta e_{3-i})$ 表示随着产品的单位减排量的增加，产品的环保性越高，消费者的需求也越多。

为鼓励低碳金融机构投资，制造商与低碳金融机构签订销售收益共享契约，即制造商拟将销售额的一部分作为低碳金融机构减排投资的回报，收益共享比例为 s_i，$0<s_i<1$。低碳金融机构提供的减排成本 $C_i=k_ie_id_i$，其中，e_id_i 为制造商 i 在合作过程中的总减排量，k_i 为单位碳减排量的成本(简称为减排成本)，所以减排成本不仅与单位产品的减排量有关，还与制造商的市场需求有关。减排成本 k_i 与减排技术水平有关，考虑两个制造商为同一行业，假设 $k_1=k_2=k$。单位的减排量 e_i 由低碳金融机构决策，金融机构以此控制减排投资总额。

6.2 模型构建与求解

低碳投资供应链下收益共享契约的博弈过程分三个阶段进行。第一阶段，由制造商提供收益共享契约，并决定收益共享比例 s_i。第二阶段，低碳金融机构选择是否接受，若接受，则继续决定提供给制造商的减排资金，即决策单位产品减排量 e_i；若不接受，则契约关系解除。第三阶段，双方达成契约，产品在市场全部销售，低碳金融机构和生产企业按照协议分享市场销售收益。整个收益共享契约博弈过程如图 6-1 所示。

若金融机构接受契约，其利润函数为：

$$\pi_f=\sum_{i=1}^{2}s_ip_i\left[a+\delta(e_i-\beta e_{3-i})\right]-k\sum_{i=1}^{2}e_i\left[a+\delta(e_i-\beta e_{3-i})\right] \tag{6-1}$$

式中：$\sum_{i=1}^{2}s_ip_i[a+\delta(e_i-\beta e_{3-i})]$ 为低碳金融机构提供减排资金分享到的市场销售

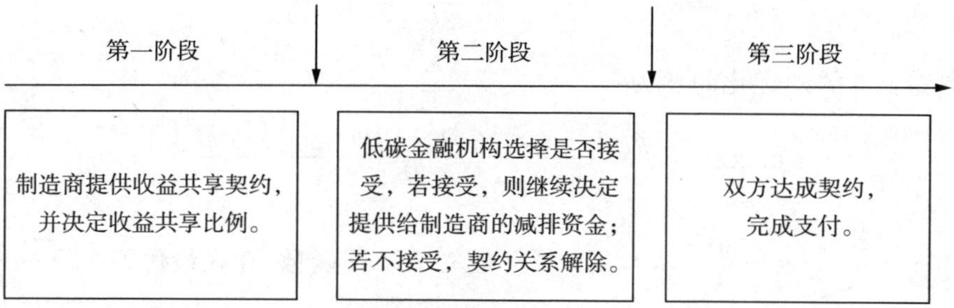

图 6-1　基于收益共享契约的低碳融资博弈流程图

收益；$k\sum_{i=1}^{2}e_i[a+\delta(e_i-\beta e_{3-i})]$ 为低碳金融机构投入的减排总成本。

两个制造商的利润函数为：

$$\pi_{m_i}=(1-s_i)p_i[a+\delta(e_i-\beta e_{3-i})] \tag{6-2}$$

6.2.1　竞争制造商权利对称

竞争制造商权利对称情形下，在第一阶段中，两个制造商同时决策收益共享比例 s_i，根据上述博弈顺序按照逆向归纳法进行求解。

第二阶段，低碳投资供应链中，在制造商收益共享比例给定的前提下，低碳金融机构的最优化问题是决策对制造商减排活动的投资金额，即单位产品的减排量，使其自身利润最大化。(6-1) 式的 Hessian 矩阵 H 为：

$$H(e_1,e_2)=\begin{bmatrix}\dfrac{\partial^2 E\pi_f}{\partial e_1^2} & \dfrac{\partial^2 E\pi_f}{\partial e_1\partial e_2}\\ \dfrac{\partial^2 E\pi_f}{\partial e_2\partial e_1} & \dfrac{\partial^2 E\pi_f}{\partial e_2^2}\end{bmatrix}=\begin{bmatrix}-2\delta k & 2\delta\beta k\\ 2\delta\beta k & -2\delta k\end{bmatrix}$$

H 的一阶顺序主子式 $D_1=-2\delta k<0$，二阶顺序主子式 $D_2=4\delta^2k^2(1-\beta^2)$，由假设 $0<\beta<1$，可知 $D_2>0$，所以 Hessian 矩阵 H 为负定矩阵，低碳金融机构的利润函数关于 e_1 和 e_2 为凹函数，存在最优解。令 $\dfrac{\partial E\pi_f}{\partial e_1}=0$、$\dfrac{\partial E\pi_f}{\partial e_2}=0$，通过求解联立方程组，可求得单位产品减排量的反函数为：

$$e_i^{N*}=\frac{p_is_i(1-\beta)-ak}{2\delta k(1-\beta)}$$

第一阶段，将 e_i^{N*} 分别代入制造商 i 的利润函数(6-2) 式中，可以得到：

$$\pi_{m_i}=\frac{p_i(1-s_i)[\delta(p_is_i-\beta p_{2-i}s_{2-i})+ak]}{2k}$$

制造商 i 的最优化问题为：

$$\max_{s_i}\pi_{m_i}=\frac{p_i(1-s_i)[\delta(p_is_i-\beta p_{2-i}s_{2-i})+ak]}{2k}$$

由于$\frac{\partial^2 E\pi_{m_i}}{\partial s_i^2}=-\frac{\delta p_i^2}{k}<0$，所以 π_{m_i} 是关于 s_i 凹函数，存在最优解。令$\frac{\partial E\pi_{m_1}}{\partial s_1}=0$、$\frac{\partial E\pi_{m_2}}{\partial s_2}=0$，通过求解联立方程组，可求得：

$$s_i^{N*}=\frac{\delta(2p_i+\beta p_{3-i})-ak(2+\beta)}{\delta p_i(4-\beta^2)}$$

且当 $s_i=s_i^{N*}$ 时，低碳金融机构决策的减排量 e_i^{N*} 为：

$$e_i^{N*}=\frac{\delta(2p_i+\beta p_{3-i})(1-\beta)-ak[(2+\beta)(3-2\beta)]}{2k\delta(1-\beta)(4-\beta^2)}$$

由 s_i^{N*} 和 e_i^{N*} 的决策结果，可计算两种产品的市场需求量、两个制造商和低碳金融机构的利润为：

$$d_i^{N*}=\frac{\delta[p_i(2-\beta^2)-\beta p_{3-i}]+ak(2+\beta)}{2k(4-\beta^2)}$$

$$\pi_{m_i}^{N*}=\frac{\{\delta[p_i(2-\beta^2)-\beta p_{3-i}]+ak(2+\beta)\}^2}{2\delta k\ (4-\beta^2)^2}$$

$$\pi_f^{N*}=\frac{2a\delta k(1-\beta)\ (2+\beta)^2(p_1+p_1)+(1-\beta)\delta^2[(4-3\beta^2)(p_1^2+p_2^2)-2\beta^3p_1p_2]+2a^2k^2\ (2+\beta^2)^2}{4\delta k(1-\beta)\ (4-\beta^4)^2}$$

由上述计算结果可得定理 6.1。

定理 6.1　竞争制造商权利对称情形下，有：

(1) $\frac{\partial s_i^{N*}}{\partial k}<0,\frac{\partial e_i^{N*}}{\partial k}<0,\frac{\partial d_i^{N*}}{\partial k}\begin{cases}\begin{cases}\geqslant 0, \Phi<\beta<1\\ <0, 0<\beta<\Phi\end{cases} & \Phi<1\\ <0, & \Phi\geqslant 1\end{cases}$。

(2) $\frac{\partial s_i^{N*}}{\partial \delta}\geqslant 0,\frac{\partial e_i^{N*}}{\partial \delta}\geqslant 0,\frac{\partial d_i^{N*}}{\partial \delta}\begin{cases}\begin{cases}<0, \Phi<\beta<1\\ \geqslant 0, 0<\beta<\Phi\end{cases} & \Phi<1\\ \geqslant 0, & \Phi\geqslant 1\end{cases}$。

(3)$e_1^{N*}\begin{cases}\geqslant e_2^{N*}, p_1\geqslant p_2\\ <e_2^{N*}, p_1<p_2\end{cases}$；特殊地，当 $p_1=p_2$ 时，有 $s_1^{N*}=s_2^{N*}\ |p_1=p_2, e_1^{N*}=$

$e_2^{N*} \mid p_1 = p_2$，$d_1^{N*} = d_2^{N*} \mid p_1 = p_2$。

其中，$\Phi = \dfrac{\sqrt{p_{3-i}^2 + 8p_i^2} - p_{3-i}}{2p_i}$

证明：先证明(1)的结果，$\dfrac{\partial s_i^{N*}}{\partial k} = -\dfrac{a(2+\beta)}{\delta p_i(4-\beta^2)} < 0$，$\dfrac{\partial e_i^{N*}}{\partial k} = -\dfrac{\beta p_i + 2p_{3-i}}{2k^2(4-\beta^2)} < 0$，$\dfrac{\partial d_i^{N*}}{\partial k} = \dfrac{\delta(p_i\beta^2 + p_{3-i}\beta - 2p_i)}{2k^2(4-\beta^2)}$，记 $f_1^N(\beta) = p_i\beta^2 + p_{3-i}\beta - 2p_i$，则 $f_1^N(\beta)$ 与 $\dfrac{\partial d_i^{N*}}{\partial k}$ 具有相同的单调性。很明显，$f_1^N(\beta)$ 是关于 β 的一元二次函数且开口向上，$f_1^N(\beta)$ 的判别式 $\Delta f_1^N(\beta) = p_{3-i}^2 + 8p_i^2 \geqslant 0$，所以 $f_1^N(\beta)$ 的图像与横坐标轴有 2 个交点，分别为 $-\dfrac{p_{3-i} + \sqrt{p_{3-i}^2 + 8p_i^2}}{2p_i}$，$\dfrac{\sqrt{p_{3-i}^2 + 8p_i^2} - p_{3-i}}{2p_i}$，且有 $-\dfrac{p_{3-i} + \sqrt{p_{3-i}^2 + 8p_i^2}}{2p_i} < 0$，$\dfrac{\sqrt{p_{3-i}^2 + 8p_i^2} - p_{3-i}}{2p_i} > 0$。若 $\dfrac{\sqrt{p_{3-i}^2 + 8p_i^2} - p_{3-i}}{2p_i} < 1$，在 $\dfrac{\sqrt{p_{3-i}^2 + 8p_i^2} - p_{3-i}}{2p_i} < \beta < 1$ 范围内，有 $f_1^N(\beta) \geqslant 0$，在 $0 < \beta < \dfrac{\sqrt{p_{3-i}^2 + 8p_i^2} - p_{3-i}}{2p_i}$ 范围内有 $f_1^N(\beta) < 0$；若 $\dfrac{\sqrt{p_{3-i}^2 + 8p_i^2} - p_{3-i}}{2p_i} \geqslant 1$，则 $f_1^N(\beta) < 0$。(2)、(3)的证明与之类似，这里不再赘述。证毕。

定理 6.1 说明，最优收益共享比例和减排量随两个制造商减排成本的增加而降低，随着消费者环保水平的增加而增加。这主要是由于随着两个制造商减排成本的增加，低碳金融机构的投资成本增加，此时低碳金融机构会降低对两个制造商的减排投资额度，即单位产品的减排量降低，从而导致两个制造商的市场需求降低，为减少利益损失，两个制造商会降低收益共享比例。而随着消费者环保水平的提高，产品的需求量增加，为激励低碳金融机构增加减排投资，制造商会提高共享比例，以激励低碳金融机构加大减排投资。

由定理 6.1 还可以看出，竞争制造商权利对称情形下，低碳金融机构的资金分配主要取决于产品的销售价格，即低碳减排资金会更多地流向销售价格较高的制造商。

6.2.2　竞争制造商权利不对称

竞争制造商权利不对称情形下，在第一阶段中，制造商 1 优先决策收益共享比例 s_1，制造商 2 随后决策收益共享比例 s_2。根据上述博弈顺序按照逆向归纳法进行求解，可求得竞争制造商权利不对称情况下两个制造商和低碳金融机构的最优决策为：

$$s_1^{S*}=\frac{\delta[(2-\beta^2)p_1+\beta p_2]-2ka(2+\beta^2)}{2\delta p_1(2-\beta^2)}$$

$$s_2^{S*}=\frac{\delta[\beta(2-\beta^2)p_1+(4-\beta^2)p_2]-ak(4+2\beta-\beta^2)}{4\delta p_2(2-\beta^2)}$$

$$e_1^{S*}=\frac{\delta(1-\beta)[(2-\beta^2)p_1+\beta p_2]-ak(6-\beta-3\beta^2)}{4\delta k(1-\beta)(2-\beta^2)}$$

$$e_2^{S*}=\frac{\delta(1-\beta)[\beta(2-\beta^2)p_1+(4-\beta^2)p_2]-ak(12-2\beta-7\beta^2+\beta^3)}{8\delta k(1-\beta)(2-\beta^2)}$$

由上述结果，计算可得两种产品的市场需求量、两个制造商和低碳金融机构的利润为：

$$d_1^{S*}=\frac{\delta[(2-\beta^2)p_1-\beta p_2]+ak(2+\beta)}{8k}$$

$$d_2^{S*}=\frac{\delta[\beta(2-\beta^2)p_1-(4-3\beta^2)p_2]-ak(4+2\beta-\beta^2)}{8k(2-\beta^2)}$$

$$\pi_{m_1}^{S*}=\frac{\{\delta[(2-\beta^2)p_1-\beta p_2]+ak(2+\beta)\}^2}{16\delta k\ (2-\beta^2)^2}$$

$$\pi_{m_2}^{S*}=\frac{\{\delta[\beta(2-\beta^2)p_1-(4-3\beta^2)p_2]-ak(4+2\beta-\beta^2)\}^2}{32\delta k\ (2-\beta^2)^2}$$

$$\pi_f^{S*}=\frac{\begin{array}{c}\{a^2k^2(32+32\beta-16\beta^2-20\beta^3+\beta^4+3\beta^5)+2\delta ak[(16-28\beta^2-2\beta^3+16\beta^4+\beta^5-3\beta^6)\\ p_1+(16-20\beta^2-2\beta^3+5\beta^4+\beta^5)p_2]+(1-\beta)\delta^2[(^2-\beta^2)2(4-3\beta^2)\\ p_1^2+2\beta^3(2-\beta^2)p_1p_2-(16-20\beta^2+5\beta^4)]p_2^2\}\end{array}}{64\delta k(1-\beta)\ (2-\beta^2)^2}$$

由上述计算结果可得定理 6.2。

定理 6.2 竞争制造商权利不对称情形下，有：

(1) $\frac{\partial e_i^{S*}}{\partial k}<0,\frac{\partial s_i^{S*}}{\partial k}<0,\frac{\partial d_i^{S*}}{\partial k}\begin{cases}\geqslant 0,\Phi<\beta<1 & \Phi<1\\ <0,0<\beta<\Phi & \\ <0, & \Phi\geqslant 1\end{cases},\frac{\partial d_2^{S*}}{\partial k}<0$。

(2) $\frac{\partial e_i^{S*}}{\partial \delta}\geqslant 0,\frac{\partial s_i^{S*}}{\partial \delta}\geqslant 0,\frac{\partial d_i^{S*}}{\partial \delta}\begin{cases}<0,\Phi<\beta<1 & \Phi<1\\ \geqslant 0,0<\beta<\Phi, & \\ \geqslant 0, & \Phi\geqslant 1\end{cases},\frac{\partial d_2^{S*}}{\partial \delta}<0$。

(3)$e_1^{S*}\begin{cases}\geqslant e_2^{S*}, p_1 \geqslant p_2 A_1 + ak\beta^2/A_2 \\ < e_2^{S*}, p_1 < p_2 A_1 + ak\beta^2/A_2\end{cases}$；特殊地，当 $p_1 = p_2$ 时，有 $e_1^{S*} < e_2^{S*} \mid p_1 = p_2, s_1^{S*} < s_2^{S*} \mid p_1 = p_2, d_1^{S*} < d_2^{S*} \mid p_1 = p_2$。

其中，$A_1 = 4 - 2\beta - \beta^2, A_2 = 4 - 2\beta - 2\beta^2 + \beta^3$。

证明同定理6.1，证略。

定理6.2(1)、(2)的结果与定理6.1(1)、(2)类似。定理6.2(3)说明，竞争制造商权利不对称情形下，低碳金融机构的资金分配同样取决于产品的销售价格。特殊情况下，当两种产品的销售价格相同时，低碳减排资金更多地流向市场服从者，即中小型企业。这主要是由于市场主导者决策的共享比例小于服从者决策的共享比例，所以低碳金融机构降低了对主导者的减排投资，更多的低碳金融资金流向了市场服从者，从而使得服从者市场需求量相对较大。

6.3　比较和分析

定理6.3　通过比较两种权利结构下两个制造商和低碳金融机构的决策结果，可以得到如下结果：

(1)$s_1^{N*} \geqslant s_1^{S*}, s_2^{N*} \geqslant s_2^{S*}$。

(2)$e_1^{N*} \geqslant e_1^{S*}, e_2^{N*} \geqslant e_2^{S*}$。

(3)$d_1^{N*} \geqslant d_1^{S*}, d_2^{N*} < d_2^{S*}$。

证明：

$$s_1^{N*} - s_1^{S*} = \frac{\beta^2[\delta p_1(2-\beta^2) - \delta\beta p_2 + ak(2+\beta)]}{2\delta p_1(8 - 6\beta^2 + \beta^4)} \geqslant 0$$

$$s_2^{N*} - s_2^{S*} = \frac{\beta^3[\delta p_1(2-\beta^2) - \delta\beta p_2 + ak(2+\beta)]}{4\delta p_1(8 - 6\beta^2 + \beta^4)} \geqslant 0$$

所以有 $s_1^{N*} \geqslant s_1^{S*}, s_2^{N*} \geqslant s_2^{S*}$。其余证明与之类似，这里不再赘述。证毕。

定理6.3说明，竞争制造商权利结构对称情形下制造商1和制造商2的共享比例、低碳金融机构投资的减排量均大于竞争制造商权利不对称的情形，制造商1的市场需求在竞争制造商权利结构对称情形下较大，制造商2的市场需求在竞争制造商权利不对称情形下较大。这主要是因为在权利不对称情形下，主导者制造商1具有先行者优势，在决策共享比例时，降低了共享比例(小于竞争制造商权利对称情形下的共享比例),此时作为服从者,制造商 2 虽然同样降低了共享比例,但是考虑减排量对市场需求的影响,制造商 2 并未大幅度降低共享比例(小于制造商 1 降低的共享比例幅度,即 $s_2^{N*}-s_2^{S*}<s_1^{N*}-s_1^{S*}$,通过简单计算可得)。所以相较于权利对称的情形,在权利不对称情形下低碳金融机构大幅度降低了对制造商 1 的减排投资,较小幅度降低对制造商 2 的减排投资,因此制造商 1 的市场需求在权利对称情形下较大,制造商的市场需求在权利不对称情形下较大。

由上述分析结果可以看出,在市场中占有主导地位的制造商会利用其先行优势"压榨"其合作伙伴,即降低收益共享比例,这也为在市场处于服从地位的中小型企业的低碳融资提供了机会。因此,在低碳融资中不具有优势的中小型企业应考虑适当提高共享比例,以吸引更多的低碳投资机构投资。

定理 6.4 通过比较两种权利结构下两个制造商和低碳金融机构的利润,可以得到如下结果:

(1)$\pi_{m_1}^{N*}<\pi_{m_1}^{S*}$,$\pi_{m_2}^{N*}\begin{cases}\geqslant \pi_{m_2}^{S*}, p_2\geqslant(\delta p_1B_1-A_3)/\delta B_2\\ <\pi_{m_2}^{S*}, p_2<(\delta p_1B_1-A_3)/\delta B_2\end{cases}$;特殊地,当 $p_1=p_2$ 时,有 $\pi_{m_1}^{N*}=\pi_{m_1}^{S*}\mid p_1=p_2$,$\pi_{m_2}^{N*}<\pi_{m_2}^{S*}\mid p_1=p_2$。

(2)$\pi_f^{N*}\begin{cases}\geqslant \pi_f^{S*}, p_1\geqslant(\delta p_2C_2-C_3)/\delta C_1\\ <\pi_f^{S*}, p_1<(\delta p_2C_2-C_3)/\delta C_1\end{cases}$;特殊地,当 $p_1=p_2$ 时,有 $\pi_f^{N*}\geqslant\pi_f^{S*}\mid p_1=p_2$。

其中,$B_1=\beta(16-10\beta^2+\beta^4)$,$B_2=32(1-\beta^2)+7\beta^4$,$B_3=ak[32+16\beta(1-\beta-\beta^2)+\beta^4]$;$C_1=64-88\beta^2+34\beta^4-3\beta^6$,$C_2=\beta^3(12-5\beta^2)$,$C_3=ak[64+64\beta-24\beta^2-36\beta^3-2\beta^4+3\beta^5]$。

证明:先证明(1)的结果:

$$\pi_{m_1}^{N*}-\pi_{m_1}^{S*}=-\frac{\beta^4[\delta p_1(2-\beta^2)-\delta\beta p_2+ka(2+\beta)]^2}{16\delta k(2-\beta^2)(4-\beta^2)^2}\geqslant 0$$

$$\pi_{m_2}^{N*}-\pi_{m_2}^{S*}=-\frac{\beta^3[\delta p_1(2-\beta^2)-\delta\beta p_2+ka(2+\beta)](\delta p_1B_1-\delta p_2B_2-B_3)}{32\delta k(8-6\beta^2+\beta^4)^2}$$

由 $s_1^{S*}>0$ 可知 $\delta p_1(2-\beta^2)-\delta\beta p_2+ka(2+\beta)\geqslant 0$,所以有 $\pi_{m_1}^{N*}-\pi_{m_1}^{S*}<0$,即 $\pi_{m_1}^{N*}<\pi_{m_1}^{S*}$;又因为 $B_2\geqslant 0$,当 $p_2\geqslant(\delta p_1B_1-B_3)/\delta B_2$ 时,有 $\delta p_1B_1-\delta p_2B_2-B_3<0$,所以有 $\pi_{m_2}^{N*}-\pi_{m_2}^{S*}\geqslant 0$,即 $\pi_{m_1}^{N*}\geqslant\pi_{m_1}^{S*}$。

下面证明(2)的结果:

$$\pi_f^{N*}-\pi_f^{S*}=\frac{\beta^2\delta[p_1(2-\beta^2)-\beta p_2+ka(2+\beta^2)](\delta p_1C_1-\delta p_2C_2+C_3)}{64\delta k\,(8-6\beta^2+\beta^4)^2}$$

同样地，由 $s_1^{S*}>0$ 可知 $\delta p_1(2-\beta^2)-\delta\beta p_2+ka(2+\beta)\geqslant 0$。只需判断 $\delta p_1C_1-\delta p_2C_2+C_3$ 的正负即可。显然 $C_2\geqslant 0$，$C_3\geqslant 0$，现在证明 $C_1\geqslant 0$。$\frac{\partial C_1}{\partial\beta}=\delta[-\beta(176-136\beta^2)-18\beta^5]<0$，所以在 $0<\beta<1$ 范围内，C_1 是关于 β 的减函数，所以 C_1 在 $\beta=1$ 时取得极小值，且 $B_1(\beta=1)=7\delta$，因而可以判断 $C_1\geqslant 0$，所以 $p_1\geqslant(p_2C_2-C_3)/\delta C_1$，有 $\pi_f^{N*}\geqslant\pi_f^{S*}$。证毕。

定理6.4说明，相较于竞争制造商权利对称的情形，制造商1的利润在竞争制造商权利不对称情形下较高，这主要是由于制造商1在其为市场主导者时，降低了收益共享比例，虽然此时低碳金融机构会降低对制造商1的低碳减排投资，但是降低收益共享比例带来的收益大于减排量降低所损失的收益。因此，相较于权利对称的情形，在权利不对称情形下制造商1必然会降低共享比例以获得更多的收益。

两种权利结构下制造商2的利润大小取决于其产品的零售价格：当制造商2的产品零售价格较低时，制造商2的利润在权利不对称情形下较高，这主要是由于制造商2的利润与其零售价格呈正相关关系；当其零售价格较低时，制造商2会降低收益共享比例以获取较高的收益。由于在权利结构不对称情形下制造商1会大幅度降低收益共享比例，因此制造商2降低收益共享比例的行为对其市场需求的影响较小，所以当制造商2的零售价格较低时，权利结构不对称情形下制造商2的利润较高。特殊情况下，当两个制造商的零售价格相同时，制造商1的利润在两种权利结构下相同，制造商2的利润在权利不对称的情形下较高。

两种权利结构情形下低碳金融机构的利润大小，主要取决于两个制造商的零售价格，当制造商1的零售价格较高时，低碳金融机构的利润在权利对称情形下较高。这主要是由于制造商1的利润与其零售价格呈正相关关系，较高的零售价格提高了制造商1的利润，而在权利对称情形下制造商1的收益共享比例高于权利不对称的情形，所以使得低碳金融机构的利润在权利对称情形下也较高。特殊情况下，当两个竞争制造商的零售价格相同时，低碳金融机构的利润在权利对称的情形下较高，这是由于两个制造商在权利不对称的情形下降低收益共享比例所致。由此可以看出，在竞争的市场环境下，低碳金融机构在选择投资对象时，不仅会考虑竞争者的权利结构，也会考虑投资对象在市场中的地位。也就是说，低碳金融机构会优先考虑权利结构对称的制造商，在投资的竞争制造商权利结构不对称时，在某些条件下也会考虑投资中小型企业。

6.4　拓展模型

在拓展模型中，假设两个竞争制造商属于不同的行业，即 $k_1 \neq k_2$。低碳金融机构与两个竞争制造商的合作模型与上述相同，若金融机构接受契约，其利润函数为：

$$\pi_{\mathrm{f}} = \sum s_i p_i \left[a + \delta(e_i - \beta e_{3-i})\right] - \sum k_i e_i \left[a + \delta(e_i - \beta e_{3-i})\right] \tag{6-3}$$

两个制造商的利润函数为：

$$\pi_{\mathrm{m}_i} = (1 - s_i) p_i \left[a + \delta(e_i - \beta e_{3-i})\right] \tag{6-4}$$

根据逆向归纳法可求得两种权利结构下低碳金融机构与两个竞争制造商的决策结果，详见附录。

6.5　数值算例

本节将采用数值算例进一步分析竞争系数、单位碳减排量的成本对低碳投资供应链决策结果的影响。对模型参数进行赋值，假设潜在市场规模 $a=10$，消费者的环保意识水平 $\delta=2$，减排成本 $k=0.6$。当 $p_1 \neq p_2$ 时，制造商 1 产品的零售价格 $p_1=60$，制造商 2 产品的零售价格 $p_2=45$；当 $p_1=p_2$ 时，$p_1=60$，$p_2=60$。

6.5.1　同行业竞争的情况

图 6-2 表明，两个制造商的共享比例均随着竞争系数的增加而增加，这主要由于随着竞争系数的增加，制造商之间的竞争愈加激烈，制造商会提升共享比例，以激励低碳投资机构加大低碳投资力度，从而提高自身的竞争力。但是从图 6-3 的结果来看，低碳投资机构并不会无限制地加大投资力度，因为减排成本是减排量的二次函数，也就是减排成本是凸的，减排的极限是有限的。因此，考虑投入产出比，低碳投资机构并不会因为制造商提高共享比例而无限制地加大减排投资额。

由图6-2和图6-3还可以看出，权利对称情形下两个制造商的共享比例和减排量均大于权利不对称的情形。当两个制造商的零售价格相同时，权利对称情形下两个制造商的共享比例和减排量相等；权利不对称情形下，制造商2的共享比例和减排量相对较高。

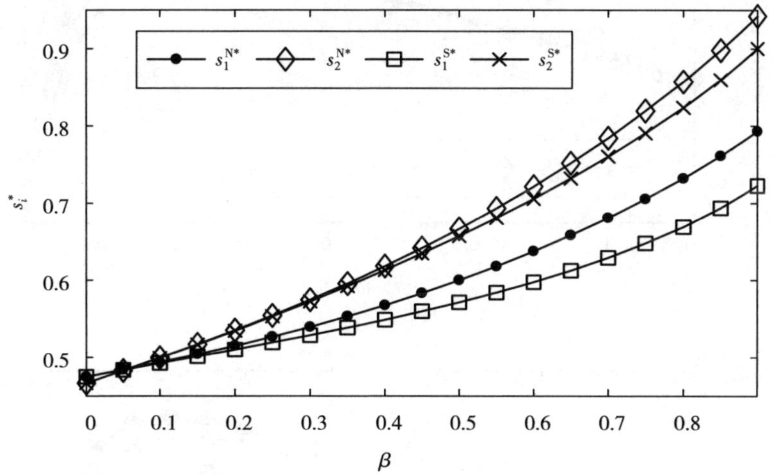

(a) $p_1 > p_2$

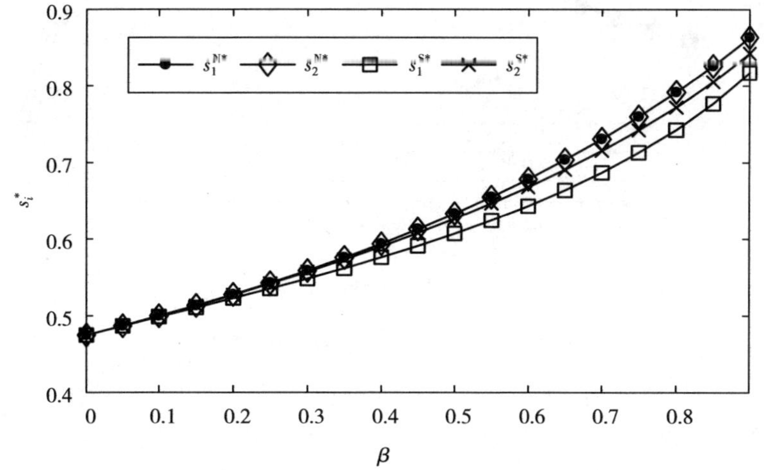

(b) $p_1 = p_2$

图6-2　竞争系数对共享比例的影响

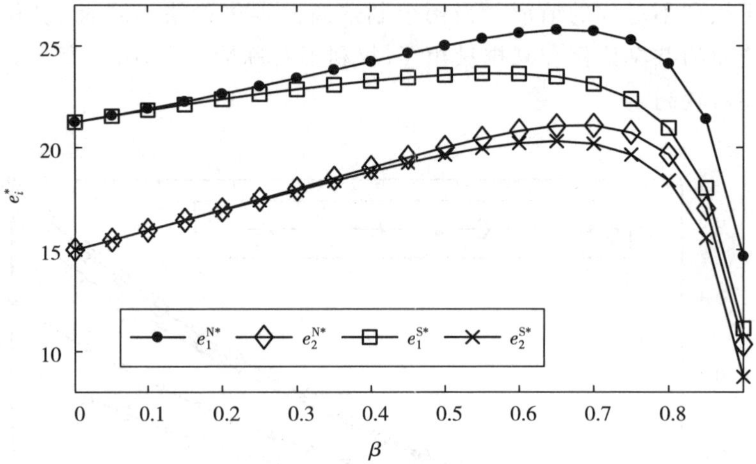

(a) $p_1 > p_2$

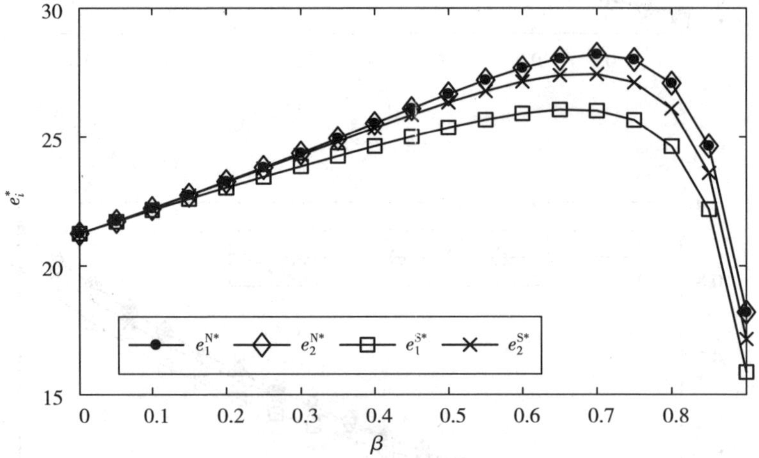

(b) $p_1 = p_2$

图 6-3　竞争系数对减排量的影响

图 6-4 表明，两个制造商的产品需求量随着竞争系数的增加而降低，这主要是两个制造商恶性竞争的结果，因此两个竞争制造商之间竞争越激烈越不利于双方的发展。制造商 1 产品的需求量在权利对称情形下较高，制造商 2 产品的需求量在权利不对称情形下较大。此外还可以看出，当两个制造商的零售价格相同时，权利对称情形下两个制造商的需求量相等；权利不对称情形下制造商 2 的需求量相对较高。

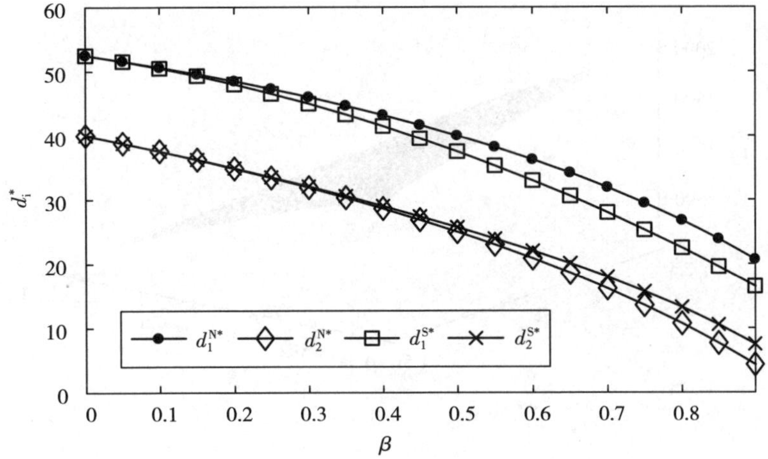

(a) $p_1 > p_2$

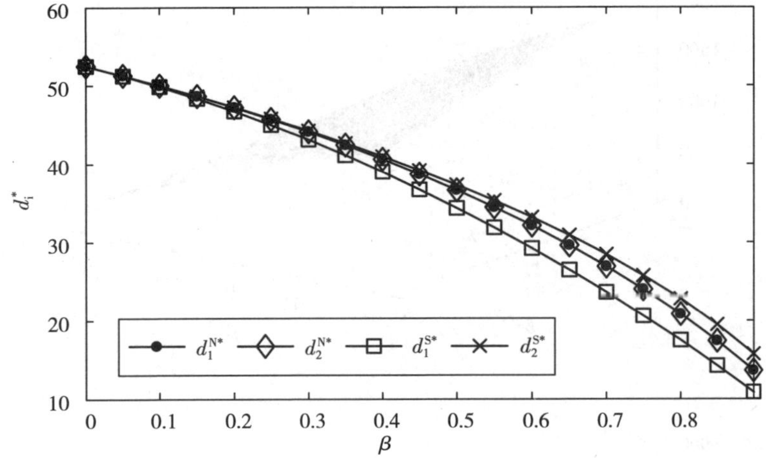

(b) $p_1 = p_2$

图 6－4　竞争系数对需求量的影响

图 6－5 表明，在两个制造商的竞争激烈程度较小的情况下，随着消费者环保意识水平的提高，两个竞争制造商的利润呈现上升趋势；但是随着竞争系数的不断提高，即使消费者环保意识水平不断增加，两个制造商的利润仍然呈现下降趋势。因此，制造商在通过加强环保宣传以提高消费者环保意识水平的同时，也要避免竞争制造商之间的恶性竞争。从图 6－5 还能看出，制造商 1 和制造商 2 的利润均在竞争制造商权利不对称情况下较高，因为上述赋值计算满足条件 $p_2 < (\delta p_1 A_1 - A_3)/\delta A_2$，这与定理 6.4 的结论一致。

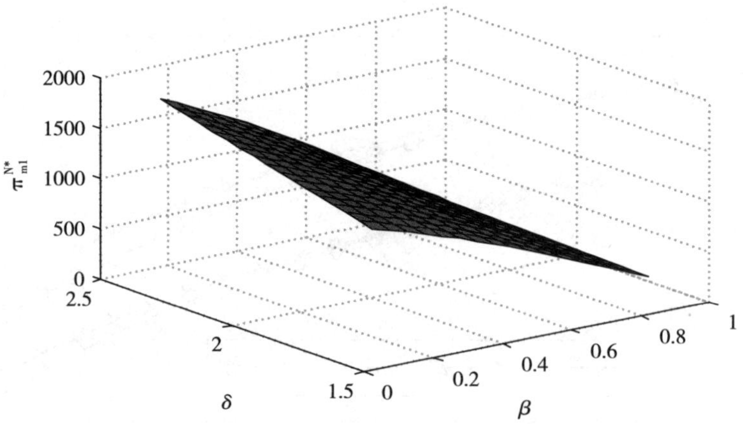
2000
1500
1000
500
0
π_{m1}^{N*}
2.5
2
1.5
δ
0
0.2
0.4
0.6
0.8
1
β

（a）

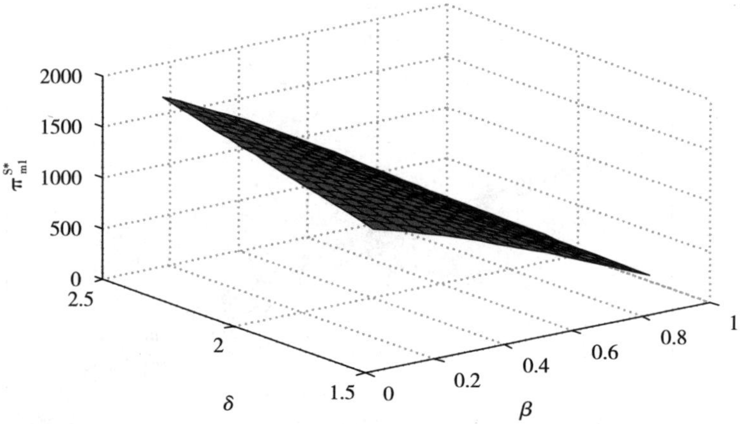
2000
1500
1000
500
0
π_{m1}^{S*}
2.5
2
1.5
δ
0
0.2
0.4
0.6
0.8
1
β

（b）

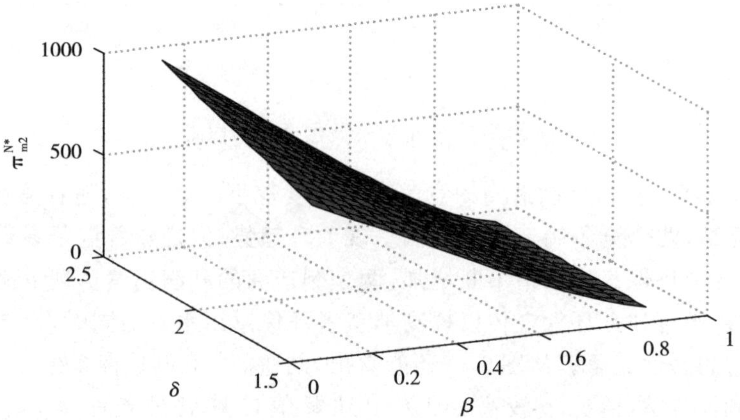
1000
500
0
π_{m2}^{N*}
2.5
2
1.5
δ
0
0.2
0.4
0.6
0.8
1
β

（c）

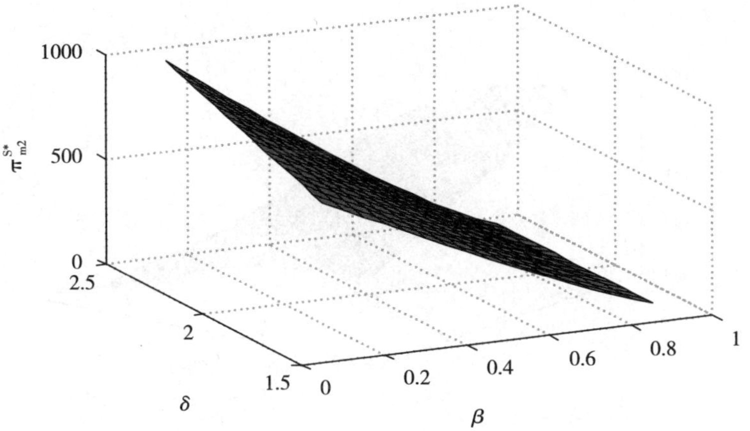

（d）

图 6－5　竞争系数对竞争制造商利润的影响

图 6－6 显示，低碳金融机构的利润随着竞争系数和消费者环保意识水平的提高呈上升趋势。首先，低碳金融机构的利润随着竞争系数的增加，先增加后降低，这主要是因为共享比例随着竞争系数的增加而增加，在竞争系数相对较小的范围内，低碳金融机构会逐渐加大减排投资，对于低碳金融机构来说，共享比例增加带来的收入大于减排成本增加带来的支出，所以低碳金融机构的利润呈上升趋势。但是随着减排投资的不断增大，对于低碳金融机构来说，共享比例增加带来的收入小于减排成本增加带来的支出，从而导致低碳金融机构的利润呈下降趋势。其次，低碳金融机构的利润随着消费者环保意识水平的提高而增大，所以即使减排成本

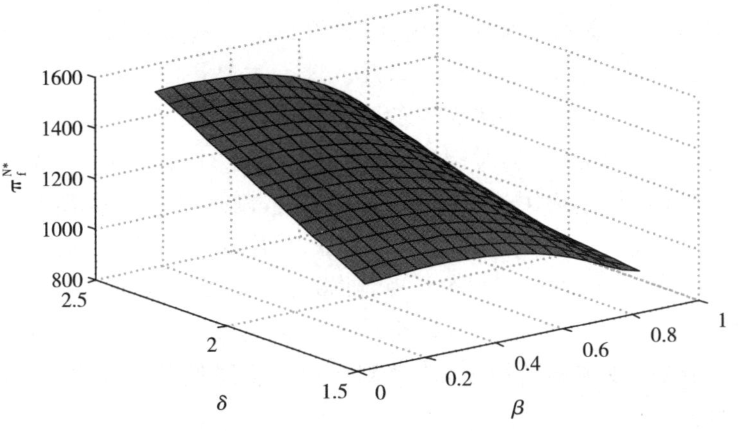

（a）

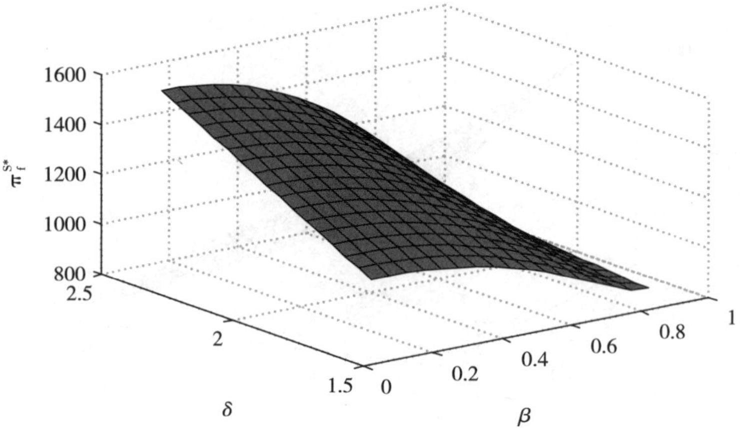

(b)

图 6-6　竞争系数对低碳金融机构利润的影响

增加会导致低碳金融机构利润降低，但是由于消费者环保意识水平的不断提高，使得两种产品的需求量不断增加，从整体上来说，消费者环保意识水平的提高带来的收入增加大于减排成本的支出，所以随着竞争系数的增加和消费者环保意识水平的提高，低碳金融机构的利润还是呈现上升趋势。

从图 6-6 还能看出，低碳金融机构的利润在权利对称情形下较高，因为上述赋值计算满足条件 $p_1 \geqslant (p_2 B_2 - B_3)/\delta B_1$，这与定理 6.4 的结论一致。

6.5.2　不同行业竞争的情况

在不同行业竞争情形下，假设竞争系数 $\beta = 0.6$。图 6-7(a) 显示，在制造商 2 的减排成本保持不变的情况下，制造商 1 的共享比例随着其减排成本的增加呈上升趋势，制造商 2 的共享比例随之降低。这是主要是由于在制造商 2 的减排成本保持不变的情况下，如果制造商 1 的减排成本增加，低碳金融机构会降低对制造商 1 的投资力度，转而增加对制造商 2 的投资，此时制造商 1 产品的市场需求量会大幅度降低，因此，为了避免该情况的发生，制造商 1 为提高共享比例而激励低碳金融机构投资。此时，制造商 1 为获取更多的收益，会适当降低共享比例。对比图 6-7(a) 和图 6-7(b) 发现，随着制造商 2 的减排成本增加，制造商 2 也会适当提高共享比例，以激励低碳金融机构加大投资力度。而且随着制造商 1 和制造商 2 的减排成本不断增加，两个制造商均会降低共享比例，这与上述研究结果是一致的。

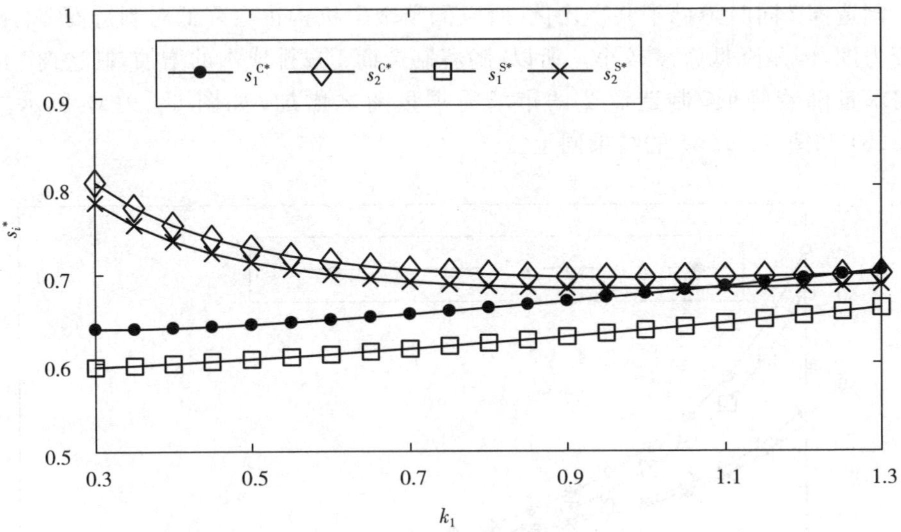

（a）k_2=0.5

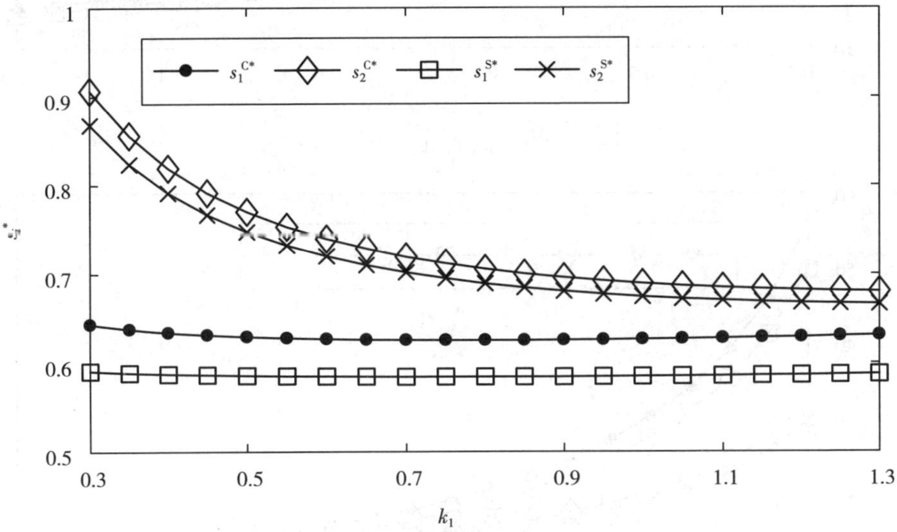

（b）k_2=0.8

图 6－7　低碳减排成本对共享比例的影响

图 6－8 显示，低碳金融机构对两个制造商投资力度随着两个制造商减排成本的增加而降低。由图 6－8(a) 可知，随着制造商 1 减排成本的增加，低碳金融机构势必会降低对制造商 1 的减排投资力度，而且从降低幅度来看，属于大幅度降低，

由于制造商2同时降低了共享比例，所以低碳金融机构也会降低对制造商2的减排投资力度，但是降低幅度较小。所以，随着制造商1减排成本的增加，制造商1的市场需求量随着降低，制造商2的市场需求量随之增加，如图6－9(a)所示。图6－8(b)和图6－9(b)的结果同上。

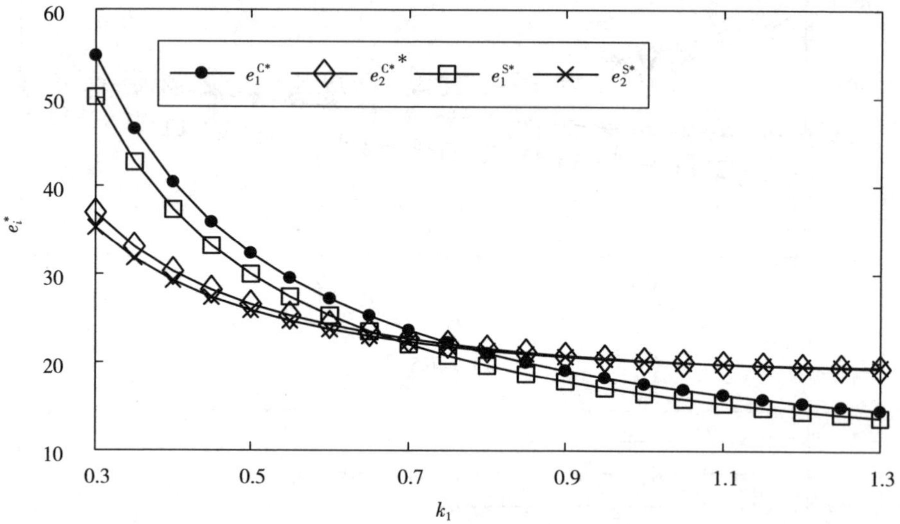

(a) k_2=0.5

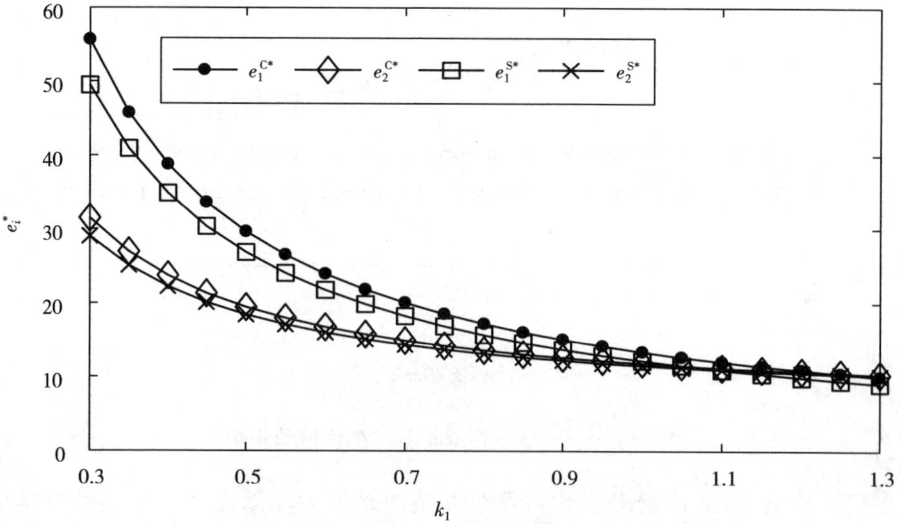

(b) k_2=0.8

图6－8　低碳减排成本对减排量的影响

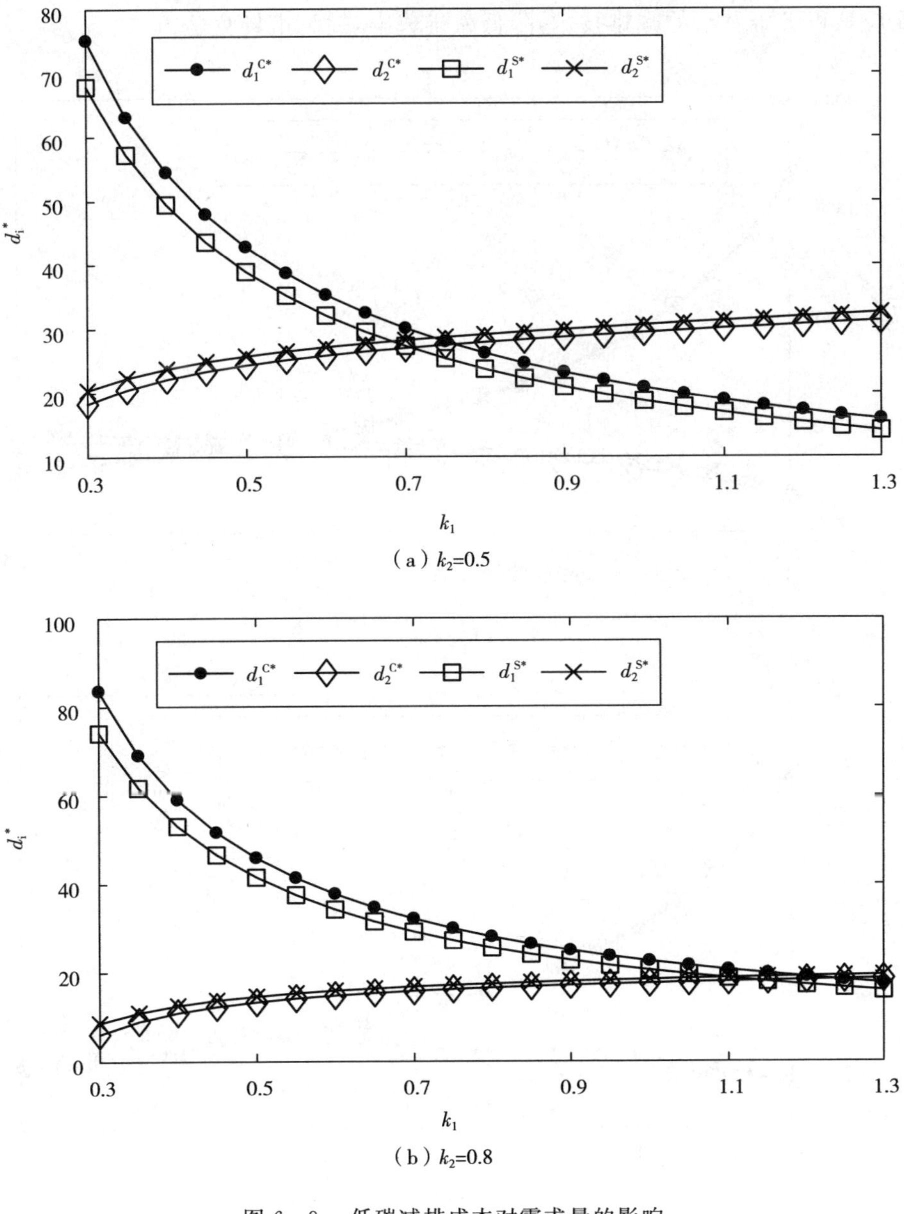

（a）k_2=0.5

（b）k_2=0.8

图 6－9　低碳减排成本对需求量的影响

图 6-10 和图 6－11 显示，随着两个制造商减排成本的增加，两个制造商的利润随之降低，低碳金融机构的利润也随之降低。由此可见，减排成本是影响制造商竞

争力和收益的主要因素，也是影响低碳金融机构投资的重要因素。作为生产制造企业应该积极研发新的减排技术，降低减排成本，提高市场竞争力。

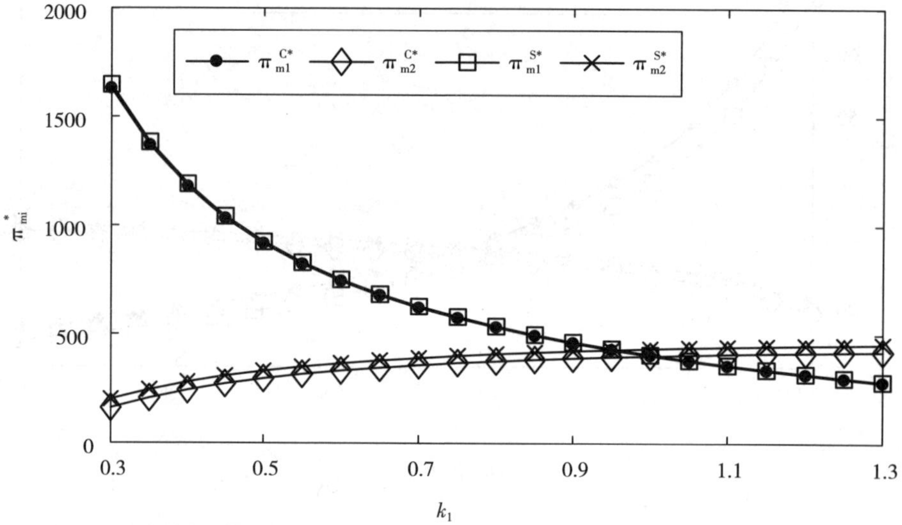

（a）k_2=0.5

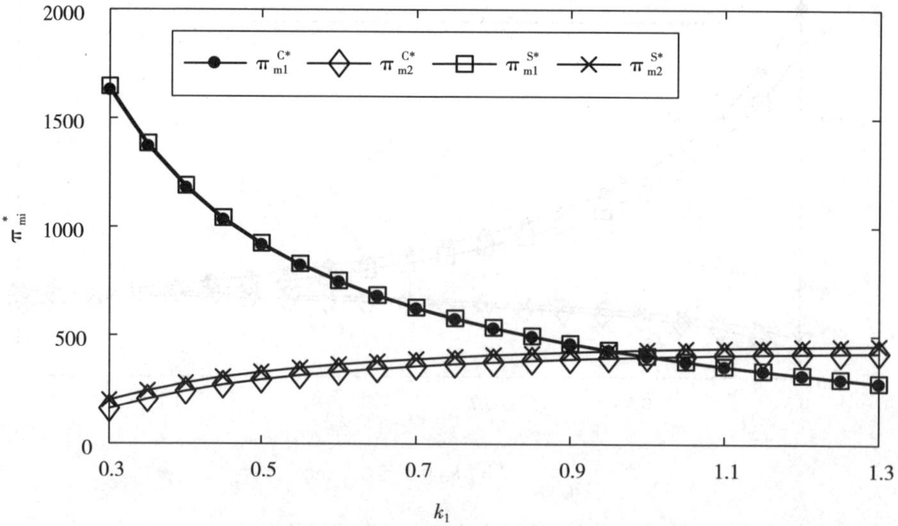

（a）k_2=0.5

图 6－10　低碳减排成本对竞争制造商利润的影响

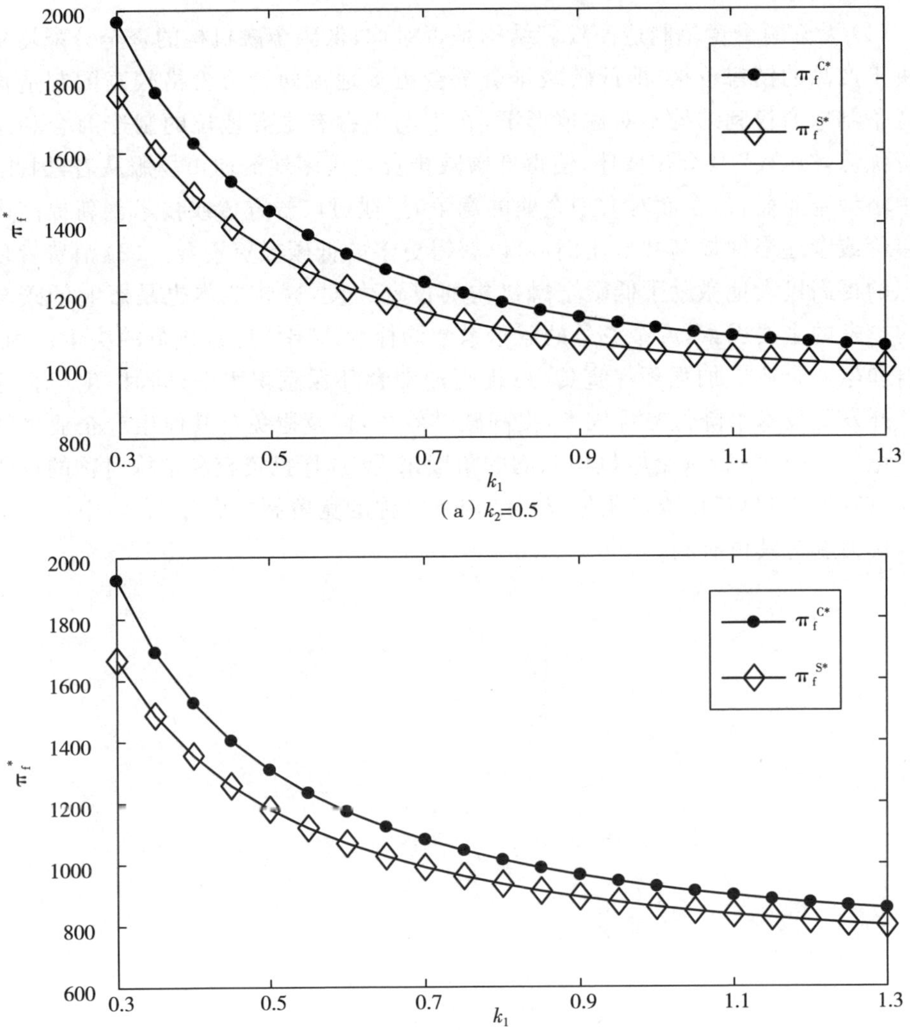

图 6-11　低碳减排成本对低碳金融机构利润的影响

6.6　本章小结

本章在由低碳金融机构和两个竞争制造商组成的低碳投资供应链中，构建了低碳投资供应链收益共享契约，研究了不同权利结构下竞争制造商的融资博弈问题。主要结论如下：

(1)无论两个竞争制造商权利结构是否对称，低碳金融机构的资金分配均主要取决于产品的销售价格，即低碳减排资金会更多地流向销售价格较高的制造商。在竞争制造商权利结构不对称情形下，在市场中占有主导地位的制造商会利用其先行优势，“压榨”其合作伙伴，使得低碳减排资金更多地流向市场服从者，因此，对于中小型企业而言，在面对大型企业的竞争时，通过广告宣传或技术创新提高产品零售价或者适当地提高共享比例，可以获得更多的低碳投资资金。(2)消费者环保意识的提高极大地激励了低碳金融机构的投资力度，减排成本也是影响低碳金融机构投资的主要因素，两个竞争的竞争系数同样会影响供应链成员的决策。因此，政府和生产企业应加强环保宣传，以提高消费者环保意识水平；同时，生产企业也应该开发新技术来降低减排成本，提高减排效率，以及避免与其他生产企业之间的恶性竞争。(3)从低碳金融机构利润的角度来看，选择投资权利结构对称的竞争制造商对其更有利；若投资对象是权利结构不对称的竞争制造商，加大与中小型企业的合作力度对其更有利。

附录　两个竞争制造商分属不同行业情形下的决策结果

A1　竞争制造商权利对等

竞争制造商权利对等情况下，根据上述博弈顺序进行求解。可求得竞争制造商权利不对等情况下低碳金融机构和制造商的最优决策：

$$s_i^{C*}=\frac{k_i\{2(1-\beta)(4k_{3-i}p_i+\beta k_ip_{3-i}+\beta k_{3-i}p_{3-i})-a[8k_ik_{3-i}-2\beta k_{3-i}p_{3-i}-\beta^2(k_i+k_{3-i})^2]\}}{\delta p_i(1-\beta)[16k_ik_{3-i}-\beta^2(k_i+k_{3-i})^2]}$$

$$e_i^{C*}=\frac{\begin{array}{c}a\{2(1-\beta)[8k_ik_{3-i}^2p_i-\beta^2k_{3-i}p_i(3k_i^2+4k_ik_{3-i}+k_{3-i}^2)+2\beta k_ik_{3-i}p_{3-i}(3k_i-k_{3-i})\\-\beta^3k_ip_{3-i}(k_i+k_{3-i})2]-[48k_i^2k_{3-i}^2-4\beta k_ik_{3-i}^2-2\beta^3k_ik_{3-i}(k_i+k_{3-i})\\2-\beta^4(k_i+k_{3-i})4+2\beta^2k_ik_{3-i}(7k_i^2+16k_ik_{3-i}+9k_{3-i}^2)]\}\end{array}}{\delta(1-\beta)[16k_ik_{3-i}-\beta^2(k_i+k_{3-i})^2][4k_ik_{3-i}-\beta^2(k_i+k_{3-i})^2]}$$

由上述结果，计算可得两种产品的市场需求量、竞争制造商和低碳金融机构的利润为：

$$d_i^{C*}=\frac{\begin{array}{c}2(1+\beta)k_{3-i}\{\delta(1+\beta)[(8k_ik_{3-i}p_i-\beta^2p_i(k_i+k_{3-i})2-2\beta k_ip_{3-i}(k_i+k_{3-i})]-\\ak_i[8k_ik_{3-i}-2\beta k_{3-i}(k_i+k_{3-i})-\beta^2(k_i+k_{3-i})2]\}\end{array}}{16k_i^2k_{3-i}^2-20\beta^2k_ik_{3-i}(k_i+k_{3-i})^2+\beta^4(k_i+k_{3-i})^2}$$

$$\pi_{m_i}^{C*}=\frac{\begin{array}{c}2(1+\beta)k_{3-i}\{\delta(1+\beta)[(8k_ik_{3-i}p_i-\beta^2p_i(k_i+k_{3-i})2-2\beta k_ip_{3-i}(k_i+k_{3-i})]-\\ak_i[8k_ik_{3-i}-2\beta k_{3-i}(k_i+k_{3-i})-\beta^2(k_i+k_{3-i})2]\}^2\end{array}}{\delta(1-\beta)[4k_ik_{3-i}-\beta^2(k_i+k_{3-i})^2][16k_ik_{3-i}-\beta^2(k_i+k_{3-i})^2]^2}$$

$$\pi_f^{C*}=\frac{\begin{array}{c}4(1+\beta)k_ik_{3-i}\{a\delta(1-\beta)[32k_i^2k_{3-i}^2(p_i+p_{3-i})-6\beta^2k_ik_{3-i}(k_i+k_{3-i})2(p_i+p_{3-i})\\-\beta(k_i+k_{3-i})3(k_{3-i}p_i+k_ip_{3-i})]+(1-\beta)2\delta^2[\beta^3p_ip_{3-i}(k_i+k_{3-i})3\\-16k_ik_{3-i}(k_{3-i}p_i^2+k_ip_{3-i}^2)+3\beta^2(k_{3-i}p_i^2+k_ip_{3-i}^2)(k_i+k_{3-i})2]+\\a^2k_ik_{3-i}(k_i+k_{3-i})[16k_ik_{3-i}-3\beta^2(k_i+k_{3-i})2-\beta^3(k_i+k_{3-i})2]\end{array}}{\delta(1-\beta)[4k_ik_{3-i}-\beta^2(k_i+k_{3-i})^2][16k_ik_{3-i}-\beta^2(k_i+k_{3-i})^2]^2}$$

A2 竞争制造商权利不对等

竞争制造商权利对等情况下，根据上述博弈顺序进行求解。可求得竞争制造商权利不对等情况下低碳金融机构和制造商的最优决策：

$$s_1^{S*}=\frac{\delta(1-\beta)[8k_1k_2p_1+2\beta k_1p_2(k_1+k_2)-\beta^2p_1(k_1+k_2)^2]-ak_1[8k_1k_2-2\beta k_2(k_1+k_2)-\beta^2(k_1+k_2)^2]\}}{2\delta p_1(1-\beta)[8k_1k_2-\beta^2(k_1+k_2)^2]}$$

$$s_2^{S*}=\frac{\begin{array}{c}\delta(1-\beta)[8\beta k_1k_2p_1(k_1+k_2)+32k_1^2k_2p_2-2\beta^2k_1p_2(k_1+k_2)2-\beta^2p_1(k_1+k_2)3]-\\ ak_1[32k_1k_2^2-8\beta k_1k_2(k_1+k_2)-6\beta^2k_2(k_1+k_2)2+\beta^3(k_1+k_2)3]\end{array}}{8\delta k_1p_2(1-\beta)[8k_1k_2-\beta^2(k_1+k_2)^2]}$$

$$e_1^{S*}=\frac{\begin{array}{c}\delta(1-\beta)[64k_1^2k_2^2p_1+\beta^4p_2(3k_1+k_2)(k_1+k_2)3-16\beta^2k_1k_2p_1(2k_1^2+3k_1k_2+k_2^2)]\\ -ak_1[192k_1^2k_2^2-16\beta k_1k_2(3k_1-k_2)+2\beta^3k_2(k_1+k_2)(5k_1-k_2)\\ +\beta^4(k_1+k_2)3(5k_1+7k_2)-16\beta^2k_1k_2(4k_1^2+9k_1k_2+5k_2^2)]\}\end{array}}{8\delta k_1(1-\beta)[4k_1k_2-\beta^2(k_1+k_2)^2][8k_1k_2-\beta^2(k_1+k_2)^2]}$$

$$e_2^{S*}=\frac{\begin{array}{c}\delta(1-\beta)[-16k_1^2k_2p_1(k_1-3k_2)+2\beta^3k_1p_1(k_1-7k_2)(k_1+k_2)2+\beta^5p_1(k_1+k_2)4\\ +64k_1^3k_2p_2+2\beta^4k_1p_2(k_1+k_2)3-4\beta^2k_1^2p_2(3k_1^2+10k_1k_2+7k_2^2)]-\\ ak_1[16\beta k_1^2k_2(k_1-3k_2)+192k_1^2k_2^2-2\beta^3k_1(k_1-7k_2)(k_1+k_2)2+\\ 2\beta^4(k_1+k_2)3(4k_1+3k_2)-\beta^5(k_1+k_2)4-4\beta^2k_1k_2(21k_1^2+38k_1k_2+17k_2^2)]\}\end{array}}{8\delta k_1(1-\beta)[4k_1k_2-\beta^2(k_1+k_2)^2][8k_1k_2-\beta^2(k_1+k_2)^2]}$$

由上述结果，计算可得两种产品的市场需求量、竞争制造商和低碳金融机构的利润为：

$$d_1^{S*}=\frac{\begin{array}{c}(1+\beta)\{\delta(1-\beta)[8\beta k_1k_2p_1-2\beta k_1p_2(k_1+k_2)-\beta^2p_1(k_1+k_2)2]+\\ ak_1[8k_1k_2-2\beta k_2(k_1+k_2)-\beta^2(k_1+k_2)2]\}\end{array}}{8k_1[4k_1k_2-\beta^2(k_1+k_2)^2]}$$

$$d_2^{S*}=\frac{\begin{array}{c}(1+\beta)\{\delta(1-\beta)[8\beta k_1k_2p_1(k_1+k_2)+\beta^3p_1(k_1+k_2)3+32k_1^2k_2p_2-\\ 6\beta^2k_1p_2(k_1+k_2)2]+ak_1[32k_1k_2^2-8\beta k_1k_2(k_1+k_2)-\\ 6\beta^2k_2(k_1+k_2)2+\beta^3(k_1+k_2)3]\}\end{array}}{4[32k_1^2k_2^2-12\beta^2k_1k_2(k_1+k_2)^2+\beta^4(k_1+k_2)^4]\}}$$

$$\pi_{m_1}^{S*}=\frac{\begin{array}{c}(1+\beta)\{\delta(1-\beta)[8\beta k_1k_2p_1-2\beta k_1p_2(k_1+k_2)-\beta^2p_1(k_1+k_2)2]+\\ ak_1[8k_1k_2-2\beta k_2(k_1+k_2)-\beta^2(k_1+k_2)2]\}^2\end{array}}{16\delta k_1(1-\beta)[4k_1k_2-\beta^2(k_1+k_2)^2][8k_1k_2-\beta^2(k_1+k_2)^2]^2}$$

$$\pi_{m_2}^{S*}=\frac{\begin{array}{c}(1+\beta)\{\delta(1-\beta)[8\beta k_1k_2p_1(k_1+k_2)+\beta^3p_1(k_1+k_2)3+32k_1^2k_2p_2-\\ 6\beta^2k_1p_2(k_1+k_2)2]+ak_1[32k_1k_2^2-8\beta k_1k_2(k_1+k_2)-\\ 6\beta^2k_2(k_1+k_2)2+\beta^3(k_1+k_2)3]\}^2\end{array}}{32\delta k_1(1-\beta)[4k_1k_2-\beta^2(k_1+k_2)^2][8k_1k_2-\beta^2(k_1+k_2)^2]^2}$$

$$\pi_f^{S*} = \frac{\begin{array}{c}(1+\beta)\{2ak_1\delta(1-\beta)[3\beta^6 p_1(k_1+k_2)6 - 1024k_1^3k_2^3(p_1+p_2) + \\ 64\beta^2 k_1^2 k_2^2(7p_1+5p_2)(k_1+k_2)2 - 4\beta^4 k_1 k_2(16p_1+5p_2)(k_1+k_2)4 + \\ 16\beta^3 k_1 k_2(k_2 p_1 + k_1 p_2)(k_1+k_2)3 - 2\beta^5(k_2 p_1 + k_1 p_2)(k_1+k_2)5] + \\ \delta^2(1-\beta)2[3\beta^6 p_1^2 + 32\beta^3 k_1^2 k_2 p_1 p_2(k_1+k_2)3 - 4\beta^5 k_1 p_1 p_2(k_1+k_2)5 - \\ 1024k_1^3k_2^2(k_2 p_1^2 + k_1 p_2^2)] + 64\beta^2 k_1^2 k_2(7k_2 p_1^2 + 5k_1 p_2^2)(k_1+k_2)2 - \\ 4\beta^4 k_1(16k_2 p_1^2 + 5k_1 p_2^2)(k_1+k_2)4] - a^2 k_1^2(k_1+k_2)[1024k_1^2k_2^2 - \\ 32\beta^3 k_1 k_2^2(k_1+k_2)2 + 4\beta^5 k_2(k_1+k_2)4 - 3\beta^6(k_1+k_2)5 + \\ 4\beta^4 k_2(16k_1+5k_2)(k_1+k_2)3 - 64\beta^2 k_1 k_2^2(7k_1^2 + 12k_1k_2 + 5k_2^2)]\}\end{array}}{64\delta k_1(1-\beta)[4k_1k_2 - \beta^2(k_1+k_2)^2][8k_1k_2 - \beta^2(k_1+k_2)^2]^2}$$

参考文献

[1] Xia W,Zeng Y. Consumer's attitudes and willingness-to-pay for green food in Beijing[M]. The 6th International Conference on Management (ICM), August 3 - 5,2007,Wuhan,China,Vol. iii,Science Press.

[2] Chitra K. In search of the green consumers: a perceptual Study [J]. Journal of Services Research,2007,7(1):173 - 191.

[3] Schwartz G,Clements B. Governmentsubsidies[J]. Journal of Economic Surveys,1999,13(2): 119 - 148.

[4] Handfield R B,Walton S V. Green supply chain: best practices from the furniture industry[C]. Proceedings,Annual Meeting of the Decision Science Institute USA. 1996(3): 1295 - 1297.

[5] Handfield R B,Nichols E L. Introduction to supply chain management [M]. Upper Saddle River,NJ: prentice Hall,1999.

[6] Walton S V,Handfield R B,Melnyk S A. The green supply chain: integrating suppliers into environmental management processes[J]. Journal of Supply Chain Management,1998,34(1): 2 - 11.

[7] Nagel M H. Managing the environmental performance of production facilities in the electronics industry: more than application of the concept of cleaner production[J]. Journal of Cleaner Production,2003,11(1): 11 - 26.

[8] 但斌,刘飞. 绿色供应链及其体系结构研究[J]. 中国机械工程,2000,11(11): 1233 - 1236.

[9] 马祖军. 绿色供应链管理的集成特性和体系结构[J]. 南开管理评论,2002,5(6): 47 - 50.

[10] Kim B,Park K,Swink M. Consumers' preferences for facets of green supply chain management[J]. International Journal of Services & Operations Management,2014,18(1): 74 - 98.

[11] Zarei M M,Mokhtari M,Yusuff M R. Review in supply chain base on green consumers attitude[J]. Applied Mechanics & Materials,2014(564):706 - 710.

[12] Suo C X,M Y J,Wang P,et al. Consumers' sustainable product preference and green supply chain management analysis[J]. International Journal of u-and e-Service,Science and Technology,2016,9(7):203 - 212.

[13] Moon W,Florkowski W J,Brückner B,et al. Willingness to pay for environmental practices: implications for eco-labeling[J]. Land Economics, 2002,78(1):88 - 102.

[14] Conrad K. price competition and product differentiation when consumers care for the environment[J]. Environmental and Resource Economics,2005, 31(1):1 - 19.

[15] Ghosh D,Shah J. Supply chain analysis under green sensitive consumer demand and cost sharing contract[J]. International Journal of Production Economics,2015(164):319 - 329.

[16] Debo L G,Toktay L B,Wassenhove L N V. Market segmentation and product technology selection for remanufacturable products[J]. Management Science,2005,51(8):1193 - 1205.

[17] Atasu A,Wassenhove L N V. Remanufacturing as a marketing strategy[J]. Management Science,2008,54(10):1731 - 1746.

[18] 程永伟．考虑消费者偏好的再制造决策[J]．中国管理科学,2012(S1): 214 - 219.

[19] Ferrer G,Swaminathan J M. Managing new and differentiated remanufactured products[J]. European Journal of Operational Research,2010, 203(2):370 - 379.

[20] Pantumsinchai P. A comparison of three joint ordering inventory policies[J]. Decision Sciences,1992,23(1):111 - 127.

[21] Damania D. Pollution taxes and pollution abatement in an oligopoly supergame[J]. Journal of Environmental Economics & Management,1996, 30(3):323 - 336.

[22] 王齐．政府管制与企业排污的博弈分析[J]．中国人口·资源与环境, 2004,14(3):119 - 122.

[23] Xie G. Modeling decision processes of a green supply chain with regulation on energy saving level[J]. Computers & Operations Research,

2015(54)：266－273.

[24] Yang,G,Ji G,Kim Hua Tan. Impact of regulatory intervention and consumer environmental concern on product introduction[J]. International Journal of Production Economics,2020,230.

[25] 谭建,闫丽娜,李萌．单位与总量两种碳限额机制下的企业最优决策[J]. 系统科学学报,2021,29(4)：68－71＋76.

[26] 朱庆华,窦一杰．绿色供应链中政府与核心企业进化博弈模型[J]. 系统工程理论与实践,2007,27(12)：85－89.

[27] 朱庆华,窦一杰．基于政府补贴分析的绿色供应链管理博弈模型[J]. 管理科学学报,2011,14(6)：86－95.

[28] 朱庆华,夏西强,王一雷．政府补贴下低碳与普通产品制造商竞争研究[J]. 系统工程学报,2014,29(5)：640－651.

[29] Ma S,He Y,Gu R,et al. Sustainable supply chain management considering technology investments and government intervention[J]. Transportation Research Part E Logistics and Transportation Review,2021(149):102290.

[30] 张艳丽,胡小建．碳限额政策下考虑制造商资金约束的供应链决策研究[J]. 合肥工业大学学报(自然科学版),2022,45(10)：1413－1421.

[31] Alan Y,Gaur V. Operational investment and capital structure under asset-based lending[J]. Manufacturing & Service Operations Management, 2018,20(4):637－654.

[32] Xu S,Fang L,Talley W. Partial credit guarantee and trade credit in an emission-dependent supply chain with capital constraint[J]. Transportation Research Part E: Logistics and Transportation Review,2020(135):101859.

[33] Zhou W,Lin T,Cai GG. Guarantor financing in a four-party supply chain with leadership influence [J]. Social Science Electronic Publishing, 2020(29):2035－2056.

[34] Bi G,Fei Y,Yuan X,et al. Joint operational and financial collaboration in a capital-constrainedsupply chain under manufacturer collateral[J]. Asia-Pacific Journal of Operational Research,2018,35(3):1850010.

[35] Chen J,Zhou Y W,Zhong Y. A pricing/ordering model for a dyadic supply chain with buyback guarantee financing and fairness concerns[J]. International Journal of Production Research,2017,55(18):5287－5304.

[36] Chen X,Wang A. Trade credit contract with limited liability in the

supply chain with budget constraints[J]. Annals of Operations Research,2012,196(1):153-165.

[37] Cao E,Man Y. Trade credit financing and coordination for an emission-dependent supply chain[J]. Computers & Industrial Engineering,2018(119):50-62.

[38] Huang S,Fan Z P,Wang N. Green subsidy modes and pricing strategy in a capital-constrained supply chain[J]. Transportation Research Part E: Logistics and Transportation Review,2020(136):101885.

[39] Tang R,Yang L. Impacts of financing mechanism and power structure on supply chains under cap-and-trade regulation[J]. Transportation Research Part E: Logistics and Transportation Review,2020(139):101957.

[40] Fang L,Xu S. Financing equilibrium in a green supply chain with capital constraint[J]. Computers & Industrial Engineering,2020(143):106390.

[41] An S,Li B,Song D,et al. Green credit financing versus trade credit financing in a supply chain with carbon emission limits[J]. European Journal of Operational Research,2021,292(1):125-142.

[42] Xu S,Fang L. Partial credit guarantee and trade credit in an emission-dependent supply chain with capital constraint[J]. Transportation Research Part E: Logistics and Transportation Review,2020(135): 101859.

[43] Zhang Y L,Hu C X,Zheng SS et al. Financing decision for an emission-dependent supply chain with capital constraints[J]. International Journal of Intelligent Systems,2022,37(11):8672-8695.

[44] Coase R H. Durability and Monopoly[J]. Journal of Law & Economics,1972,15(1):143-149.

[45] Hazen B T,Skipper J B,Ezell J D,et al. Big data and predictive analytics for supply chain sustainability: A theory-driven research agenda[J]. Computers & Industrial Engineering,2016,101(C):592-598.

[46] 唐小我. 二度价格歧视情形下垄断厂商收益最大化条件[J]. 电子科技大学学报,1997(2): 194-198.

[47] Choi,S. C. Price competition in a channel structure with a common retailer[J]. Marketing Science,1991,10(4): 271-296.

[48] 周艳菊,鲍茂景,陈晓红,等. 基于公平关切的低碳供应链广告合作-减排成本分担契约与协调[J]. 中国管理科学,2017,25(2): 121-129.